술술 읽다보면 통달하는 사주학

삼한

이 세상에 똑같은 것은 하나도 없다

이 세상에 똑같은 것은 하나도 없다. 같은 날, 같은 시간, 같은 물체, 같은 사람, 같은 얼굴, 같은 손금은 없다. 한 공장에서 같은 기계에 의해 자동차가 생산되었다고 해도, 만들어진 시간과 조건이 다르고 분자배열과 함유량이 다르다. 이와같이 우주만물은 각각 다른 오행(五行)의 물질과 기(氣)로 구성되어 생(生)과 사(死)가 다르다. 이것이 절대절명의 원칙이다. 그 시간, 그 장소, 그 사건은 절대절명의 뜻이며, 이미 그 속에 각자의 역할과 분담이 정해져 있다.

우주에는 체(體)와 기(氣)가 50 : 50으로 공존하고 있다. 기(氣)는 음(陰)이고 체(體)는 양(陽)으로 기(氣)와 체(體)는 하나다. 사주학은 기(氣)의 학문이므로 기(氣)와 체(體)가 하나임을 인식해야 접근할 수 있다. 사람들에게 기(氣)가 무엇이냐고 물으면, 대개 못을 휘게 하는 초능력이나 기(氣)치료, 단전호흡, 점술 등이라고 대답한다. 그러나 지구가 태양의 주위를 돌고 있는 것이 바로 기(氣)다. 우주와 태양과 지구와 달의 기(氣)가 작용할 때, 체(體)인 인간이 태어난다.

우주에는 음양오행(陰陽五行)의 법칙이 있다. 우주는 음양(陰陽)과 오행(五行)으로 이루어져 있고, 이것은 우주만물의 생성법칙이다. 그 중에서도 특히 인간은 다른 생물들과는 달리 음양오행(陰陽五行)을 모두 가지고 있기 때문에 음양오행(陰陽五行)의 기(氣)를 강하게 받는다. 그래서 인체를 소우주라고 하는 것이다.

지구는 오대양육대주로 되어 있고, 인체는 오장육부로 되어 있다. 1년은 365일이고, 인간의 혈(穴)은 365개다. 일요일은 태양, 월요일은 달, 화요일은 화성, 수요일은 수성, 목요일은 목성, 토요일은 토성이고, 눈은 태양, 코는 달, 입은 수성, 귀는 목성, 얼굴은 토성이다. 남자는 양(陽), 여자는 음(陰)으로 음양(陰陽)이고, 손바닥은 음(陰), 손등은 양(陽), 다섯손가락은 오행(五行)이다. 이처럼 음양오행(陰陽五行)의 상생상극(相生相剋) 속에서 인간의 생로병사가 결정된다.

우주에는 윤회의 법칙과 생사의 법칙이 있다. 우주도 윤회하고 지구도 윤회하고 인간도 윤회하고 만물도 윤회한다. 국가에도 흥망성쇠가 있고 인간에게도 흥망성쇠가 있으니, 영원한 행복도 영원한 불행도 없다. 이렇게 인간은 물론 우주에 존재하는 만물은 윤회의 법칙과 생사의 법칙을 벗어날 수 없다.

　당신은, 당신 마음대로 모든 일이 이루어지던가. 지금까지 누구의 지배나 명령을 받지 않고 내맘대로 살아왔다고, 운명 따위는 믿지 않는다고, 운명에 매달려 본적이 없다고, 이렇게 말하는 사람들은 많다. 그러나 우주의 법칙을 모르기 때문에 하는 소리다. 불행해지고 싶은 사람은 단 한명도 없다. 모두가 부귀영화를 누리려고 최선을 다하지만, 뜻대로 되지 않을 뿐이다. 작은 인연 하나라도 하늘의 뜻이 있어야 하고, 절대절명의 힘만이 조절할 수 있다.

　우주의 법칙과 인간의 법칙이 따로 있는 것이 아니다. 몇십만톤의 유조선이나 나룻배나 종이배나 원리는 모두 같다. 이와같이 우주의 법칙이 인간에게도 똑같이 적용된다. 그 법칙과 원리란 명리학 속에 있다. 그래서 사주명리학을 공부해야 되고 알아야 하는 것이다.

　동양철학은 하도낙서를 발견한 복희씨로부터 공자와 같은 성현 등을 거쳐 무수히 많은 철학자들의 피와 땀으로 발전되어 왔으며, 앞으로도 지속적으로 연구·발전되리라고 믿는다. 마지막으로 이 책이 나오기까지 동고동락하며 도와주신 조성호 형님과 주위의 여러분들에게 감사드린다.

1998년 7월

차 례

차 례

귀신이다

■ 서정해(여자) / 음력 1961년 6월 24일 사시생(巳時生)

년　辛丑 ▶ 태극귀인, 공망, 화개
월　丁酉 ▶ 천주귀인, 문창귀인, 학당귀인, 장생
일　己未 ▶ 태극귀인, 암록, 교록, 고신
시　己巳 ▶ 교록, 공망, 지살

　　　 5　15　25　35　45　55
대　戊　己　庚　辛　壬　癸
운　戌　亥　子　丑　寅　卯

　기토일간(己土日干)이 유월(酉月)에 태어나, 월지장간(月支藏干)에서 신금(辛金)이 년간투출(年干透出)하여 식신격(食神格)이다. 월지 유금(月支酉金)은 년지축토(年支丑土)와 시지사화(時支巳火)를 사유축(巳酉丑三合)으로 식신국(食神局)을 이루어 년간투출(年干透出)한 신금(辛金)이 강력하다.
　일간기토(日干己土)는 일지미토(日支未土)와 시지사화(時支巳火)

에 통근(通根)하여 신약(身弱)하지 않으나, 사유축삼합(巳酉丑三合)된 식신(食神)이 더 강하여 신약사주(身弱四柱)가 되었다. 용신(用神)은 일지미토(日支未土)와 시지사화(時支巳火)에 통근(通根)한 월간정화(月干丁火)이며, 식신격(食神格)에 편인(偏印)이 용신(偏印用神)이다. 화(火)가 용신(用神)이니 목(木)이 희신(喜神), 수(水)는 기신(忌神), 토(土)는 구신(救神)이다. 목화토운(木火土運)은 길하고 금수운(金水運)은 흉하다.

■성 격

온화하고 착실하며 검소하고 겸손하다. 성실하고 상냥하며 친절하고 사교적이다. 부모에게 받은 인자를 겸한다면 비밀이 없고 낙천적이며, 적극적이고 겸손하며 성실하다. 문화, 예술, 학술방면에 재능이 있다.

■조상운

조상은 월간정화(月干丁火)다. 정화(丁火)는 장생궁(長生宮)에 있고, 조상궁인 년지(年支)에 천주귀인(天廚貴人), 문창귀인(文昌貴人), 학당귀인(學堂貴人), 장생(長生) 등의 길성(吉星)이 있으니 학자였으며, 년간식신(年干食神)이 천간투출(天干透出)하여 부귀했다.

■부모운

아버지는 년지장간(年支藏干) 계수(癸水)다. 부모궁인 월지(月支)에 천주귀인(天廚貴人), 문창귀인(文昌貴人), 학당귀인(學堂貴人),

장생(長生) 등의 길성(吉星)이 있으니 학자이며 부귀하다. 월간(月干)에 편인(偏印)이 투출(透出)하고 어머니성이 많아 주색을 즐긴다.

■ 형제운

형제는 시간기토(時干己土)다. 형제성이 많으니 형제가 많다. 형제궁인 월지(月支)에 천주귀인(天廚貴人), 문창귀인(文昌貴人), 학당귀인(學堂貴人), 장생(長生) 등의 길성(吉星)이 있으니 학자이며, 월지(月支)가 장생(長生)에 해당하여 모두 잘 되고, 토(土)가 희신(喜神)이라 형제덕이 있다.

■ 남편운

남편은 일지장간(日支藏干) 을목(乙木)이다. 남편궁인 일지(日支)가 묘고(墓庫)되고, 을목(乙木)이 지장간(地藏干)에 있으니 무능하다. 남편성이 미약하여 자식을 낳고 부부사이가 나빠진다. 형제성인 일지미토(日支未土)가 남편궁에 같이 있어 남편은 장간기토(藏干己土)를 더 사랑한다. 남편 입장에서 볼 때 처성이 많아 주색을 즐긴다.

■ 자식운

자식은 년간신금(年干辛金)이다. 자식인 식상(食傷)이 지지삼합(地支三合)되어 지장간(地藏干)에 많이 있으니, 내 자식 남의 자식 모두 합하여 많다. 자식인 신금(辛金)과 유금(酉金)이 월간정화(月干丁火)의 극을 받아 건강하지 못하거나 부모 속을 썩이고, 금(金)이 기신(忌神)에 해당하여 자식덕이 없다. 식상(食傷)은 설기하는 오행(五

行)이라 힘을 많이 빼앗는다.

■ 건강운

많은 금(金)에 설기 당하여 비위가 약하고, 목(木)이 약하니 간과 신경성질환 등이 염려된다.

■ 직업운

식신격사주(食神格四柱)라 문화, 예술, 학술방면에 재능이 있다. 운이 좋아 공부를 많이 하면 교육자나 화가나 문필가 등과 인연이 있고, 식상(食傷)이 많으니 유치원 교사나 의식주와 관계된 직업인 식당, 주점, 여관 등으로 나가면 길하다.

■ 재물운

대운이 좋으면 부귀하고 대운이 나쁘면 빈천하지만, 식신격사주(食神格四柱)라 열심히 경제활동을 하면서 착실히 저축하면 안정된다.

■ 무술대운(戊戌大運) 5세~14세까지

무술대운(戊戌大運)은 신약(身弱)한 기토일간(己土日干)에게 신유술서방금운(申酉戌西方金運)이기는 하나, 술토(戌土)는 토(土)의 작용이 더 강하므로 토(土)로 본다. 년지축토(年支丑土)와 일지미토(日支未土)가 대운술토(大運戌土)와 축술미삼형(丑戌未三刑)되어 신상에 문제가 있으나, 무토(戊土)가 천간투출(天干透出)하여 강력해지니, 신약(身弱)한 기토(己土)를 받쳐주어 무난하게 잘 지낸다.

■ 기해대운(己亥大運) 15세~24세까지

기해대운(己亥大運)은 해자축북방수운(亥子丑北方水運)이라 나쁘다. 대운해수(大運亥水)는 사주에 있는 사유축삼합금국(巳酉丑三合金局)을 사해충(巳亥沖)하여 삼합(三合)을 깬다. 해중갑목(亥中甲木)이 장생(長生)되어 일지미토(日支未土)와 해미반합목(亥未半合木)되니, 약하나마 용신정화(用神丁火)를 도와주어 어려운 가운데서도 고등학교를 졸업한다. 해중갑목(亥中甲木)이 일지(日支)와 반합(半合)되어 이 운에서 결혼한다.

■ 경자대운(庚子大運) 25세~34세까지

경자대운(庚子大運)은 신약(身弱)한 기토일간(己土日干)에게 매우 나쁘다. 월간정화(月干丁火)가 용신(用神)인데 해자축북방수운(亥子丑北方水運)이기 때문에 경제활동이 어렵다.

■ 신축대운(辛丑大運) 35세~44세까지

신축대운(辛丑大運)은 년상신축(年上辛丑)과 복음살(複蔭殺), 일지미토(日支未土)와 축미충(丑未沖)된다. 식신(食神)이 사유축(巳酉丑三合)되어 복음살(複蔭殺)이 되니 좋지 않고, 일지(日支)를 충하니 일지장간(日支藏干) 을목(乙木)이 빠져나와 식신운(食神運)에서 사유축(巳酉丑三合)되어 식신(食神)이 강력해지므로 경제활동을 한다. 신축대운(辛丑大運)은 월간정화(月干丁火)와 정신극(丁辛剋)되어 타향으로 이동하며, 경제활동을 시작하면서 남편과 별거하거나 주거이동 등이 따른다.

■ 임인대운(壬寅大運) 45세~54세까지

 초년 대운이 나빠 고생고생하다가 기다리던 임인대운(壬寅大運)에서 인묘진동방목운(寅卯辰東方木運)이 왔다. 인묘진(寅卯辰)은 월간정화(月干丁火)의 뿌리가 되니 용신(用神)이 힘을 받아 초년 고생을 옛이야기로 하며 살게 된다. 대운임수(大運壬水)는 월간정화(月干丁火)와 정임합목(丁壬合木)되어 남편이 크게 성공한다.

■ 계묘대운(癸卯大運) 55세~64세까지

 계묘대운(癸卯大運)은 일지미토(日支未土)와 대운묘목(大運卯木)이 묘미합(卯未合)되고, 사유축(巳酉丑) 장생궁(長生宮)인 유금(酉金)을 묘유충(卯酉沖)하여 강력한 식신(食神)을 극하니, 일간기토(日干己土)는 설기를 많이 당하지 않아 부유하게 산다. 대운계수(大運癸水)가 용신정화(用神丁火)와 정계극(丁癸剋)되어 용신(用神)을 무력하게 만들 것 같으나, 시간기토(時干己土)가 계기극(癸己剋)하여 용신정화(用神丁火)를 극하지 못하고, 계수(癸水)는 지지묘목(地支卯木)을 생하므로 재물운, 남편운이 모두 좋다.

남편사주

■ 허경수(남자) / 음력 1954년 9월 17일 묘시생(卯時生)

년 甲 午 ▶ 태극귀인, 천사성, 홍염, 장생
월 庚 午 ▶ 태극귀인, 천사성, 홍염, 장생
일 甲 午 ▶ 태극귀인, 천사성, 홍염, 장생
시 丁 卯 ▶ 교록, 천희신, 도화

```
    10  20  30  40  50  60  70
대  辛  壬  癸  甲  乙  丙  丁
운  未  申  酉  戌  亥  子  丑
```

갑목일간(甲木日干)이 오월(午月)에 태어나, 월지장간(月支藏干)에서 정화(丁火)가 시간투출(時干透出)하여 상관격(傷官格)이다. 지지오화(地支午火)가 년월일(年月日)까지 한 줄로 서있고, 수(水)가 한 방울도 없어 천지가 불바다를 이루고 있다. 월간투출(月干透出)한 경금(庚金)도 불덩어리가 된지 오래되었고, 년간갑목(年干甲木)도 활활타고 있는 불길에 기름이 되어 일간갑목(日干甲木)이 타고 있으니, 도자기를 구워낸다면 불후의 명작이 나오겠다.

그러나 시지(時支)에 습목이 있어 연기만 날 뿐 잘 타지 않는다. 상관(傷官)이 왕하면 좋겠지만 시지묘목(時支卯木)에 통근(通根)하여 종(從)하지 못하니, 시지묘목(時支卯木)을 용신(用神)으로 삼을 수

밖에 없다. 목(木)이 용신(用神)이니 수(水)는 희신(喜神)이다. 수목
운(水木運)은 길하고 화토금운(火土金運)은 흉하다.

■ 성 격

군자다운 성격으로 강직하고 담백하다. 온순하고 자존심이 강하며
창의력이 뛰어나다. 영리하고 표현력이 좋다. 부모에게 받은 인자를
겸한다면 반역정신이 강하고 오만불손하며 남을 무시하여 오해와 비
방을 부른다. 따라서 반대, 방해, 실추, 소송 등을 잘 일으킨다.

■ 조상운

조상은 나타나있지 않으나 임수(壬水)다. 조상궁인 년지(年支)에 비
견(比肩)과 상관(傷官)이 함께 있으니 평범하고, 태극귀인(太極貴
人)과 장생(長生)이 있어 잘 살았으며, 화(火)가 강하니 양자로 갔다.

■ 부모운

아버지는 월지장간(月支藏干) 기토(己土)다. 부모궁인 월지(月支)
에 태극귀인(太極貴人)과 장생(長生)이 있으나, 월간경금(月干庚金)
이 목욕지(沐浴支)와 상관(傷官)의 살지(殺支)에 앉아 명예가 없고,
무능하거나 주색을 즐긴다.

■ 형제운

형제는 년간갑목(年干甲木), 시지묘목(時支卯木), 장간갑을목(藏干
甲乙木)이다. 형제궁인 월지(月支)가 일간갑목(日干甲木) 사지(死

支)에 해당하여 형제는 잘 살지 못하지만, 목(木)이 용신(用神)이라
형제덕이 있다.

■부부운

 아내는 일지장간(日支藏干) 기토(己土)다. 처궁인 일지(日支)는 신
약(身弱)한 갑목(甲木)을 설기시키고, 년상갑목(年上甲木)과 시지장
간(時支藏干) 갑을목(甲乙木)과 암합(暗合)되므로 아내는 외정이 많
다. 토(土)가 기신(忌神)에 해당하여 처덕이 없다.

■자식운

 자식은 월간경금(月干庚金)이지만 경금(庚金)은 오화살지(午火殺
支)에 있고, 천지가 불바다라 자식이 없다.

■건강운

 화(火)가 강한데 수(水)가 없으니 금(金)이 녹아내려 기관지, 폐, 신
장, 방광 등이 약하다.

■직업운

 상관격사주(傷官格四柱)가 매우 신약(身弱)하여 건강이 나쁘다. 상
관(傷官)은 말이나 소리, 깨고 부수는 것을 나타내므로 말로 먹고 사
는 직업이나, 고물을 취급하면 길하다.

■ 재물운

 대운이 금수운(金水運)으로 흐르니 열심히 노력하면 말년에 재물운이 있을 것 같지만, 사주가 워낙 많이 깨져 재물운이 따르지 않는다. 매우 신약(身弱)하고 대운이 나쁘면 단명할 사주다.

■ 신미대운(辛未大運) 10세~19세까지

 신미대운(辛未大運)은 사오미남방화운(巳午未南方火運)이라 매우 나쁘다. 초년에는 가정문제가 있어 좋지 않으나, 시지묘목(時支卯木)과 묘미합목(卯未合木)되어 어려움 속에서도 무난하게 지낸다.

■ 임신대운(壬申大運) 20세~29세까지

 임신대운(壬申大運)은 신유술서방금운(申酉戌西方金運)이라 좋을 것 같으나, 화기(火氣)가 강한데 수(水)가 없으니 큰 도움이 되지 못한다. 그러나 천간(天干)에서 임수(壬水)를 생하여 신유술서방금운(申酉戌西方金運)이 그런대로 유용하다. 임수(壬水)가 시상상관(時上傷官)을 정임합목(丁壬合木)하니, 상관(傷官)의 흉작용이 사라지고 길작용이 나타난다. 문화, 예술, 학문방면이나 말과 글로 먹고 살며, 이 운에서 결혼한다. 일부 역학자들은 사주에 없는 기물은 대운에서 와도 작용하지 못한다고 하지만, 대운에서 온 오행(五行)이 통관용신(通關用神)이면 사주가 맑아져 발복하니 작게나마 작용한다.

■ 계유대운(癸酉大運) 30세~39세까지

 계유대운(癸酉大運)은 시지묘목(時支卯木)을 묘유충(卯酉沖)하여 갑목(甲木) 뿌리를 자르니 형제들의 도움이 없고, 대운계수(大運癸水)의 도움으로 살아간다. 또 뿌리가 잘리니 무능해져 남에게 의지한다. 그러나 정화상관(丁火傷官)을 계수(癸水)가 정계극(丁癸剋)으로 다스려주니 무난하게 지낸다.

■ 갑술대운(甲戌大運) 40세~49세까지

갑술대운(甲戌大運)은 신유술서방금운(申酉戌西方金運)이나, 술토(戌土)는 토(土)의 작용이 더 강하므로 토(土)로 본다. 사주에서 월간경금(月干庚金)과 갑경극(甲庚剋)되는데, 다시 대운에서 갑목(甲木)이 들어와 갑경극(甲庚剋)하여 교통사고 등을 조심해야 한다. 대운술토(大運戌土)는 지지(地支)에서 오술합화(午戌合火), 묘술합화(卯戌合火)하여 지지(地支)가 모두 불바다를 이루고, 갑목(甲木) 뿌리가 화(火)로 변하여 의지할 곳이 없다.

처궁인 일지(日支)가 오술합(午戌合), 묘술합(卯戌合)되어 다른 사람과 정을 통하고, 뿌리없는 갑목(甲木)이 경금(庚金)과 갑경극(甲庚剋)되어 교통사고 등으로 명을 다한다. 매우 신약(身弱)한데도움이 없으니 이 운에서 굶어 죽을 수도 있다. 39세 계유대운(癸酉大運)까지는 금수운(金水運)이라 대학공부까지 할 수 있었으나, 40세부터는 흉작용이 강하다.

“남편은 자존심이 강하고 문화나 예술이나 학문에 재능이 있습니다. 그리고 술을 많이 마시는 것 같은데, 신장과 방광이 나빠 화장실을 자주 들락거리지요?“

“……”

“그리고 남편은 무슨 일이나 시작만 있지 끝이 없고, 매사에 부정적이며 윗사람에게는 반항적이지만 아랫사람에게는 이해심이 많고 도와주려고 합니다. 그러나 가정적이지는 못하여 불만이 많겠습니다?”

“……”

“서른아홉까지는 그런대로 지냈으나 마흔부터 운이 나쁘게 흐르고 있군요. 지금은 환자라 경제활동을 하지 못하는 것 같은데, 혹시 학교 선생님 아닙니까?”

“선생요? 백수요, 백수!! 그림인가 뭔가 그리며 놀고 있어요.”

계속 대꾸없이 듣고 있다가, 선생님이 아니냐는 질문에 신경질적으로 대답한다.

“아주머니는 남에게 싫은 소리를 하지 않는 편이라 얌전하다는 말을 듣겠고, 속마음을 잘 드러내지 않는 성격이군요. 그리고 초년에는 부모가 두 분이었거나 다른 사람 손에 자란 것 같고, 젖도 부족하고 건강도 좋지 못한 것 같습니다. 그래도 부모덕이 있어 결혼하기 전까지는 별 근심없이 잘 지냈겠네요. 그리고 결혼 후에 경제활동을 하는 사주라 부지런히 노력하면 나중에는 부자로 잘 살겠습니다. 두 사람 궁합은 좋은 편이나, 지금은 별거하거나 한 집에 살아도 방을 따로 쓰고 있는 것 같군요. 아주머니 직장생활을 시작하면서 애인이 생겼죠? 그래서 이혼이 될까 해서 저를 찾아온 것 아닙니까?”

“그래요, 이혼할 수 있겠습니까?

“이혼은 꿈에도 생각하지 마십시요. 남편한데 이혼하자고 하면 차라리 같이 죽자고 할 겁니다. 애인이 있는 건 타고난 팔자이니 어쩔 수 없고, 남편을 먹여 살려야 합니다."

"우린 지금 애도 없고, 남편은 한쪽 다리를 다쳐 불구인데요?"

"그또한 아주머니 팔잔데 어쩌겠습니까? 자식이 없는 건 남편 사주가 그래서 그렇고, 설사 아이가 생겼어도 낙태했을 겁니다."

"그럼 지금 만나는 남자 팔자엔 자식이 있습니까?"

"자식은 꿈에도 생각하지 마십시오. 자식을 갖겠다면 갖을 수는 있겠지만, 남편이 이혼해주지도 않을 뿐더러 절대로 용서하지 않을 겁니다."

"그럼, 저는 어떻게 하면 좋아요?"

"어떻게 하긴 뭘 어떻게 합니까. 업으로 생각하고 살아야죠. 아무튼 하늘이 내린 인연이라 어쩔 수 없으니 참고 사세요. 그건 그렇고, 지금 서북쪽 다세대주택 지하에서 살겠는데, 남편에게는 좋으나 아주머니한테는 건강상 좋지 않으니, 어서 동남쪽 3층이나 4층으로 이사나 하세요."

"네? 정말 귀신이군요."

남편의 자존심이 강하다고 한 것은, 남편의 일간(日干)이 갑목(甲木)인데 갑목(甲木)은 진취, 발전, 향상, 자존심 등을 나타내기 때문이고, 문화, 예술, 학술방면에 재능이 있다고 한 것은, 상관격(傷官格)인데 수기발로(水氣發路)하여 머리가 비상하고 말을 잘 하기 때문이다.

술을 많이 마시고 신장과 방광이 약하여 화장실에 자주 간다고 한 것은, 갑목일간(甲木日干)이 화(火)가 강하고 수(水)가 없어 대운에서 온 작은 물방울이 뜨거운 불에 증발하듯이 오줌소태가 있고, 화(火)가 강하여 수분이 필요하므로 물이나 술을 마시게 되기 때문이다. 술은 몸 속에 들어가 화(火)로 변하여 목(木)을 태우니 간장이 나빠지고, 금(金)을 녹이니 기관지, 폐, 장이 약하다. 수(水)인 신장과 방광도 약해지고 정력도 약하게 되어 허약해진다. 남자의 천간(天干)은 지지(地支)의 강한 불길에 녹아내리며 설기 당하고, 여자는 지지(地支)에 화(火)가 많으면 월경불순 등으로 자식을 낳기 어렵다.

94년 갑술년(甲戌年)은 대운갑술(大運甲戌)과 일치하여 갑경극(甲庚剋)되고, 술토(戌土)는 오술합화(午戌合火), 묘술합화(卯戌合火)하여 운이 나쁘다.

96년 병자년(丙子年)은 강한 화(火)를 자오충(子午沖)하여 폭발하고, 천간병화(天干丙火)는 월지경금(月支庚金)과 병경극(丙庚剋)하여 천극지충(天剋地沖)되므로 남편이 한쪽 다리를 다쳐 불구가 된 것이다.

매사에 부정적이라고 한 것은, 상관(傷官)은 깨고 부수는 것을 나타내기 때문이다. 자존심이 강하고 반역정신이 농후하며 오만불손하여, 하극상하며 국가의 규범인 관을 능멸하고 말로 재앙을 불러온다. 그런데 상관(傷官)을 억제하고 다스리는 인수(印綬)가 없으니 흉작용이 많다.

교육자가 아니냐고 한 것은 말이나 소리 등을 나타내는 상관격(傷官格)이기 때문이다. 대운이 금수운(金水運)으로 흘러 금생수생목(金生水生木)하여 좋고, 상관격사주(傷官格四柱)에 정관운(正官運)은 위화백단(違禍百斷)이라고 했으나, 관(官)은 인수(印綬)를 생하여 천간인수(天干印綬)가 상관(傷官)을 다스려 무난하다. 만일 천간(天干)에 인수(印綬)가 없는데 정관대운(正官大運)이 온다면 명을 다한다. 초년 신미대운(辛未大運)이 매우 위험하다고 느껴지나 무난하게 잘 지내왔다.

얌전하고 속마음을 드러내지 않는다고 한 것은, 기토일간(己土日干)과 월지식신격(月支食神格)의 특성을 합하여 한 말이고, 초년에 부모가 두 분이라고 한 것은, 월간편인(月干偏印)이 투출(透出)하고 지지(地支)에 정편인(正偏印)이 혼잡되었기 때문이다.

부모덕으로 잘 지냈다고 한 것은, 일간(日干)과 식신(食神)이 강하고, 기토일간(己土日干)은 월지식신격(月支食神格)이며 장생(長生)에 해당하기 때문이다.

결혼한 후 고생을 많이 한다고 한 것은, 화토(火土)가 강하여 신왕(身旺)하나 사유축삼합(巳酉丑三合)되어 신약(身弱)해지므로 처음에는 잘 살지만 나중에는 나빠지기 때문이다. 대운이 해자축북방수운(亥子丑北方水運)으로 흘러 용신(用神)을 극하는 운이다. 남편이 수생목생화(水生木生火)시켜 주어야 하는데 묘고(墓庫)에 있으니 무능하다. 극을 당한 용신(用神)과 대운을 통관시켜 주지 못한다.

식당에서 일을 한다고 한 것은, 35세 신축대운(辛丑大運)의 신금(辛金)이 식신(食神)이기 때문이다. 식신(食神)은 월간정화(月干丁火)와 정신극(丁辛剋)되고, 축토(丑土)는 일지미토(日支未土)를 충하여 자리변동이 따른다. 시상사화(時上巳火) 지살(地殺)과 함께 사유축(巳酉丑三合), 식신극(食神剋)되어 의식주와 관계된 일에 종사하는 것이다. 신축대운(辛丑大運)은 일간기토(日干己土)를 많이 설기하므로 나쁘다. 남편은 고(庫) 속에 있어 무능하니 경제적인 어려움이 극에 달했다. 결혼한 후에는 나쁜 운의 연속이다.

남편과 별거하거나 방을 따로 쓰고 있다고 한 것은, 일지(日支)가 축미충(丑未沖)되어 지장간(地藏干)에 있던 을목(乙木)이 밖으로 나오기 때문이다.

결혼한 후 경제활동을 한다고 한 것은, 기토일간(己土日干)이 일지(日支) 관대궁(冠帶宮)에 있어 생활력이 강하고, 일지묘고(日支墓庫)에 있는 남편이 무능하여 본인이 경제활동을 해야 하며, 사주에 식신(食神)이 왕하여 활동성이 강하기 때문이다.

직장에 다니면서 애인이 생겼다고 한 것은, 갑술년(甲戌年)은 남자와 합되고, 술토(戌土)는 월지식신(月支食神)과 유술합(酉戌合)되어 직장생활을 하게 된다. 을해년(乙亥年)은 남자가 돈을 차고 들어오므로 남자의 도움이 있다. 을목(乙木) 남자는 지지해수(地支亥水) 돈을 가지고 들어와 경제적으로 도움을 준다. 해중갑목(亥中甲木)은 일지미중(日支未中) 기토(己土)와 암합(暗合)되니, 아무도 모르게 살짝 들어와 쥐도 새도 모르게 이루어진다.

남편과의 이혼문제로 찾아왔다고 한 것은, 정축년(丁丑年)에는 이미 대운에서 일지(日支) 남편궁을 축미충(丑未沖)하여 남편이 빠져나온다. 그때가 언제인가 하는 것인데 정축년(丁丑年)은 시계바늘이 한 줄로 서는 해다. 일지(日支)를 축미충(丑未沖)하니 일지장간(日支藏干) 을목(乙木)이 빠져나온다. 정축년(丁丑年) 정화(丁火)는 년간(年干)을 정신극(丁辛剋)하여 주거이동이 있으니 이혼을 생각한다고 보는 것이다.

이혼은 꿈에도 생각하지 말라고 한 것은, 남편은 상관격(傷官格)인데 상관(傷官)을 다스리는 인수(印綬)가 없으니 화가 나면 포악하기 그지없다. 대운도 나쁘게 흘러 상관(傷官)의 흉작용이 더욱더 심하다. 남자 입장에서 보면 정축년(丁丑年)은 상관년(傷官年)이며, 지지(地支)로 축오원진살(丑午怨嗔殺)과 탕화살(湯火殺)이 들어오는 해이므로 화재, 교통사고, 약물 등의 재앙이 따른다. 만일 이혼하자고 하면 극단적인 행동을 할 것이다.

남자의 대운이 매우 나쁘다. 무인년(戊寅年)은 사주에 있는 오화(午火)와 대운술토(大運戊土)와 인오술삼합화국(寅午戌三合火局)되며, 대운과 년월(年月)이 무갑극(戊甲剋)되어 매우 흉하다. 아내와 헤어지고 경제적으로 심한 고통을 겪는다.

두 사람의 궁합이 좋다고 한 것은, 사주의 인자가 서로 맞기 때문이다. 일지(日支)가 오미합(午未合), 갑기합(甲己合)되어 천덕지합(天德地合)이니, 남자는 금수(金水)가 필요하고 여자는 목화(木火)가 필요하므로 결혼한 것이다.

그러나 남자 갑목일간(甲木日干)이 지지(地支)에 화(火)가 많다. 계해일주(癸亥日柱) 여자를 만나면 도움을 받을 수 있는데, 기미일간(己未日干)은 수기(水氣)가 하나도 없어 목마른 갑목일간(甲木日干)에게 도움은 커녕, 오히려 대운에서 오는 작은 임계수(壬癸水)만 먹어치우니 재물운을 막고 있는 형상이다.

여자는 갑을목(甲乙木)이 없어 갑목일간(甲木日干)을 원한 것이다. 사유축금국(巳酉丑金局)되어 많은 기토(己土)를 설기하는데, 남자에게 화(火)가 많으니 일간기토(日干己土)를 생한다. 경신금(庚辛金)

으로 남자 갑목(甲木)을 쪼개어 여자의 용신정화(用神丁火)에 불쏘시개로 쓰면 바싹 마른 장작은 연기도 나지 않고 잘 타게 생겼다.

 남자는 사유축(巳酉丑) 큰 도끼로 쪼개는 줄도 모른다. 사유축금국(巳酉丑金局) 큰 철광석에서 해중임수(亥中壬水) 샘물이 나오는 것을, 철광석이 많이 있어 앞으로 물이 무진장 많이 흘러나와 큰 댐을 만들어 줄 것으로 믿고 결혼했다. 그러나 일간기토(日干己土)가 해중임수(亥中壬水)를 다 먹어치워 남편 갑목(甲木)에게 줄 것이 없다. 목이 마른 남편은 갑목(甲木)을 쪼개어 용신정화(用神丁火) 불쏘시개로 불을 지펴 따뜻한 방에서 편히 지내다가 버리려고 한다. 과연 남자는 단순하고 여자는 계산이 빠르며, 남자는 예쁜 여자를 우선하고 여자는 능력있는 남자를 우선한다는 것을 깨우쳐 주는 대목이다.

 남편 사주에 자식이 없다고 한 것은, 월간경금(月干庚金)이 편관(偏官)으로 자식인데 불덩어리에 녹아 버렸기 때문이다. 설사 임신을 해도 유산된다.

 서북쪽 다세대주택 지하에서 산다고 한 것은, 기토일간(己土日干)이 식신삼합국(食神三合局)을 이루었는데, 신약(身弱)하고 대운까지 나쁘니 경제적으로 어려운 것은 당연한 일이다. 신축대운(辛丑大運)은 사유축(巳酉丑三合)되어 많은 사람들과 어울려 생활한다고 볼 수 있다. 목화(木火)는 동남쪽 위를 말하고 금수(金水)는 서북쪽 아래를 가리킨다. 정축년(丁丑年)에 시계바늘이 한 줄로 겹치는 원리가 맞아떨어진 것이다.

직업도 팔자에 있어야 한다

■ 곽중철(남자) / 음력 1950년 12월 10일 해시생(亥時生)

년 庚寅 ▶ 천주귀인, 문창귀인, 암록, 황은대사, 지살
월 庚辰 ▶ 괴강, 양차, 고신
일 壬申 ▶ 관귀학관, 문곡귀인, 학당귀인, 천덕귀인,
　　　　　월덕귀인, 역마
시 辛亥 ▶ 홍염, 급살, 공망


```
   10  20  30  40  50  60  70
대  辛   壬   癸   甲   乙   丙   丁
운  巳   午   未   申   酉   戌   亥
```

임수일간(壬水日干)이 진월(辰月)에 태어나, 월지장간(月支藏干)에 천간투출(天干透出)이 없으니 월지(月支)에서 격을 잡아 잡기편관격(雜氣偏官格)이다. 금수(金水)가 많으니 신왕사주(身旺四柱)다. 임수(壬水)를 설기시킬 수 있으니 년지장간(年支藏干) 갑목(甲木)이 용신(用神)이다. 목(木)이 용신(用神)이니 금(金)은 기신(忌神), 화

(火)는 구신(救神)이다. 목화토운(木火土運)은 길하고 금수운(金水運)은 흉하다.

■성 격

속이 깊고 이해심과 포용력이 있다. 활발하지만 잔꾀가 많고 냉정하다. 성급하고 경제관념이 부족하다. 부모에게 받은 인자를 겸한다면 책임감이 강하고 결단력이 있으며 권위의식이 있다. 명예를 중요하게 생각하며 강인하고 충직하다.

■조상운

조상은 년간경금(年干庚金)이다. 조상궁인 년지(年支)에 길성(吉星)인 천주귀인(天廚貴人)과 문창귀인(文昌貴人)이 있어 학자였으나, 지장간(地藏干)에 식신(食神)이 많으니 주색을 즐겼고 할머니가 두 분이다.

■부모운

아버지는 년지장간(年支藏干) 병화(丙火)다. 부모궁인 월지(月支)에 경진(庚辰) 괴강이 있어 군인, 경찰, 운동선수, 공무원 등과 관계 있다. 정편인(正偏印)이 많아 주색파로 처첩이 많다. 부모덕이 없다.

■형제운

형제는 월지장간(月支藏干) 계수(癸水)와 시지장간(時支藏干) 임수(壬水) 등이다. 형제궁인 월지(月支)가 묘고(墓庫)되어 모두 잘 살지 못한다. 군인, 경찰, 운동선수 등과 관계있으며, 수(水)가 기신(忌神)에 해당하여 형제덕이 없다.

■부부운

아내는 년지장간(年支藏干) 병화(丙火)다. 병화(丙火)는 년지인중(年支寅中) 장생궁(長生宮)에 있고, 처궁인 일지(日支)에 천주귀인(天廚貴人)과 문창귀인(文昌貴人) 등의 길성(吉星)이 있으니 명문가 여성이다. 화(火)가 희신(喜神)에 해당하여 처덕이 있다.

■자식운

자식은 월지장간(月支藏干) 무토(戊土)다. 괴강살이 있으니 군인, 경찰, 운동선수 등과 관계있고, 토(土)가 희신(喜神)에 해당하여 자식덕이 있다.

■건강운

경신금(庚辛金)이 너무 많아 년지인목(年支寅木)을 극하니 초년에는 부모덕이 없다. 어릴 때 부모의 변화로 다른 사람 손에 자라며 젖이 부족하다. 음식인 식신(食神)을 극하니 위장, 장, 간 등이 나쁘다.

■직업운

지살(地殺)과 역마살(驛馬殺)이 모두 있으니 원행이 많이 따른다. 경진(庚辰) 괴강이 있으니 철공소, 인쇄소, 정비, 운전 등으로 나가면 길하다.

■ 재물운

 일지편인(日支偏印)이 식신(食神)을 극하므로 경제활동을 하지 못한다. 재물과 아내를 나타내는 재(財)의 뿌리를 상하게 하므로 아내의 건강이 나쁘거가 재물을 모으기가 어렵고, 자식인 관(官)을 심하게 설기하여 자식도 무능하게 만든다. 사주에 금(金)이 많으면 임수(壬水)가 탁해져 총명하지 못하고 주색잡기에 빠진다. 다만 초년 대운이 화운(火運)으로 흘러주어 작은 집을 하나 장만했다고 한다. 역시 운의 작용은 대단하다. 앞으로 보증 등을 조심해야 한다.

■ 신사대운(辛巳大運) 10세~19세까지

 신사대운(辛巳大運)은 사오미남방화운(巳午未南方火運)이다. 많은 금(金)을 극하여 좋을 것 같으나 대운천간(大運天干)에 경금(庚金)이 있어 임수(壬水)를 탁하게 만들고, 사화(巳火)는 년상인목(年上寅木)과 일지신금(日支申金)과 인사신삼형(寅巳申三刑)되어 초년운이 좋지 못하다. 사운(巳運)은 사주에 인신해(寅申亥)가 있는데, 사화(巳火)가 또 들어오니 인신사해(寅申巳亥), 지살(地殺), 역마살(驛馬殺)이 모두 모였다.

 이 사람은 초년운이 좋아 공부를 할 수 있었으나, 사주가 나빠 학업을 포기하고 초년부터 타향에서 기술을 배운다. 천간(天干)에 모두 경신금(庚辛金)이 있어 지지사화(地支巳火)가 경신금(庚辛金)을 극하여 다스리지 못하니 사주가 나빠도 공부를 한다. 대운천간(天干)에 신금(辛金)이 투출(透出)하여 길작용을 하지 못한 것이다.

▪ 임오대운(壬午大運) 20세~39세까지

임오대운(壬午大運)은 년지지살재(年支地殺財)인 인목(寅木)과 인오합화(寅午合火)되니 여자가 생기고 재물도 풍족하다. 이 사람은 스무살에 결혼을 했다고 한다.

▪ 계미대운(癸未大運) 30세~39세까지

계미대운(癸未大運)은 사오미남방화운(巳午未南方火運)이나, 미토(未土)는 토(土)의 작용이 더 강하므로 토(土)로 본다. 사주에 있는 화토(火土)가 모두 희신(喜神)에 해당하여 길하다. 자식도 건강하게 잘 성장하며, 열심히 노력하여 집을 장만하고 안정된다.

▪ 갑신대운(甲申大運) 40세~49세까지

갑신대운(甲申大運)은 신유술서방금운(申酉戌西方金運)이며, 대운이 년주(年柱)를 천극지충(天剋地沖)하여 변화가 많다. 갑목운(甲木運) 5년은 식신운(食神運)이라 사회활동을 하게 되고, 신운(申運)은 편인운(偏印運)이라 권태를 느껴 다른 일을 생각한다. 이 사주는 일지(日支)에 편인(偏印)과 현침살(懸針殺)이 있어 침술, 역학, 신 등과 인연이 있어 철학관을 많이 찾는다. 지금 신을 받아볼까, 침술을 배워볼까 생각이 많다. 앞으로 그 방향으로 나갈 가능성이 많다.

▪ 을유대운(乙酉大運) 50세~59세까지

을유대운(乙酉大運)에서는 대운을목(乙木)이 년월간(年月干) 경금(庚金)과 을경합금(乙庚合金), 월지진토(月支辰土)와 유진합금(酉辰

合金)되어 역학이나 신이나 침술 등을 배우며 고생한다.

■ 병술대운(丙戌大運) 60세~69세까지

 병술대운(丙戌大運)은 천간(天干)으로 병화(丙火)가 들어오므로 좋다. 대운의 지지술토(地支戌土)도 관(官)이 되어 명예가 따른다. 년월(年月) 경신금(庚辛金)을 병경극(丙庚剋)으로 제거하니, 경신금(庚辛金)이 너무 많아져 지혜를 나타내는 임수(壬水)가 탁해진다. 그러나 천간(天干) 경신금(庚辛金)을 제거하니 지혜가 살아나고, 술토관(戌土官)이 들어오니 명예를 얻는다.

■ 정해대운(丁亥大運) 70세~79세까지

 정해대운(丁亥大運)은 해자축북방수운(亥子丑北方水運)이다. 해수(亥水)는 년지인목(年支寅木)과 인해합목(寅亥合木)되어 수운(水運)이나 목(木)의 작용으로 변하고, 천간정화(天干丁火)가 경신금(庚辛金)을 제거하니 재물운이 강하다. 무자대운(戊子大運)이 오기까지는 침술이나 역술이나 신 등으로 무난하게 발전한다. 80세 무자대운(戊子大運)은 신왕(身旺)한 임수(壬水)에게 신자진삼합(申子辰三合)되어 수국(水局)을 이루므로 나쁘다.

 년지편인(年支偏印)은 조상인데, 조상의 입장에서 보면 지장간(地藏干)에 목(木)이 많아 처첩이 많고, 월지(月支)는 부모궁으로 년지장간(年支藏干) 병화(丙火)가 아버지인데, 아버지 입장에서 보면 경신금(庚辛金) 부인이 많다. 년주(年柱)에 편인(偏印)이 있으면 조업을 이어받지 못하거나 파하고, 타향에 나가 살게 된다.

 또 편인(偏印)이 쇠병사묘절(衰病死墓絶)에 있으면 한쪽 부모를 일찍 잃어 고생하고, 정편인(正偏印)이 혼잡되면 한 가지 일에 전념하지 못하고, 일지(日支)에 편인(偏印)이 왕하면 변심을 잘 하고, 사주에 인수(印綬)가 많으면 어머니가 두 분이거나 색을 좋아하며 빈곤하고, 남자는 처자식과 인연이 없으며 자식이 불효한다.

 이 사람은 초년에 부모덕이 없어 고생을 많이 했다. 년지식신(年支食神)인 인목(寅木)을 천간경금(天干庚金)이 개두하여 심하게 극하고, 년주(年柱)에 식신(食神)이 많아 극되니 어머니젖이 부족하고 위장이 나쁘다.

 많은 금(金)이 지혜를 나타내는 임수(壬水)를 생하니 중금속이 많이 섞인 호수와 같은 형상이다. 사주에 병화(丙火)가 하나라도 있으면 좋을텐데 안타까움을 금할 길 없다. 그나마 초년 대운이 사오미남방화운(巳午未南方火運)으로 흐르고 있으니 다행이다. 열심히 노력하면 얻는 것이 있을 것이다.

 편관격사주(偏官格四柱)가 승격되면 군인, 경찰, 운동선수, 판사, 검사, 공무원 등과 인연이 있다. 그러나 파격되면 깡패, 노동자, 기능인 등으로 나간다. 초년운이 나빠 공부를 하지 못했으면 경진(庚辰) 괴강, 지살(地殺), 역마살(驛馬殺) 등이 있으니 많이 돌아다니는 직업으로 운전수가 된다. 이 사주는 경신금(庚辛金)이 많으니 대형버스 기사나 포크레인 기사 등으로 볼 수 있다.

 20세 임오대운(壬午大運)은 재운(財運)인데, 년지(年支)에 있는 지살(地殺)과 합되니 천리에 있는 사람으로 여행 중에 만난다고 볼 수 있다. 39세 계미대운(癸未大運)까지는 집도 사고 경제적인 기반을 잡는다.

그러나 40세 갑신대운(甲申大運)부터는 금(金)이 많은데 또 금운(金運)이 들어와 나쁘다. 경제활동이 줄어들며 다른 직업에 관심을 갖게 된다. 또 갑신대운(甲申大運)은 년지장간(年支藏干) 병화(丙火)를 인신충(寅申沖)하여 부부사이가 나빠진다. 갑신대운(甲申大運)은 현침살(懸針殺)이고, 신금(申金)에 옷의(衣)자를 붙이면 귀신신(神)자가 되니 역학과 인연이 있는 것이다. 더구나 사주에 진해귀문관살(辰亥鬼門關殺)이 있어 신기(神氣)도 있다.

무인년(戊寅年)은 일간(日干)과 천극지충(天剋地沖)되고, 대운과도 천극지충(天剋地沖)되니 부인과의 관계를 조심하라고 했더니, 내년에 중국으로 침술을 배우러 간다고 한다.

좋은 운이 왔습니다

■ 오성민(남자) / 음력 1939년 12월 16일 인시생(寅時生)

년 己卯 ▶ 천을귀인, 태극귀인, 장생
월 丙寅 ▶ 천주귀인, 문창귀인, 월덕귀인, 망신
일 壬辰 ▶ 괴강, 양차, 반안
시 壬寅 ▶ 천주귀인, 문창귀인, 월덕귀인

  6 16 26 36 46 56
대 乙 甲 癸 壬 辛 庚
운 丑 子 亥 戌 酉 申

임수일간(壬水日干)이 인월(寅月)에 태어나, 월지장간(月支藏干)에 병화(丙火)가 천간투출(天干透出)하여 편재격(偏財格)이나, 지지(地支)가 인묘진동방합(寅卯辰東方合)되어 종아격(從我格)이다. 시간임수(時干壬水)가 일지진토(日支辰土)에 통근(通根)하여 뿌리가 되어주니, 종아격(從我格)에 병(病)이 되지만 강한 목(木)이 설기해주니 큰 문제가 되지는 않는다.

더구나 강력한 지지(地支)가 월간병화(月干丙火)를 생하니 종재(從財)로 볼 수 있다. 년간기토(年干己土)가 시간임수(時干壬水)를 극하여 병(病)을 제거한다. 목생화생토(木生火生土)하여 조금 난해한 사주이지만, 지지목방합(地支木方合)에 목(木)이 강하여 종아격(從我格)이다. 목화토운(木火土運)은 길하고 금수운(金水運)은 흉하다.

■ 성 격

속이 깊고 이해심과 포용력이 있다. 활발하고 두뇌회전이 빠르며 행동이 민첩하다. 부모에게 받은 인자를 겸한다면 낙천적이고 인자하며 친절하다. 문화, 예술, 학술에 재능이 있고 표현력이 뛰어나다.

■ 조상운

조상은 나타나있지 않으나 경금(庚金)이다. 조상궁인 년지(年支)에 길성(吉星)인 천을귀인(天乙貴人), 태극귀인(太極貴人), 장생(長生) 등이 있으니 학자이며 부귀했다.

■ 부모운

아버지는 월간병화(月干丙火)다. 병화(丙火)는 장생궁(長生宮)에 있고, 부모궁인 월지(月支)에 천주귀인(天廚貴人), 문창귀인(文昌貴人), 월덕귀인(月德貴人)이 있으니 사업가이며 부귀하다.

■ 형제운

형제는 시간임수(時干壬水)다. 형제궁인 월지(月支)에 천주귀인(天

廚貴人), 문창귀인(文昌貴人), 월덕귀인(月德貴人) 등의 길성(吉星)
이 있으니 부귀하다. 수(水)가 기신(忌神)이라 형제덕이 없다.

■부부운

아내는 월간병화(月干丙火)인데 장생궁(長生宮)에 있고, 처궁인 일
지(日支)에 천주귀인(天廚貴人), 문창귀인(文昌貴人), 월덕귀인(月
德貴人)이 있으니 명문가 여성이다. 편관(偏官)이 있으니 강직하고
생활력이 강하다.

■자식운

자식은 년간기토(年干己土)와 일지장간(日支藏干) 무토(戊土)다.
무토(戊土)가 시지인목(時支寅木)에 장생(長生)되고, 자식궁인 시지
(時支)에 천주귀인(天廚貴人), 문창귀인(文昌貴人), 월덕귀인(月德
貴人)이 있으니 모두 잘 된다. 토(土)가 희신(喜神)에 해당하여 자식
덕이 있다.

■건강운

종아격사주(從我格四柱)라 건강하다. 그러나 괴강일에 태어나 인목
(寅木)과 신금(申金)이 충되는 날은 교통사고를 조심해야 한다.

■직업운

종아격사주(從我格四柱)로 승격되었으나 대운이 금수운(金水運)으
로 흐르니, 사업보다는 직장생활을 하는 것이 더 좋다.

■ 재물운

종아격사주(從我格四柱)가 종재(從財)하여 경제적으로 어려움이 없으고, 처덕이 많다.

■ 을축대운(乙丑大運) 6세~15세까지

을축대운(乙丑大運)은 해자축북방수운(亥子丑北方水運)이라 흉하다. 그러나 토(土)의 작용이 더 크기 때문에 병(病)이 되는 수(水)를 극하고 종(從)하여 공부를 잘 하고 건강하다. 일지(日支) 괴강살이 진토(辰土)와 축진파(丑辰破)되니 교통사고 등을 조심해야 한다.

■ 갑자대운(甲子大運) 16세~25세까지

갑자대운(甲子大運)은 지지자수(地支子水)가 천간갑목(天干甲木)을 생하고, 갑목(甲木)은 병화(丙火)를 생하여 무난하게 잘 지낸다. 그러나 자운(子運) 5년은 다소 어려움이 따른다.

■ 계해대운(癸亥大運) 26세~35세까지

대운해수(大運亥水)는 해묘합목(亥卯合木), 인해합목(寅亥合木)하여 목운(木運)으로 변하니 매우 좋다. 이 운에서 결혼하고 사회적인 기반을 잡는다. 친가와 처가에서 사랑과 대우를 받는다.

■ 임술대운(壬戌大運) 36세~45세까지

임술대운(壬戌大運)은 신유술서방금운(申酉戌西方金運)이라 매우 흉할 것 같으나, 금(金)보다 토(土)의 작용이 더 강하고, 술토(戌土)

는 년지묘목(年支卯木)과 묘술합화(卯戌合火)되어 금(金)보다 화토
(火土)의 작용이 더 강해져 발전한다. 다만 대운이 해자축북방수운
(亥子丑北方水運)에서 신유술서방금운(申酉戌西方金運)으로 바뀌니
강한 목(木)을 극하려고 금속과 관계된 회사를 설립한다.

■ 신유대운(辛酉大運) 46세~55세까지

 신유대운(辛酉大運)은 인묘진방합(寅卯辰方合)되어 목(木)이 더 강
하다. 임수(壬水)가 진토(辰土)에 통근(通根)하고 종(從)해도 진종
(眞從)이 되지 못한다. 이런 경우에는 대부대귀하기도 어렵지만 아무
리 나빠도 바닥이 날 정도로 아니다. 신유대운(辛酉大運)은 월간병화
(月干丙火)와 병신합살(丙辛合殺), 일지진토(日支辰土)와 유진합살
(酉辰合殺)하여 시간임수(時干壬水)와 힘을 합하니, 힘을 얻어 강한
목(木)을 건드리지 않고 사업을 했다고 본다.

■ 경신대운(庚申大運) 56세~65세까지

 신유대운(辛酉大運)이 유진합금(酉辰合金)되어 강한 목(木)의 뿌리
를 조금씩 파먹었다면, 경신대운(庚申大運)은 아예 통째로 먹어치우
려고 하는 매우 나쁜 운이다. 대운경신(大運庚申)은 월주(月柱)를 천
극지충(天剋地沖)하고, 시지인목(時支寅木)과도 인신충(寅申沖)되
어 월주(月柱) 장생지(長生支)를 건드린다. 지금까지 가종(假從)이
지만 종(從)하던 임수일간(壬水日干)이 종(從)을 거부하여 파멸한
다. 진종(眞從)의 경우에는 신유운(辛酉運)을 넘기지 못한다.

이 사람은 귀격사주를 타고났으나 대운이 목화운(木火運)으로 흘러주지 않아 크게 발복하지 못한 경우다. 해자축북방수운(亥子丑北方水運)에는 회사원으로 지내다, 신유술서방금운(申酉戌西方金運)에 힘을 얻어 사업을 했다. 종사주(從四柱)는 힘이 약하므로 부모나 처가나 아내를 따라야 하는데, 신약(身弱)한 일간(日干)이 종(從)을 거부하니 사업을 실패한 것이다.

신유대운(辛酉大運)까지는 월간병화(月干丙火)가 지켜주기 때문에 무난하게 지낼 수 있었으나, 경신대운(庚申大運)은 병화(丙火)와 인묘진동방목운(寅卯辰東方木運)이 월지(月支)를 극하여 파산한다. 이처럼 사주가 아무리 좋아도 대운이 따라주지 않으면 발복하지 못한다. 병화(丙火)와 신유술서방금운(申酉戌西方金運)이 합쳐져 금속계통이나 전기부품 공장을 운영하는 것이다.

부인사주

■ 곽순자(여자) / 음력 1947년 5월 15일 술시생(戌時生)

년 丁亥 ▶ 교록
월 己酉 ▶ 백호
일 壬辰 ▶ 괴강, 양차, 귀문관살, 반안
시 庚戌 ▶ 교록, 월덕귀인, 천살, 괴강, 백호, 양차, 과숙

10	20	30	40	50	60
대 庚	辛	壬	癸	甲	乙
운 戌	亥	子	丑	寅	卯

임수일간(壬水日干)이 유월(酉月)에 태어나, 월지장간(月支藏干)에 경금(庚金)이 시간투출(時干透出)하여 편인격(偏印格)인 것 같으나, 자묘유(子卯酉)에서 격을 잡아 인수격(印綬格)이다. 임수일간(壬水日干)이 년지해수(年支亥水)에 통근(通根)하고, 월지유금(月支酉金)이 월령(月令)하여 일지진토(日支辰土)와 유진합금(酉辰合金), 시지술토(時支戌土)와 유술합금(酉戌合金)되어 시간(時干)에서 경금(庚金)이 생하니 신왕사주(身旺四柱)가 되었다.

월간기토(月干己土), 일지진토(日支辰土), 시지술토(時支戌土)가 모두 토(土)가 많아 일간(日干)을 설기하니, 많은 토(土)를 제거하기 위하여 년지장간(年支藏干) 갑목(甲木)을 용신(用神)으로 삼는다. 목(木)이 용신(用神)이니 금(金)은 기신(忌神), 화(火)는 구신(救神)이다. 목화운(木火運)은 길하고 수금토운(水金土運)은 흉하다.

■성 격

속이 깊고 이해심과 포용력 많으며 활발하다. 두뇌회전이 빠르며 행동이 민첩하다. 부모에게 받은 인자를 겸한다면 온후하고 자비심이 있다. 지성적이고 명예를 중요하게 생각하며 학문과 예술방면에 재능이 있다.

■조상운

조상은 시간경금(時干庚金)인데 괴강살이라 군인, 경찰, 운동선수 등과 같이 강한 직업과 관계있다. 조상궁인 년지(年支)에 정재(正財)가 있고, 월지(月支)에 장생(長生)이 있으니 부귀했다.

■부모운

아버지는 년간정화(年干丁火)다. 부모궁인 월지(月支)에 장생(長生)이 있고, 월간정관(月干正官)에 월지인수격(月支印綬格)이므로 관료이며 부귀하다. 정편인(正偏印)이 혼잡되고, 월지(月支)가 목욕지(沐浴支)에 해당하여 어머니가 두 분이다.

■형제운

형제는 년지장간(年支藏干) 임수(壬水)와 일지장간(日支藏干) 계수(癸水)다. 형제궁인 월지(月支)가 득령(得令)하여 모두 부귀하지만, 수(水)가 기신(忌神)에 해당하여 형제덕은 없다.

■부부운

남편은 월간기토(月干己土)인데, 장생궁(長生宮)에 있으니 명예있는 학자다. 남편궁인 일지(日支)에 괴강살이 있으니 군인, 경찰, 운동선수 등과 같은 강한 직업과도 관계있다. 월지유금(月支酉金)과 유진합금(酉辰合金)되어 일간(日干)을 생하니 다정다감하면서도 엄하다.

■ 자식운

 자식은 년지장간(年支藏干) 갑목(甲木)인데 년지해수(年支亥水) 장생궁(長生宮)에 있어 잘 된다. 자식궁인 시지(時支)에 괴강살이 있으니 군인, 경찰, 운동선수 등과 같은 강한 직업과 관계있다. 자식이 희신(喜神)에 해당하여 자식복이 있다.

■ 건강운

 목화(木火)가 약하니 심장과 간이 약하고, 일지(日支)에 괴강살이 있으니 교통사고 등을 조심해야 한다.

■ 직업운

 현재는 직업이 없지만 갑인대운(甲寅大運)부터는 사업운이 있다. 금(金)과 정화갑목(丁火甲木) 등을 합쳐 전자부품 대리점을 한다고 하니 잘 될 것이다.

■ 재물운

 년간정재(年干正財), 월간정관(月干正官), 월지정인(月支正印)이 있으니, 부유한 집안에서 태어났으나 결혼한 후 많이 기울었다. 그러나 50세부터 용신운(用神運)이 들어오므로 경제적인 어려움은 없다.

■ 경술대운(庚戌大運) 10세~19세까지

 경술대운(庚戌大運)은 편인운(偏印運)이라, 부모에게 문제가 생겨 할머니나 다른 사람 밑에서 눈치밥을 먹으며 건강도 좋지 않다. 일지진토(日支辰土)와 시지술토(時支戌土)가 진술충(辰戌沖)되는 것을 월지유금(月支酉金)이 합하는데, 대운술토(大運戌土)가 진술충(辰戌沖)하니 많은 변화 속에서 성장한다. 초년운은 좋으나 대운이 따라주지 않는다.

■ 신해대운(辛亥大運) 20세~29세까지

신해대운(辛亥大運)에서 신금(辛金)은 년간정화(年干丁火)와 정신극(丁辛剋)되어, 뿌리가 약한 정화(丁火)를 극하니 나쁘다고 볼 수 있으나, 약하지만 해운(亥運)에서 갑목용신(甲木用神)이 들어와 이 운에서 결혼하고 자식을 낳는다.

■ 임자대운(壬子大運) 30세~39세까지

임자대운(壬子大運)은 년간정화(年干丁火)와 정임합목(丁壬合木)되어 경제적으로 안정되어 편안하게 지내나, 자운(子運)에서는 일지진토(日支辰土)와 비겁(比劫)이 합되니, 남편이 바람을 피우거나 자신이 관살혼잡(官殺混雜)되어 외정에 빠진다.

■ 계축대운(癸丑大運) 40세~49세까지

계축대운(癸丑大運)은 월간기토(月干己土)와 계기극(癸己剋)되고, 일시지(日時支)의 진토관(辰土官)과 축술형(丑戌刑), 축진파(丑辰破)되어 가정적으로 어려움이 많다. 월지유금(月支酉金)과 유축합(酉丑合)되어 부부가 각각 바람을 피운다.

■ 갑인대운(甲寅大運) 50세~59세까지

사주가 좋아 부잣집에 태어났으나, 대운이 따라주지 않아 어렵게 살다가 50세부터 늦게나마 운이 온다. 갑인대운(甲寅大運)은 년간정화(年干丁火)의 뿌리가 되어 재물운이 강하고, 갑목(甲木)은 자식이니 말년에 자식이 잘 된다.

남자는 임진(壬辰) 괴강이라 성격과 정신이 강하며 군인, 경찰, 운동선수 등과 같이 강한 직업과 관계있다. 음일간(陰日干)이 아니기 때문에 종(從)을 잘 하지 못한다. 시간임수(時干壬水)와 일지장간(日支藏干)에 통근(通根)하여 가종(假從)이다. 그래서 금수(金水)가 강한 여자를 좋아하는 것이다. 금수(金水)는 남을 도와주는 오행(五行)이다. 남녀의 임진일간(壬辰日干)은 동기궁합(同己宮合)이다.

남자는 월간병화(月干丙火) 아내를 두고 시간임수(時干壬水)와 지지(地支)로 투합되어 손아래 동서를 보며, 바람을 피우는 여자와 결혼한 후 지지(地支)로 합되니 자신이 모르는 남자가 있다.

여자는 관살혼잡(官殺混雜)되었는데 월지유금(月支酉金)과 목욕살(沐浴殺)이 합된다. 여자에게 없는 목화(木火)가 지지합(地支合)되어 강력해지니 여자의 마음을 사로잡았다고 본다. 여자는 관살혼잡(官殺混雜)되고, 남자는 년지묘목(年支卯木) 도화살(桃花殺)인데 이 도화살(桃花殺)이 합되니 남녀가 모두 정에 약하다. 여자는 목화(木火)가 많은 남자가 바람을 피워도 헤어지지 못하고, 남자는 신약(身弱)하여 금수(金水)가 많은 아내와 헤어지지 못한다.

남자가 사업에 실패하는 것은, 임진일주(壬辰日柱)가 양차살(陽差

殺)이 있고, 종사주(從四柱)인데 많은 사람에게 설기 당하기 때문이다. 임진일주(壬辰日柱)여자는 남편이 묘고(墓庫)되어 일찍 사별하지 않으면 이혼하게 되는데, 부인의 외도가 오히려 흉살을 피하게 만들었다.

처덕보겠습니다

■ 김정남(남자) / 음력 1960년 5월 12일 진시생(辰時生)

년　庚子 ▶ 천덕귀인, 천희신, 장생
월　乙酉 ▶ 문곡귀인, 도화
일　癸卯 ▶ 천을귀인, 태극귀인, 천주귀인, 문창귀인, 육해
시　丙辰 ▶ 화개, 공망

```
     9  19  29  39  49  59
대   丙   丁   戊   己   庚   辛
운   戌   亥   子   丑   寅   卯
```

계수일간(癸水日干)이 유월(酉月)에 태어나, 월지장간(月支藏干)에 경금(庚金)이 년간투출(年干透出)하여 정인격(正印格)인 것 같으나, 월간을목(月干乙木)과 을경합(乙庚合)되어 월지(月支)에서 격을 잡아 편인격(偏印格)이다. 자묘유(子卯酉)는 장간(藏干)에 잡기가 없으니 암장간(暗藏干)의 투간여부를 불문하고 월지(月支)에서 격을 잡아도 무방하다.

계수일간(癸水日干)이 월지(月支)에 통근(通根)하고, 년지자수(年支子水)와 시지진토(時支辰土)가 자진합수(子辰合水)되어 생하고, 년간경금(年干庚金)도 을경합금(乙庚合金)되어 계수일간(癸水日干)을 도와주니 신왕(身旺)하다. 시간병화(時干丙火)가 조후용신(調候用神)을 겸하여 용신(用神)이다. 목(木)은 희신(喜神), 수(水)는 기신(忌神), 토(土)는 구신(救神)이다. 목화토운(木火土運)은 길하고 금수운(金水運)은 흉하다.

■성 격

소심하며 잔꾀가 많고 계산이 빠르다. 치밀하고 응큼하다. 문화, 예술, 학술에 재능이 있다. 부모의 인자를 겸한다면 두뇌회전이 빠르고 기회에 민감하다. 매사에 한쪽으로 치우치며 인내심이 부족하다.

■조상운

조상은 월지장간(月支藏干) 유금(酉金)이다. 조상궁인 년지(年支)에 천덕귀인(天德貴人)과 장생(長生)이 있으니 부귀했다.

■부모운

아버지는 시간병화(時干丙火)인데 관대궁(冠帶宮)에 있으니 부유하고, 정편인(正偏印)이 있으니 주색을 즐기며 처첩이 많다.

■형제운

형제는 년지장간(年支藏干) 임계(壬癸)와 시지장간(時支藏干) 계수

(癸水)다. 형제궁인 월지(月支)가 목욕지(沐浴支)와 도화지(桃花支)이니 주색을 즐긴다. 수(水)가 기신(忌神)이라 형제덕이 없다.

■부부운

아내는 시간병화(時干丙火)다. 병화(丙火)는 병진관대궁(丙辰冠帶宮)에 있고, 처궁인 일지(日支)에 천을귀인(天乙貴人), 태극귀인(太極貴人), 천주귀인(天廚貴人), 문창귀인(文昌貴人)과 희신(喜神)이 있으니 명문가 여성으로 미인이다. 처덕이 있다.

■자식운

자식은 시지장간(時支藏干) 무토(戊土)다. 시지(時支)는 관대궁(冠帶宮)에 해당하고, 일시지(日時支)가 묘진합(卯辰合)되어 말년에 자식과 함께 살며, 토(土)가 희신(喜神)에 해당하여 자식덕이 있다. 시상(時上)에 화개살(華蓋殺)이나 공망(空亡) 등이 있어도 사주의 구성이 좋으면 가볍게 보아도 좋다.

■건강운

목금(木金)이 극되어 간이 나쁘고, 자유파(子酉破), 묘유충(卯酉沖), 자묘형(子卯刑)이 있으니 신장, 방광, 위장이 나쁘고, 도화병(桃花病)을 조심해야 한다.

■직업운

정재(正財)가 용신(用神)이니 금융계통이 길하다. 초년 대운이 해자축북방수운(亥子丑北方水運)으로 흘러 병화(丙火)가 절지(絶支)에 있고, 금생수생목(金生水生木)하여 편인(偏印)과 식신(食神)을 살리면 교육자가 길하다.

■ 재물운

초년운이 나빠 부모덕이 없지만, 재(財)가 용신(用神)이며 일지(日支)가 희신(喜神)에 해당하여 처덕과 자식덕이 있다. 점차적으로 발전하여 안정된다.

■ 병술대운(丙戌大運) 9세~18세까지

병술대운(丙戌大運)은 용신(用神)이 들어오고, 지지술토(地支戌土)는 일지묘목(日支卯木)과 묘술합화(卯戌合火)되어 공부를 잘 한다.

■ 정해대운(丁亥大運) 19세~28세까지

정해대운(丁亥大運)은 해자축북방수운(亥子丑北方水運)이라 나쁠 것 같지만, 해수(亥水)가 일지묘목(日支卯木)과 해묘합목(亥卯合木)되어 용신(用神)을 도와주니 좋다.

■ 무자대운(戊子大運) 29세~38세까지

무자대운(戊子大運)은 자수(子水)가 월지유금(月支酉金)과 일지묘목(日支卯木)이 묘유충(卯酉沖)되는데, 금생수생목(金生水生木)하여 금목(金木)이 싸우지 않도록 유통시키지만 자유파(子酉破), 자묘형(子卯刑)이 있으니 가정적으로 안정하지 못하고 타향을 떠돈다.

■ 기축대운(己丑大運) 39세~48세까지

 기축대운(己丑大運)은 신왕(身旺)한 계수(癸水)를 계기극(癸己剋) 하여 좋을 것 같으나, 화(火)가 용신(用神)이고 목(木)이 희신(喜神)이다. 이런 경우에는 인묘진동방목운(寅卯辰東方木運)이나 사오미남방화운(巳午未南方火運)이 길한데 대운이 잘 따라주지 않아 나쁘다.

 년간(年干)에 편인(偏印)이 있거나 월지편인격(月支偏印格)이면 객지생활을 많이 한다. 특히 임계수일간(壬癸水日干)이 승격되면 가능성이 더 높다. 월지편인격(月支偏印格)은 정통학문이 아닌 편의 학문으로 외국어에 해당한다.

 대운이 인묘진(寅卯辰)이나 사오미남방목화운(巳午未南方木火運)으로 흐르지 않으니, 부득이 목(木)을 생하는 수(水)를 목생화(木生火)시키는 식상(食傷)을 직업으로 삼아 외국어 교사가 되었다. 사주는 좋으나 대운이 따라주지 않아 좋은 나무에 꽃이 피지 못한 격이다. 아무튼 사주가 승격되어 의식주와 관계된 직업에 종사하지 않고 외국어 교사가 된 것이다.

 정축년(丁丑年)은 대운이 무자(戊子)에서 기축(己丑)으로 바뀌어 외국생활을 정리하고, 월지유금(月支酉金) 어머니와 유축합(酉丑合)되어 어머니가 정화(丁火) 부인을 구하여 결혼시키려고 한다. 그러나 유축합(酉丑合)되어 어머니 마음에는 들지만, 본인은 일지(日支)에 합이 없고 정계극(丁癸剋)만 있으니 마음에 들지 않는다. 무인년(戊寅年)에 무계합(戊癸合), 인묘합(寅卯合)되어 결혼한다. 사주에서 병화재(丙火財)가 시간투출(時干透出)하여 늦게 결혼하는 것이다.

처덕이 있다고 한 것은, 재(財)가 지장간(地藏干)에 있으면 미약하지만, 시간투출(時干透出)하고 병진관대궁(丙辰冠帶宮)에 있으니 강하다. 특히 일지(日支)에 희신(喜神)인 목(木)이 있기 때문이다. 그리고 시지(時支)에 재관(財官)이 함께 있어 자식덕이 있으며, 재(財)가 용신(用神)이라 결혼한 후에 집안이 번창한다.

정말, 좋은 날이 오겠습니까

■ 김원숙(여자) / 음력 1957년 2월 19일 묘시생(卯時生)

년 丁酉 ▶ 장생, 공망
월 丙午 ▶ 내록, 월덕귀인, 도화, 급살
일 戊寅 ▶ 문곡귀인, 학당귀인, 양차
시 乙卯 ▶ 천희신, 백호


```
    1  11  21  31  41  51
대  丁  戊  己  庚  辛  壬
운  未  申  酉  戌  亥  子
```

무토일간(戊土日干)이 오월(午月)에 태어나, 월지장간(月支藏干)에서 병정화(丁火)가 년월간(年月干)에 쌍으로 투출(透出)했으니 정편인혼잡격(正偏印混雜格)이다. 무토일간(戊土日干)이 월령(月令)하여 장생궁(長生宮)에 있고, 신왕(身旺)하므로 관(官)을 용신(用神)으로 삼으려고 한다.

그러나 관(官)은 강한 불의 기름이라 무토일간(戊土日干)이 뜨거운 한증막 속에서 탈진할 상태이지만, 갈증을 해결할 물이 없으니 고난은 이미 타고났다. 년지(年支)에 유금상관(酉金傷官)이 하나 있으니 용신(用神)으로 삼아 열심히 노력하여 물을 구해야 한다. 금(金)이 용신(用神)이니 화(火)는 기신(忌神), 수(水)는 희신(喜神)이다. 금수운(金水運)은 길하고 목화토운(木火土運)은 흉하다.

■성 격

야무지고 빈틈이 없으며 온화하고 착실하다. 부지런하고 강한 것 같지만 큰 소리만 칠뿐 뒷감당을 하지 못한다. 부모에게 받은 인자를 겸한다면 인자하고 청고하며 생각이 깊으나 비현실적이다. 결단력과 실천력과 배짱과 끈기가 부족하다. 예술방면에 재능이 있다.

■조상운

조상은 월지병화(月支丙火)다. 조상궁인 년지(年支)에 장생(長生)이 있고, 병오왕지(丙午旺支)에 앉아 있으니 부귀했다.

■부모운

부모는 사주에 나타나있지 않으나 임수(壬水)이고, 어머니성이 많으니 아버지는 처첩이 많다. 월지(月支)는 부모궁으로 편인(偏印)이 왕지(旺支)에 있고, 도화살(桃花殺)이 있으니 주색을 즐기거나 일찍 돌아가신다.

■형제운

 형제는 월지장간(月支藏干) 기토(己土)다. 월지(月支)는 형제궁으로 기토(己土)는 월지오화(月支午火)가 건록(建祿)에 해당하여 모두 자수성가하여 잘 살지만, 토(土)가 기신(忌神)이라 형제덕이 없다.

■부부운

 관살혼잡(官殺混雜)에 시간(時干)에 을목관(乙木官)이 투출(透出)하고, 월지도화살(月支桃花殺)과 인오합(寅午合)되어 일부종사하기 어렵다. 관살혼잡(官殺混雜)에 천간(天干)에 관(官)이 투출(透出)하면 결혼 후 3년 안에 자식을 버리고 정부와 도망간다고 하듯이 부부관계가 원만하기 어렵다.

■자식운

 자식은 년지유중(年支酉中) 경신금(庚辛金)이다. 자식궁인 시지(時支)의 묘목(卯木)은 묘유충(卯酉沖)되고, 목욕지(沐浴支)라 주색을 즐긴다. 그러나 식상(食傷)이 희신(喜神)이라 자식덕이 있다.

■건강운

 건왕하여 비교적 건강하다. 그러나 강한 화(火)가 년지유금(年支酉金)을 극하고, 시지묘목(時支卯木)과 묘유충(卯酉沖)되어 산액이 따른다. 신장, 방광, 기관지, 폐, 저혈압 등도 염려된다.

■ 직업운

상관(傷官)이 용신(用神)이니 말로 먹고 산다. 편인(偏印)이 왕하여
외국어에 능통한데 유금(酉金)은 서방이니 외국인 회사에 근무한다.
해수(亥水)가 있다면 재역마(財驛馬)되어 항공사와도 인연이 있다.

■ 재물운

식상(食傷)이 용신(用神)이라 열심히 노력하면 경제적인 어려움은
없다. 그러나 정편인(正偏印)이 함께 투출(透出)하니 인내심이 부족
하여 한 직장에 머무르지 못한다.

■ 정미대운(丁未大運) 1세~10세까지

화토운(火土運)이 기신(忌神)이라 초년운이 좋지 않다. 어릴 때 부
모에게 문제가 있어 고생이 많으며, 위장병 등으로 건강하지 못하다.

■ 무신대운(戊申大運) 11세~20세까지

무신대운(戊申大運)부터는 신유술서방금운(申酉戌西方金運)이며
용신운(用神運)이라 길하다. 무신대운(戊申大運)은 년지유금(年支酉
金)과 신유방합(辛酉方合)되고, 일지인(日支寅)을 충하여 직장생활
을 일찍 시작한다.

■ 기유대운(己酉大運) 21세~30세까지

기유대운(己酉大運)은 용신운(用神運)이라 사회적인 기반을 잡고
잘 지낸다.

■ 경술대운(庚戌大運) 31세~40세까지

　경술대운(庚戌大運)은 식신(食神)이 천간(天干)으로 들어오고, 술토(戌土)는 년지유금(年支酉金)과 유술합(酉戌合)되어 좋을 것 같다. 그러나 월간편인(月干偏印)이 경금(庚金)을 병경극(丙庚剋)하고, 시간을목(時干乙木)과 을경합(乙庚合)되어 지지술토(地支戌土)가 월지오화(月支午火)와 일지인(日支寅)과 인오술삼합화국(寅午戌三合火局)을 이루어, 시지묘목(時支卯木)과 묘술합(卯戌合)되니 평지풍파가 따른다. 아직 미혼이지만 이 운에서 남자를 만난다. 그러나 그 남자로 인하여 고통을 많이 당한다.

■ 신해대운(辛亥大運) 41세~50세까지

　신해대운(辛亥大運)은 용신운(用神運)이다. 월간병화(月干丙火)와 병신합수(丙辛合水)되어 재(財)로 변하고, 지지해수(地支亥水)는 편재(偏財)로 일지인목(日支寅木)과 인해합(寅亥合)되고, 시지묘목(時支卯木)과 해묘합화(亥卯合火)되고, 재(財)가 일지(日支)에 합되어 결혼운이 있고 경제적 기반을 닦아 안정된다.

"아가씨는 관운이 있는데 외국어에 능통하니, 공무원도 가능하고 외국인 회사같은 곳에 근무하면 좋겠습니다."

"그래요, 지금은 비록 결혼도 못하고 있지만 한때는 미8군에서 80여 명의 남자들을 호령하던 시절도 있었어요."

"여자가 너무 크고 잘나도 시집가기 힘들지요. 아가씨는 94년부터 운이 나빠 지금 고통받고 있지만 97년 10월부터 운이 열려 취직도

되고 시집도 가게 되리라고 봅니다."

"선생님, 저는 그동안 수많은 회사에 이력서를 냈으나, 마음에 드는 회사도 없고 이제는 나이가 많아 그런지 도저히 취직이 될 것 같지가 않아요. 지금 너무 힘들어서 그런지, 선생님 말씀이 믿어지지 않네요."

"믿으세요. 5년 고통이 이제는 끝났다고 보입니다."

"아뇨, 이젠 포기했어요. 저를 위로하려고 그렇게 말씀하시는 거죠."

"제가 왜 거짓말을 합니까? 그러니 제 말을 믿어보세요."

"그럼, 예전같이 좋은 날이 다시 온다는 말씀입니까?"

"물론입니다. 아가씨는 앞으로 부자로 잘 살고, 좋은 남자도 만납니다. 작은 그릇은 고통이 적어 즐거움도 작지만, 큰 그릇은 고통이 크기 때문에 즐거움도 또한 큽니다. 아가씨는 이제 5년 고통이 끝났으니 걱정말고 제 말을 믿어보세요."

97년 10월에서 11월 사이에 외국인 회사에세 계속 연락이 오기 시작하더니 현재는 좋은 직장에 취직했다. 차후 결혼도 하리라고 본다. 무오일간(戊午日干)이 신왕(神旺)한데 사주에 수(水)가 없어 조후가 잘 되지 않으니 금수운(金水運)이 길하다. 대운이 금수운(金水運)으로 흘러 외국인 회사에서 책임자가 될 수 있었다. 경술대운(庚戌大運)에서 술토(戌土)가 월지오화(月支午火), 일지인목(日支寅木)과 인오술삼합화국(寅午戌三合火局)되어 5년 동안 고생이 많았던 것이다. 그러나 신해대운(辛亥大運)부터 다시 좋은 운이 온다. 대운신해(大運辛亥)는 정축년(丁丑年)과 정신극(丁辛剋)되어 다소 나쁘지만,

가을에 들어오는 금운(金運)부터 좋아질 것이라고 보았는데 적중한
것이다.

개천에서 용났다

■ 강정수(남자) / 음력 1970년 2월 20일 사시생(巳時生)

<pre>
년 庚戌 ▶ 원진, 화개
월 戊子 ▶ 백호
일 丁丑 ▶ 백호, 음차
시 乙巳 ▶ 내록, 천덕귀인, 홍만, 귀문관살, 망신

      5 15 25 35 45 55 65
  대 己 庚 辛 壬 癸 甲 乙
  운 丑 寅 卯 辰 巳 午 未
</pre>

 정화일간(丁火日干)이 자월(子月)에 태어나, 월지장간(月支藏干)에
서 천간투출(天干透出)이 없으니 월지(月支)에서 격을 잡아 편관격
(偏官格)이다. 정화일간(丁火日干)이 시지사화(時支巳火)에 통근(通
根)하고 있으나, 설기하는 오행(五行)이 많아 신약사주(身弱四柱)다.
시간을목(時干乙木)을 용신(用神)으로 삼아 편인용신(偏印用神)이
다. 목(木)이 용신(用神)이니 수(水)는 희신(喜神), 금(金)은 기신

(忌神), 화(火)는 구신(仇神)이다. 수목화운(水木火運)은 길하고 금토운(金土運)은 흉하다.

■성 격

느긋하지만 예리하고 성급한 면도 있다. 얌전하고 착하고 조용하고 청고하다. 문화, 예술, 학술방면에 재능이 있으며 종교에 관심이 많다. 부모에게 받은 인자를 겸한다면 자만심과 반항심이 강하다. 자기 중심적이며 감정이 격하고, 필요이상으로 과시하기를 좋아한다.

■조상운

조상은 시간을목(時干乙木)인데 을경합(乙庚合)에 을사목욕지(乙巳沐浴支)에 있고, 사주에 토(土)가 많아 처첩이 많다. 괴강살이 있어 군인, 경찰, 운동선수, 관료 등과 관계있다. 년상(年上)에 정재(正財)가 투출(透出)하여 고향을 지키며 잘 살았으나 주색으로 파가했다.

■부모운

아버지는 일지장간(日支藏干) 신금(辛金)이다. 부모궁인 월지(月支)에 상관(傷官)과 편관(偏官)이 있으니 평범하고 부모덕이 없다.

■형제운

형제는 시지장간(時支藏干) 병화(丙火)인데 을사목욕지(乙巳沐浴支)에 앉아 있고, 재(財)가 많으니 주색을 즐긴다. 월지(月支)는 형제궁으로 관(官)이 상관(傷官)의 살지(殺支)에 있으니 명예가 없다. 화

(火)가 희신(喜神)에 해당하여 형제덕이 있다.

■ 부부운

아내는 년간신금(年干辛金)이다. 경금(庚金)은 을경합(乙庚合)되어 시지사화(時支巳火) 목욕지(沐浴支)에 있는 사람과 바람이 난다. 일지(日支)는 백호살(白虎殺)이라 경제활동을 하는 사람이다. 재(財)가 기신(忌神)에 해당하여 처덕이 없으며, 부부가 모두 교통사고를 조심해야 한다.

■ 자식운

자식은 월지장간(月支藏干) 계수(癸水)다. 자식궁인 시지(時支)가 왕지(旺支)에 해당하여 말년에 자식이 잘 된다.

■ 건강운

신약사주(身弱四柱)라 심장이 약하고, 을목(乙木)이 지지(地支)에 뿌리가 없으니 간장이 약하다.

■ 직업운

편관격사주(偏官格四柱)이니 군인, 경찰, 검찰, 운동선수 등으로 나가면 길하다.

■ 재물운

재(財)가 지지(地支)에 통근(通根)하고, 천간투출(天干透出)하여 재물운이 강하다.

■ 기축대운(己丑大運) 5세~14세까지

  기축대운(己丑大運)은 용신을목(用神乙木)을 을기극(乙己剋)하니, 어려운 환경 속에서 자라며 공부도 잘 하지 못한다.

■ 경인대운(庚寅大運) 15세~24세까지

  경인대운(庚寅大運)은 인묘진동방목운(寅卯辰東方木運)이라, 용신(用神)의 뿌리가 들어오는 운으로 볼 수 있어 좋다. 대운경금(大運庚金)은 정화일간(丁火日干)의 용신을목(用神乙木)을 을경합금(乙庚合金)하여, 용신(用神)이 무력해지니 나쁘다.

  그러나 대운이 동방목운(東方木運)에 있고, 대운경금(大運庚金)은 경인절지(庚寅絶支)에 있으니 경금(庚金)이 힘이 없다. 대운의 지지 인목(地支寅木)이 월지자수(月支子水)의 생을 받아 격인 자수(子水)를 많은 토(土)가 극하고, 병(病)인 인목(寅木)이 토(土)를 극하여 무력한 편관(偏官)을 구출하여 살인상생(殺印相生)하니, 편관격(偏官格)의 기를 회복하여 명문대 법대를 졸업하고 사법고시에 합격한 것이다.

■ 신묘대운(辛卯大運) 25세~34세까지

  인묘진동방목운(寅卯辰東方木運)에서 사오미남방화운(巳午未南方火運)으로 흐르니 앞으로 많이 발전한다. 편관격사주(偏官格四柱)인데 많은 토(土)가 극하고, 병(病)도 깊고 용신(用神) 또한 뿌리가 없어 허약하다. 그러나 대운이 잘 흘러 격과 용신(用神) 또한 정화(丁火)와 신왕(身旺)하다. 병있고 약을 구하면 크게 발복한다. 시상(時上)에서 년상(年上)으로 상생(相生)하여 자식이 가문을 일으킨다.

정축년(丁丑年)은 정축일(丁丑日)과 복음(複陰)되는 해다. 대운신금(大運辛金)을 정축년(丁丑年) 정화(丁火)가 정신극(丁辛剋)하여 하극상이 일어난다. 정미월(丁未月)은 다시 정신극(丁辛剋)되고, 년월(年月)이 축미충(丑未沖)되어 흉하다. 사주의 축술미삼형(丑戌未三刑)과 정축백호살(丁丑白虎殺)이 동하여 교통사고가 있겠다고 했더니, 사법연수원에 있다가 지난 달에 교통사고를 당하여 지금은 병원에 있다고 한다.

아이고 어쩌나

■ 이성국(남자) / 음력 1943년 4월 15일 미시생(未時生)

년　癸 未 ▶ 절도귀인, 화개
월　己 未 ▶ 절도귀인, 화개
일　乙 未 ▶ 절도귀인, 화개, 백호
시　癸 未 ▶ 절도귀인, 화개

　　　9　19　29　39　49　59
대　戊　丁　丙　乙　甲　癸
운　午　巳　辰　卯　寅　丑

을목일간(乙木日干)이 미월(未月)에 태어나, 장간기토(藏干己土)가 월간투출(月干透出)하여 편재격(偏財格)이다. 지지(支地)가 미토(未土)로만 구성되어 지지일귀격(支地一貴格)으로 볼 수도 있으나, 년간계수(年干癸水)와 시간계수(時干癸水)가 지지(支地)에 통근(通根)하지 못하여 가살(假殺)이다.

지지일귀격(支地一貴格)에 월간기토(月干己土)가 투출(透出)하여 재(財)가 왕하면, 미토장간(未土藏干)에 통근(通根)하고도 종(從)할 수밖에 없어 종재격사주(從財格四柱)가 된다. 그러나 재(財)가 너무 왕하여 장간(藏干)에 뿌리를 두고 종(從)하니 가종(假從)이다. 토(土)가 용신(用神)이니 토화금운(土火金運)은 길하고, 수목운(水木運)은 흉하다.

■성 격

을목(乙木)은 굴신작용과 만물의 발생, 시초, 개척, 발전 등을 의미한다. 진달래나 개나리처럼 밝고 명랑하지만 인내심이 부족하다. 부모에게 받은 인자를 겸한다면 낙천적이며 봉사정신이 강하고, 금융능력과 영업능력이 뛰어나다.

■조상운

조상은 년간계수(年干癸水)인데, 지지(支地)에 통근(通根)하지 못하여 부잣집에 양자로 갔을 가능성이 있다. 년지(年支)는 조상궁으로 화개살(華蓋殺)이 있으니 장손이며 종교가 있다.

■부모운

아버지는 월간기토(月干己土)다. 기토(己土)는 지지(支地)에 강한 뿌리를 두고 있고, 부모궁인 월지(月支)가 관대(冠帶)에 해당하여 잘 산다.

■형제운

 형제는 미중을목(未中乙木)이다. 묘고(墓庫)에 있어 미약하니 형제
는 많으나 잘 살지 못한다.

■부부운

 재(財)와 식신(食神)이 왕하니 처가가 잘 살고 처덕도 있다.

■자식운

 자식은 나타나있지 않으나 재(財)가 왕한데 관(官)을 생한다. 자식
이 많고 모두 잘 된다.

■직업운

 편재격사주(偏財格四柱)이니 금융, 무역, 기술계통 등으로 나가면
길하다.

■건강운

 종재격사주(從財格四柱)는 대체적으로 대운이 좋으면 건강하다. 그
러나 대운에서 재(財)를 극하는 오행(五行)이 올 때는 강한 오행(五
行)을 극하려다 상하는 오행(五行)에 해당하는 질병이 발생한다. 강
한 토(土)를 극하려다 상하는 을목(乙木)은 신경이니 신경성질환을
조심하고, 뿌리가 없는 계수(癸水)가 계기극(癸己剋)을 당하니 신장,
방광, 혈압 등을 조심해야 하며, 일주(日柱)에 백호살(白虎殺)이 있
으니 교통사고 등을 조심해야 한다.

■ 재물운

종재격사주(從財格四柱)는 강한 재(財)를 따라가므로 처덕이 있다.
경제적 어려움은 없다고 보이지만 거지가 될 수도 있다.

■ 무오대운(戊午大運) 9세~18세까지

지지일귀격(支地一貴格)을 겸한 종재격사주(從財格四柱)이니, 재
(財)를 생하는 화토운(火土運)과 목(木)을 극하는 금운(金運)이 좋
다. 무오대운(戊午大運)은 재운(財運)이라 초년부터 길하다. 부모의
극진한 사랑을 받는다.

■ 정사대운(丁巳大運) 19세~28세까지

재(財)를 생하는 운인데 대운의 천간(大運天干)과 지지(支地)가 함
께 강력한 화(火)로 용신(用神)을 생한다. 부모의 극진한 사랑을 받
으며 사회적으로도 인정을 받는다.

■ 병진대운(丙辰大運) 29세~38세까지

병진대운(丙辰大運)은 목(木)보다 토(土)가 많고, 대운천간(大運天
干)도 병화(丙火)이니 별 어려움없이 지낸다. 이 운에서 결혼한다.

■ 을묘대운(乙卯大運) 39세~48세까지

종재격사주(從財格四柱)는 재(財)를 생하는 운이 길운이고, 재(財)
를 극하는 운은 흉운이다. 강한 기토(己土)가 재(財)를 극하니 부모
의 사업과 건강이 나빠지고, 처가의 경제적 파탄도 따른다. 본인도

종재(從財)하다 뿌리가 강해져 종(從)할 수 없으니, 경제적으로 많은 어려움이 따를 것 같다. 그러나 이미 미중을목(未中乙木)이 가종(假從)하는데, 대운묘목(大運卯木)이 묘미합목(卯未合木)하여 신왕(身旺)해지므로 뜻밖의 유산을 물려받는다.

지지(支地)가 모두 묘미합목(卯未合木)되고, 을기극(乙己剋)을 당하여 매우 왕하던 기토(己土) 뿌리가 잘리니, 부모나 처가의 유업을 물려받아 흉한 가운데 길하다. 가종재격(假從財格)이 아무리 신왕(身旺)한 운이 온다고 해도 재(財)를 감당할 수 있을 정도로 신왕(身旺)해지는 경우는 드문데, 이 사주는 그런 경우다. 그동안 남의 도움으로 살았으나 을묘대운(乙卯大運)부터는 당당한 가장이 된다.

■ 갑인대운(甲寅大運) 49세~58세까지

갑인대운(甲寅大運)은 아주 나쁘다. 갑인(甲寅)과 을묘(乙卯)는 같은 오행(五行)이라 큰 차이가 없다고 생각할 수 있다. 그러나 을묘(乙卯)는 묘미합목(卯未合木)되지만, 갑인(甲寅)은 지지합(支地合)이 되지 않는다. 지지일귀격(支地一貴格)에 기토(己土)가 투출(透出)하고, 대운갑목(大運甲木)이 오면 을묘운(乙卯運)에도 횡재할 수 있다. 갑(甲)은 더욱더 신왕(身旺)해져 더 많은 재물을 모은다.

그러나 신약(身弱)한 을목(乙木)이 갑인(甲寅)으로는 많은 재물을 감당할 수 없다. 을목(乙木)은 넝쿨나무로 갑목(甲木)을 타고 올라가 태양을 보는 습성이 있다. 대운갑목(大運甲木)은 좋은 동업자인 것 같으나, 신약(身弱)한 을목(乙木)을 유인하여 출자하게 만들어, 을목(乙木)이 갖고 있는 기토(己土)를 갑기합(甲己合)하여 자기 것으로

만든다. 그런데도 을목(乙木)은 자기를 도와주는 줄 알고 의지하다가
빈털털이가 된다.

■ 계축대운(癸丑大運) 59세~68세까지

 계축백호살(癸丑白虎殺)과 일주(日柱)의 을미백호살(乙未白虎殺)
이 충되고, 격인 기미(己未)와 계축(癸丑)이 천극지충(天剋支沖)되
어 뿌리 전체가 천극지충(天剋支沖)되니, 극단적인 싸움이 벌어진다.

 97년 4월 초, 한 아주머니가 찾아왔다. 사주를 받아적으며 무엇이
궁금하여 왔을까, 이유없이 철학관을 찾았을리는 없을테고 남편이
바람이 난 걸까, 생각하면서 사주를 살펴보는데, 어디 한번 맞춰보라
는 듯이 입을 꼭 다물고 앉아 있다. 항상 그렇다. 답답해서 찾아왔을
텐데, 어디 제대로 맞추나 보자 하는 태도다.
 사주를 뽑아놓고 이리저리 살펴보다가, 남편되시는 분이 93년에 직
장을 그만두고, 94년부터 사업을 시작했는데 지금은 빈껍데기만 남
았으며, 정축년(丁丑年) 7월에는 아예 사업을 정리하겠다고 하니, 다
른 곳에도 여러번 가보았는데 그런 말은 하지 않았다고 한다. 몹시
불쾌한 모양이다. 저러면서 철학관은 뭘하러 왔나, 오늘도 일진이 나
빠 이런 양반이 와서 오장육부를 뒤집고 있다고 생각했다.

 "아주머니, 아저씨가 94년부터 사업을 시작하지 않았습니까? 93년
에 직장을 그만두고요"
 "한 4년 정도 되었어요."

"4년이라면 94년이 맞잖아요? 제가 보기에는 94년 봄부터 사업을
시작하셨겠는데요?"

손가락을 꼽아보이며 말했다. 그때 그녀의 눈가에 붉은기운이 감돌
며 눈물이 아른거리는 것을 볼 수 있었다.

"그럼, 선생님 말씀대로라면 우리식구는 어떻게 되는 겁니까?"

잘 다니던 직장을 그만두더니, 사업을 하겠다고 하기에 가벼운 마음
으로 5천만원을 주었단다. 지금은 10억 이상을 투자했고 집까지 저
당잡힌 상태라며 눈물을 흘린다.

"아저씨는 그저 직장생활만 열심히 하시면 경제적으로 아무런 어려
움이 없는 사람인데, 아주머니의 뜻을 따르지 않아 이런 결과가 나온
겁니다. 한마디로 아저씨는 사업을 할 수 없는 사람입니다. 그리고
사업을 하더라도 아주머니가 뒤에서 봐주셔야 합니다."

사업을 시작할 때 함께 하자고 하니까, 여자가 회사일에 관여하면
직원들이 불편하니 애들 교육이나 신경쓰라고 해서, 그 정도 돈이라
면 날려먹어도 지장이 없겠다 싶어 무감각했는데, 이 지경까지 이르
렀다는 것이다. 무슨 방법이 없겠느냐고 애원하듯이 묻는다. 다시 침
묵이 흘렀다. 다음에 오는 대운을 살펴보니 계축대운(癸丑大運)이다.
계축대운(癸丑大運)은 월주(月柱)를 천극지충(天剋支沖)하여 지지
(支地)가 모두 충되는데, 사주에도 이미 계기극(癸己剋)이 있다. 원
수같은 계축대운(癸丑大運)이다. 선의의 거짓말을 하기로 했다.

"아주머니 3년만 참고 견디면 좋아질 겁니다. 사주에 있는 미토(未

土)가 화개살(華蓋殺)이니 절에 가서 부처님께 공양이나 하십시요. 그리고 시부모님 산소를 찾아가 열심히 기도하세요. 화원에 가면 비료를 파니 그걸 사가자고 가서 묘를 잘 보살피세요. 떼가 벗겨졌으면 잘 덮어드리고요. 그러면 조상님이 도와주실 겁니다."

"지금 이 나이에 3년씩이나..... 그럼면 정말 좋아지기는 합니까? "

"사주에 나오는대로 말씀드리는 겁니다. 반드시 좋아집니다."

그 아주머니는 눈이 퉁퉁부을 정도로 울고난 뒤, 돈을 많이 드리지 못해 죄송하다는 말을 남기며 돌아갔다.

잘 다니던 직장을 그만둔 계유년(癸酉年)은 편인운(偏印運)이다. 편인(偏印)은 식신(食神)을 극하는 흉작용을 한다. 식신(食神)은 음식으로 경제활동을 뜻하니 실직, 파업, 오락, 잡기 등이 따른다. 게다가 이미 대운이 나빠 시계바늘의 일치점이 되는 갑술년(甲戌年)이 뒤에서 기다리고 있으니, 잘 다니던 직장을 그만둔 것이다. 하늘의 강한 기가 사이클을 맞추고 있으니 별도리가 없었던 것이다.

갑술년(甲戌年)에 사업을 시작했다고 한 것은, 갑술년(甲戌年)은 사주에 강하게 있는 기토재(己土財)를 갑기합(甲己合)하여 다른 사람이 가져가는 해이고, 술토(戌土)가 지지미토(支地未土)를 술미형(戌未刑)하니 뿌리 전체가 흔들려 5천만원을 투자한 것이다.

을목(乙木)은 넝쿨나무이니 혼자 힘으로는 잘 될 수 없다. 그런데 대운에서 온 갑목(甲木)이 녹지(祿支)에 앉아 있어 뿌리깊은 나무이니, 충분히 기댈 수 있다고 믿었다. 사회에서 뿌리가 깊다는 것은 한 분야의 전문가라는 뜻이다. 전문가이니 얼마나 믿음직했겠는가. 이 사

람은 전문주식사기단에 걸려들어 3년만에 현금 8억과 집을 저당잡
히고 빈껍데기만 남은 것이다.

 정축년(丁丑年) 정미월(丁未月)이라고 한 것은, 지지(支地)가 미토
(未土) 일색인데 정축년(丁丑年)은 지지미토(支地未土)를 정면으로
충한다. 을목일간(乙木日干)에게 정화(丁火)는 식신(食神)이다. 식
신(食神)은 경제활동인데 년간계수(年干癸水)와 시간계수(時干癸
水)가 정계극(丁癸剋)되어 다시 시계바늘이 겹치는 달이다.

 다시 정리하면, 대운갑목(大運甲木)이 신약(身弱)한 을목(乙木)을
도와주는척 하면서 월간기토(月干己土)와 갑기합(甲己合)하여, 을목
(乙木)이 갖고 있는 편재기토(偏財己土)를 훔쳐가는데 눈치채지 못
한 것이다. 도둑을 당하려면 개도 짖지 않는다는 옛말이 있는데, 이
사주에는 개 한마리 없다. 안타깝기 그지없다.

 을목(乙木) 사기꾼 입장에서 보면, 드디어 기다리고 기다리던 갑술
년(甲戌年)이 왔다. 지지(支地)에 숨어 속에서 파먹고 밖에서 파먹는
다. 정축년(丁丑年)은 뿌리까지 완전히 뽑히고는 회사 현판까지 내놓
고 집에는 푹 쉬는 해다.

애인이 죽은 것이 내팔자 때문입니까

■ 박금자(여자) / 음력 1972년 6월 13일 신시생(申時生)

넌　壬子 ▶ 천희신, 낙정관살, 원진, 장생
월　己酉 ▶ 내록, 양인, 도화, 귀문관살
일　庚戌 ▶ 금여록, 월덕귀인, 괴강, 홍염, 과숙, 고신
시　甲申 ▶ 교록, 천의성, 지살

```
      3  13  23  33  43  53
대    戊   丁   丙   乙   甲   癸
운    申   未   午   巳   辰   卯
```

　경금일간(庚金日干)이 유월(酉月)에 태어나, 같은 오행(五行)은 격을 잡지 않으니 시간(時干)에 있는 갑(甲)으로 잡으려고 하나, 시간갑목(時干甲木)은 지지(支地)에 통근(通根)하지 못하여 가살(假殺)이니, 년주임수(年柱壬水)로 격을 잡아 식신생재격(食神生財格)이다. 수(水)가 격과 용신(用神)을 겸하니 식신용신격(食神用神格)이다. 토(土)는 기신(忌神), 목(木)은 희신(喜神)이다. 수목화운(水木

火運)은 길하고 토금운(土金運)은 흉하다.

지지(支地)에 신유술방합(辛酉戌方合)이 있고, 월간기토(月干己土)와 시간갑목(時干甲木)이 갑기합토(甲己合土)되어 전왕격(全旺格)으로 볼 수 있으나, 일간경금(日干庚金)이 갑경극(甲庚剋)으로 갑기합(甲己合)을 방해하니, 임수(壬水)가 강하게 통근(通根)하여 수기발로(水氣發路)한다.

■ 성 격

경금(庚金)은 원광석이라 고지식하며 책임감과 신용이 있고, 말을 함부로 하지 않으며 인정이 있다.

■ 조상운

조상은 일지술토(日支戌土)와 장간무토(藏干戊土)인데 괴강살이 있다. 년지(年支)는 조상궁으로 천희신(天喜神)과 장생(長生)이 있고, 희신(喜神)인 식신(食神)이 있으니 잘 살았다.

■ 부모운

아버지는 시간갑목(時干甲木)인데 지지(支地)에 통근(通根)하지 못하여 초년운이 나쁘다. 아버지를 일찍 잃고 부모덕이 없다. 정편인(正偏印)과 일지편인(日支偏印)이 있으니 부모가 두 분이다.

■ 형제운

형제는 많지만 형제덕은 기대하기 어렵다.

■부부운

 남편은 술중장간(戌中藏干) 정화(丁火)다. 금(金)이 왕하고 화고(火庫) 속에 있으니 남편이 무능하고, 재관(財官)이 매우 약하니 남편복이 없다.

■자식운

 자식인 식신(食神)이 왕하고, 희신(喜神)에 해당하므로 말년에 자식들이 잘 되며 자식복이 있다.

■직업운

 수(水)가 강한 금(金)을 설기시키는 희신(喜神)이며 식신(食神)에 해당한다. 문화, 예술, 학문방면이나 의식주와 관계된 사업을 하면 길하다.

■건강운

 오행(五行)이 골고루 있고, 식신격사주(食神格四柱)가 승격되어 건강하다. 그러나 강한 금수(金水)를 극하는 운이 오면 왕자충발(旺者沖發)이 일어나, 약한 화(火)가 강한 금(金)과 싸운다. 화(火)는 눈, 심장, 정신 등에 질병이 따르고, 목운(木運)에는 간기능이 악화되며, 일지(日支)에 괴강살이 있으니 교통사고 등도 조심해야 한다.

■재물운

 신왕(身旺)하고 식신(食神)이 용신(用神)이다. 대운이 수목화운(水

木火運)으로 흐르면 부귀하지만, 토금운(土金運)으로 흐르면 고난이 많이 따른다.

■ 무신대운(戊申大運) 3세~12세까지

무신대운(戊申大運)은 아주 나쁘다. 년간임수(年干壬水)가 용신(用神)인데 대운무토(大運戊土)가 무임극(戊壬剋)하고, 시간(時干)의 뿌리없는 갑목(甲木)이 편재(偏財) 아버지인데, 대운무토(大運戊土)가 매우 신약(身弱)한 갑목(甲木)을 무갑극(戊甲剋)하니 초년에 아버지를 잃고 고생이 많다. 임수식신(壬水食神)을 무임극(戊壬剋)하니, 다른 사람 손에서 성장하거나 위장병 등으로 고생한다.

■ 정미대운(丁未大運) 13세~22세까지

정미대운(丁未大運)은 사오미화방(巳午未火方)이다. 화(火)보다 토(土)가 더 강하므로 토(土)로 본다. 무신대운(戊申大運)처럼 아주 나쁘지는 않지만, 금토(金土)가 많은데 토운(土運)이니 좋은 운은 아니다. 정화(丁火) 조후용신(調候用神)이 년간식신(年干食神)과 정임합목(丁壬合木)되어 재(財)로 바뀌니, 상급학교에 진학하지 못하고 직장생활을 시작한다.

97년 4월 15일, 여자 두 분이 찾아와 궁합을 봐달라며 두 사람의 생년월일을 내밀었다. 사주를 살펴보고 있는 동안 두 사람은 석고처럼 말이 없다. 자못 비장하기까지 하다. 궁합이 좋다고 하면 결혼하고, 나쁘다고 하면 결혼하지 않을 자세다.

"92년부터 이 사람을 만나다가 97년 3월에 헤어진 것 같네요."

"네?"

"92년 8월 쯤에 만나지 않았습니까?"

"그런 것도 나옵니까? 그럼, 왜 헤어진다고 나오나요?"

"왜 헤어지다니요? 사주에 그렇게 나오니 헤어진다고 하는 겁니다."

말이 채 끝나기도 전에 무엇 때문에 헤어지냐고 다시 묻는다. 그것까지는 잘 모르겠다며 사주를 다시 찬찬히 살펴보았다.

"선생님 말씀대로 우린 92년 8월에 만났는데, 97년 4월 5일에 헤어졌어요."

두 아가씨의 눈가에 이슬이 맺힌다.

"이 아가씨는 누굽니까?"

옆에 있는 아가씨까지 눈물을 흘리기에 물어보았더니 남자의 동생이라고 한다. 갑자기 이상한 생각이 들어 만세력에서 다시 97년 4월 5일을 찾아보았다.

"이 사람 혹시 교통사고로 죽었습니까?"

"예? 그것까지 나와요?"

두 아가씨의 눈이 더 커진다.

"예, 그럴 수도 있어서요."

"그럼 이 사람이 죽은 것이 저 때문인가요?"

"왜 이 사람이 아가씨 때문에 죽습니까? 그럴만한 까닭이라도 있습니까?"

"꼭 그런 것은 아니지만 어떤 사람이 저 때문에 죽었다고 해서요. 정말 저를 만났기 때문에 죽은 건가요?"

"아가씨와 같이 있다가 죽었습니까?"

"아뇨, 그 사람은 트럭을 몰았는데 교통사고로 죽었어요. 제 사주가 나빠서 그랬다는데, 만일 저를 만나지 않았다면 죽지 않았을까요?"

계속 눈물을 닦아낸다. 애인이 죽어 슬픈데다가 누명까지 썼으니 눈물이 나올만도 하다.

"그 사람의 운명이 그렇게 정해져 있기 때문이지 누구 때문이 아닙니다. 만일 아가씨를 만나지 않아 이 사람이 죽지 않는다면 이 사람의 사주가 바뀐다는 말이게요. 아무리 아가씨 사주팔자가 나빠 아가씨와 함께 있다가 10명이 죽는다 해도, 그건 명이 짧은 사람들이 아가씨와 인연이 되는 것이지 절대로 아가씨 때문이 아닙니다. 지금 이 사람도 단명할 사주를 타고났기 때문입니다. 다 하늘의 뜻입니다. 간혹 일부 역술인들이 그런식으로 말하는 경우가 있습니다. 그러나 그것은 하늘의 뜻을 제대로 알지 못하기 때문에 그런 식으로 말하는 겁니다."

"그렇다면 절 만나는 사람은 모두 죽는다는 건가요?"

"아닙니다. 아가씨 평생에 정축년(丁丑年)은 두 번 오지 않습니다."

두 아가씨는 깍듯하게 인사를 한 후 돌아갔다. 사실 난 거짓말을 했다. 이 여자 사주에는 남자복이라고는 눈을 씻고 찾아봐도 없다. 그렇다고 내일 일을 미리 걱정하며 살라고 할 수는 없지 않은가.

■ 병오대운(丙午大運) 23세~32세까지

병오대운(丙午大運)은 용신임자(用神壬子)와 천극지충(天剋支沖)

되고, 일간경금(日干庚金)과 병경극(丙庚剋)되고, 일지술토(日支戌土)와 오술합(午戌合)되어 애인이 생기는 운이다. 병화(丙火) 남자는 용신임자(用神壬子)와 천극지충(天剋支沖)되므로 길한 가운데 흉하다. 다만 사주가 너무 차기 때문에 병정화(丙丁火)는 조후용신(調候用神)으로 길하다.

시간갑목(時干甲木)이 통관시키니 반드시 애인이 죽는다고 보기는 어렵다. 경술(庚戌) 괴강에 관(官)이 편인묘고(偏印墓庫) 속에 있어 매우 약하니, 남자가 무능하거나 남자가 있어도 없는 것과 같다는 정도다. 더군다나 일지술토(日支戌土)와 오술합화(午戌合火)되어 관(官)이 일지(日支)와 극되는 것도 아니다. 천극지충(天剋支沖)되지만 시상갑목(時上甲木)이 통관용신(通關用神)이다.

97년 정축년(丁丑年)에 만났다고 한 것은, 신왕(身旺)한 경금(庚金)의 용신(用神)인 식신(食神)은 자식이며, 임신년(壬申年)은 대운에서 온 정화(丁火) 남자와 합되어 자식과 남자가 합되었으며, 임신년(壬申年) 신금(辛金)은 월지도화살(月支桃花殺)과 함께 신유술방합(辛酉戌方合)되어 일지(日支)로 들어왔기 때문이다. 두 사람의 궁합은 좋은 편은 아니나 만날 운이고, 서로 필요한 오행(五行)을 갖고 있기 때문에 좋아한 것이다. 더 중요한 것은 하늘이 정해논 사이클을 벗어나지 못했다는 것이다.

정축년(丁丑年)에 두 사람이 헤어졌다고 한 것은, 뒤에서 죽은 남자의 사주를 풀어보겠지만 사이클이 서로 다르기 때문이다. 지지(支地)는 남편궁으로 술토(戌土)와 장간정화(藏干丁火)가 정축년(丁丑年)

축토(丑土)와 축술형(丑戌刑)되니, 술중정화(丁火) 남편이 술토(戌
土)가 깨져 빠져나왔기 때문이다. 정축년(丁丑年) 정화(丁火) 남편은
용신(用神)인 식신임수(食神壬水)와 합된 상태에서 축술형(丑戌刑)
되어, 남자의 변심으로 인한 이별로 본다. 갑진월(甲辰月)은 갑진(甲
辰)이 천극지충(天剋支沖)되어 남자의 사이클과 비슷하다.

 다시 정리하면, 정미대운(丁未大運)은 식신임수(食神壬水)가 합되
었는데 임신년(壬申年)에 다시 정임합(丁壬合)되고, 월지도화살(月
支桃花殺)을 신유술합(酉戌合)하고 있으니 연애결혼이 가능하다. 대
운이 병오운(丙午運)으로 바뀌면서 용신임자(用神壬子)도 양인살(羊
刃殺)이고, 병오(丙午)도 양인살(羊刃殺)이라 수화(水火)가 극단적
으로 싸우는데, 뿌리없는 갑목(甲木)이 중간역할을 하지 못했다.

 병오대운(丙午大運)은 아주 나쁘게 작용하지만 일지토(日支土)와
오술합(午戌合)되니, 풍파는 많지만 그런대로 무난하게 지낼 수 있
다. 이미 이 사주는 매우 신왕(身旺)하고 남편인 병화(丙火)가 일지
술토(日支戌土)에 묘고(墓庫)되니, 남편이 죽거나 무능하거나 있어
도 없는 것과 같다 중에서 죽은 것이다.

 병자년(丙子年)은 정축년(丁丑年)보다 더 위험하지만 정축년(丁丑
年)에 헤어진 것은, 병자년(丙子年)은 일지술토(日支戌土)와 형충파
(刑沖破)가 없고, 대운의 지지오화(支地午火)와 자오충(子午沖)되
고, 년상병화(年上丙火)가 임수(壬水)와 병생극(丙生剋)되었기 때문
이다.

남자사주

■ 정민섭(남자) / 음력 1973년 6월 2일 오시생(午時生)

    년 癸 丑 ▶ 암록, 내록, 백호, 음차, 양인
    월 丁 巳 ▶ 천을귀인, 태극귀인, 교록, 황은대사
    일 癸 丑 ▶ 암록, 내록, 백호, 음차, 양인
    일 戊 午 ▶ 도화, 귀문관살, 탕화

     4 14 24 34 44 54
    대 丙 乙 甲 癸 壬 辛
    운 辰 卯 寅 丑 子 亥

　계수일간(癸水日干)이 사월(巳月)에 태어나, 지장간(支藏干) 정화(丁火)가 월간투출(月干透出)하여 편재격(偏財格)이다. 재관(財官)이 왕하여 종(從)하고 싶으나 년간(年干)에 계수(癸水)가 투출(透出)하여 종(從)할 수 없으니 신약사주(身弱四柱)다. 편재격(偏財格)의 용신(用神)은 비견(比肩)이며, 수금운(水金運)은 길하고 목화토운(木火土運)은 흉하다.

　한마디로 변화가 많은 사주다. 지지(支地)가 사화(巳火)를 중앙에 두고 축토(丑土)로 감싸고, 또 축토(丑土)를 중앙에 두고 월상사화(月上巳火)와 시상사화(時上巳火)가 감싸고 있다. 대운에서 유금(酉金)이 오면 지지(支地)가 사유축삼합(巳酉丑三合)으로 금국(金局)을 이루어 신왕(身旺)해지니 횡재할 수도 있다. 또 대운에서 미토(未土)가 오면 년지축토(年支丑土)와 일지축토(日支丑土)를 축미충(丑未沖)하여, 년일간(年日干) 계수(癸水)가 지장간(支藏干)에서 계수(癸水) 뿌리가 되어, 계수(癸水)와 신금(辛金)이 밖으로 빠져나온다.

 년일간(年日干) 계수(癸水)의 뿌리를 뽑아버리고, 월지사화(月支巳火)는 시지오화(時支午火)와 사오미방합(巳午未方合)으로 재국(財局)을 만들어, 계수(癸水)는 강한 재관(財官)에 종(從)하여 변화가 많은데, 갑을목(甲乙木) 식상(食傷)이 없으니 아무리 열심히 노력해도 부자가 될 수 없다. 매우 신약(身弱)하고 재관(財官)이 왕한데, 용신(用神)이 약하고 시간술토(時干戌土)에 관(官)까지 투출(透出)하여 용신(用神)을 극하니 많이 깨진 사주다.

■성 격

 계수(癸水)는 음(陰) 중에 음(陰)이며, 천간(天干) 중에서 가장 약하다. 음정적이지만 창조적인 사색과 지기심원한 것이 본성이다. 착하고 정에 약하지만 잔꾀가 많고 응큼하다.

■조상운

 조상은 월지축중(月支丑中) 신금(辛金)이다. 조상궁인 년지(年支)에 길성(吉星)이 없고, 신금(辛金)이 천간투출(天干透出)하지 못하고, 갑을목(甲乙木) 재(財)가 없으니 평범했다.

■ 부모운

아버지는 편재(偏財)로 월간정화(月干丁火)다. 부모궁인 월지(月支)에 천을귀인(天乙貴人), 태극귀인(太極貴人), 황은대사(皇恩大士) 등이 있다. 정화(丁火) 아버지는 정사왕지(丁巳旺支)에 앉아 있으니 군인, 경찰, 운동선수 등과 같은 강한 직업과 관계있다. 재(財)가 기신(忌神)에 해당하여 부모덕이 없다.

■ 형제운

비겁(比劫)이 용신(用神)이라 형제덕은 있으나, 재관(財官)이 왕하여 형제가 신약(身弱)하니 잘 살지 못한다.

■ 부부운

아내를 나타내는 재(財)가 기신(忌神)이라 처덕이 없다. 일지(日支)는 처궁으로 도움이 있지만 심하게 극한다. 일간(日干)과 일지(日支)에 백호살(白虎殺)이 있으니 교통사고 등을 조심해야 한다.

■ 자식운

자식인 관(官)이 기신(忌神)에 해당하여 자식덕이 없다.

■ 직업운

계수(癸水)가 용신(用神)이니 물과 관계된 직업으로 나가면 길하다. 사주에 없는 갑을목(甲乙木)이 대운에서 들어와 의식주와 관계된 직업이 좋을 것 같지만, 일지(日支)에 백호살(白虎殺)이 있어 트럭기사가 된 것이다.

■건강운

 신약(身弱)한 계수일간(癸水日干)이 재관(財官)이 많은데 극되어 신장이나 방광이 약하고, 계축백호살(癸丑白虎殺)이 있으니 교통사고를 조심해야 하며, 축오탕화살(丑午湯火殺)이 있으니 화상과 약물사고를 주의해야 한다.

■재물운

 월간편재격(月干偏財格)이라 편재격(偏財格)의 특징을 갖고 있다. 친절하고 봉사정신이 강하지만 한탕주의 기질도 강하다. 주머니에 돈이 떨어지지 않는다고 하지만, 내실보다는 외형에 더 비중을 두어 낭비가 심하며 실속이 없다.

■병진대운(丙辰大運) 4세~13세까지

 신약(身弱)한 계수일간(癸水日干)을 설기하는 인묘진목방(寅卯辰木方)으로 흐르니 초년에는 어려움이 많다. 병진대운(丙辰大運)은 진중계수(辰中癸水)가 있고 습토(濕土)라 좋을 것 같지만, 년일지(年日支) 축토(丑土)를 대운진토(大運辰土)가 축진파(丑辰破)하여 축중계수(丑中癸水) 간장단지, 신금(辛金) 고추장단지, 진중(辰中) 마늘장아찌, 을목(乙木) 단지를 옮기다 파된다. 깨진 틈새로 조금씩 새나가니 길한 가운데 흉하다. 또 천간병화(天干丙火)는 사주에서 기신(忌神)이라 경제적 고통을 많이 받는다.

신약(身弱)한 계수일간(癸水日干)에게 목운(木運)이 들어오니 더욱
더 신약(身弱)해지고, 식신운(食神運)이니 공부를 많이 할 처지가 못
된다. 그러니 먹고 살기 위해 경제활동을 해야 한다. 신약(身弱)한 일
간계수(日干癸水)와 용신계수(用神癸水)를 생하는 신금(辛金)이 축
중(丑中)에 있으며, 일간(日干)과 용신계수(用神癸水)가 백호살(白
虎殺) 위에 있어 운전기사가 된 것이다.

계축일주(癸丑日柱)에서 월지사화(月支巳火)는 편재(偏財)로 아내
다. 아내 사화(巳火)는 시지오화(時支午火)와 사오방합(巳午方合)하
는데, 시지오화(時支午火)는 도화살(桃花殺)에 해당한다. 계축일주
(癸丑日柱)는 92년 임신년(壬申年)에 월지사화(月支巳火) 정재(正
財)와 사신합(巳申合)되어 여자친구를 만난 것이며, 93년 계유년(癸
酉年)에는 사유축삼합(巳酉丑三合)되니 신왕(身旺)해진다. 재(財)를
감당하여 월지(月支)에 있는 사화정재(巳火正財)를 처궁으로 불러들
이는 형상이다. 이때부터 신약(身弱)한 계수일간(癸水日干)의 아내
가 되어 가까이서 도와준다.
앞의 여자는 9월 유금(酉金)에게는 왕한 계절에 태어난 경금(庚金)
이 조후(調候)로 볼 때 강한 금(金)이다. 거기다 지지(支地)에 신유
술방합(辛酉戌方合)까지 이루어 매우 강하다. 일간경금(日干庚金)은
불로 제련하여 빛나게 해주는 오행(五行)을 그리워 하는데, 남자인
계축일주(癸丑日柱)는 경금일간(庚金日干)의 강한 기를 설기시켜 정
사월(正巳月)의 강한 불빛이 경금일간(庚金日干)의 마음을 사로잡은

것이다.

또 년일간(年日干) 계수(癸水)가 시간무토(時干戊土)와 무계합(戊癸合)되어, 천간(天干) 전체가 밤거리의 네온사인처럼 아름답게 보였을 것이다. 월지사화(月支巳火)는 월령(月令)하여 매우 왕한데, 사오방합(巳午方合)에 시상(時上) 도화살(桃花殺)까지 있다. 사주팔자 모두가 밤하늘에 반짝이는 별빛처럼 아름답다.

남자의 매우 신약(身弱)한 계수일간(癸水日干)이 여자의 사주 자체가 모두 경금(庚金) 덩어리라, 그 기에서 임자(壬子)의 백두산 천지의 맑은 물줄기가 폭포가 되어 흘러내리고 있지 않은가. 남자의 신약(身弱)한 계수(癸水)에게 경금(庚金)은 어머니 가슴이고, 살아가는 데 없어서는 안되는 젖줄이다.

이처럼 이 두 사람은 서로가 꼭 필요한 오행(五行)을 갖고 있기 때문에 만나는 순간 본능적으로 알아본 것이다. 그러나 궁합 이전에 각자가 갖고 있는 인자는 하늘이 준 것이며, 사람이 만나고 헤어지는 것 또한 하늘이 정해놓은 일이다.

여자에게 임신년(壬申年)은 용신운(用神運)인데 신유술방합(辛酉戌方合)되니 좋은 운이며, 식신(食神)의 여자에게 모성애를 느낀 것이다. 계유년(癸酉年)은 여자가 아름답게 보이는 도화년(桃花年)이고, 일지(日支)로 합되어 남편궁으로 들어오니 92년에 만난 것이다. 그리고 8월은 임신년(壬申年) 신(申)이 월에 겹치는 달이다. 임신년(壬申年)의 절기가 가장 강하게 작용하는 달이기 때문이다.

97년 3월에 헤어진 것은, 97년은 정축년(丁丑年)인데 남자의 사주에서 계수(癸水)가 용신(用神)이고, 이 용신(用神)과 일간계수(日干

癸水)가 정계극(丁癸剋)되고, 사주에 있는 백호살(白虎殺)이 극되어 백호살(白虎殺)이 가중되는 해이기 때문이다. 계수(癸水)가 정화편재(丁火偏財)를 극하여 헤어진 것이다. 여자에게 일지(日支)는 남편궁인데, 정축년(丁丑年) 축토(丑土)가 축술형(丑戌刑)되어 남편궁이 깨지니, 술중장간(戌中藏干) 정화(丁火)가 빠져나가 두 사람이 헤어진 것이다. 3월은 계묘월(癸卯月)로 년상정축(年上丁丑)을 월상계묘(月上癸卯)가 정계극(丁癸剋)으로 하극상하는 달이기 때문이다.

이미 고인이 된 남자는 갑인대운(甲寅大運)에서 매우 신약(身弱)해지고, 명예가 되는 술토관(戌土官)을 무갑극(戊甲剋)하고, 지지인목(支地寅木)은 사주에 있는 백호살(白虎殺)과 축오탕화살(丑午湯火殺)에 인목(寅木)까지 들어온다. 축인오탕화살(丑寅午湯火殺)이 완전히 이루어졌으며, 사주에 있는 정계극(丁癸剋) 인자가 정축년(丁丑年)에 다시 발동하여, 정축년(丁丑年)은 계축백호살(癸丑白虎殺)과 백호살(白虎殺)이 정계극(丁癸剋)되어 부딪친 것이다.

계묘월(癸卯月)은 다시 정축년(丁丑年) 백호살(白虎殺)을 극하여 하극상하며, 4월 5일은 음력으로는 3월 28일로 경칩과 청명의 접목일이며, 정축(丁丑)과 백호(白虎)가 다시 겹치는 날이다. 꽃과 같은 젊은 나이에 유명을 달리한 고인의 명복을 빈다.

오백만원이면 본전을 찾겠습니까

■ 김순덕(여자) / 음력 1952년 6월 9일

년 壬 辰 ▶ 내록, 월덕귀인, 화개, 괴강
월 戊 申 ▶ 관귀학관, 문창귀인, 암록, 천사성, 지살
일 丙 午 ▶ 양차, 양인, 인옥, 공망

  7 17 27 37 47 57
대 丁 丙 乙 甲 癸 壬
운 未 午 巳 辰 卯 寅

병화일간(丙火日干)이 신월(申月)에 태어나, 월지장간(月支藏干)에서 임수(壬水)가 년간투출(年干透出)하여 편관격(偏官格)이다. 월간(月干)에 무토(戊土)가 투출(透出)하여 식신격(食神格)도 된다. 격이 많거나 용신(用神)이 혼잡되면 한 가지 직업에 종사하지 못하니 성공률도 그만큼 떨어진다. 어쨌든 이 사주는 격과 용신(用神)이 혼잡되어 격이 좀 떨어졌다.

관(官)도 왕하고 식신(食神)도 왕하고 일간(日干)도 왕하지만, 시

(時)를 알 수 없으니 신강(身强)과 신약(身弱)은 나중 문제다. 우선 격을 풀어보면 년주(年柱)의 임수편관격(壬水偏官格), 월간식신격(月干食神格), 월지편재격(月支偏財格)으로 볼 수 있다.

월간식신(月干食神)이 년간(年干)에 무임극(戊壬剋)되고 제살(制殺)하여 월간투출(月干透出)하며, 년간임수(年干壬水)는 식신(食神)의 뿌리인 진토(辰土)에 앉아 있으니, 식신(食神)이 년간편관(年干偏官)보다 더 강하여 식신생재격(食神生財格)이나, 식신제살격(食神制殺格)이라 월지(月支)에서 실령한다. 설기하는 식신(食神)과 재(財)가 왕하니 화(火)가 용신(用神)이다. 목화운(木火運)과 시상갑을목(時上甲乙木)이 있으면 수운(水運)이 길하고, 토금운(土金運)은 흉하다.

■성 격

병화(丙火)는 양(陽) 중의 양(陽)이다. 이글이글 타오르는 태양의 수천도 광열을 상징하며, 우주를 밝히는 화(火)는 우주현상계의 양(陽)을 대표한다. 밝고 화려한 것을 좋아하며 성질이 급하다. 남앞에 나서기를 좋아하며 부풀리기를 좋아한다. 호언장담을 잘 하고 뒤끝이 없다. 태양이 광명을 상징하듯이 남에게 베풀기를 좋아한다. 부모에게 받은 인자를 겸한다면 따뜻하고 포용력이 있으며, 낙천적이고 낭만적이다. 담백하고 사교적이며 설득력이 있는 실속파다.

■조상운

조상은 편인(偏印)인데 사주에 나타나있지는 않다. 년지(年支)는 조

상궁으로 길성(吉星)인 월덕귀인(月德貴人)이 있고, 년간(年干)에편
관(偏官)과 임진(壬辰) 괴강이 있으니 군인, 경찰, 운동선수, 공무원
등과 관계있으며 평범했다.

■ 부모운

 아버지는 월지장간(月支藏干) 신금(辛金)이다. 월지(月支)는 부모
궁으로 식신(食神)과 길성(吉星)인 관귀학관(官貴學官), 문창귀인
(文昌貴人)이 있으니 사업가이며 부유하다.

■ 형제운

 신약사주(身弱四柱)가 화(火)가 용신(用神)이니 형제덕이 있다. 월
지(月支)는 형제궁으로 길성(吉星)이 많이 있고, 일지오화(日支午
火)와 장간병정화(藏干丙丁火)가 녹지(祿支)에 있으니 모두 잘 산다.

■ 부부운

 남편은 년간임수(年干壬水)다. 일지(日支)는 남편궁으로 장생(長
生)에 해당하니 공무원으로 명예가 있고, 신약(身弱)한 병화(丙火)에
게 뿌리가 되어주니 남편복이 있다.

■ 자식운

 자식은 월간술토(月干戌土)다. 식신격(食神格)이라 자식들은 잘 되
고, 월지(月支)에 관귀학관(官貴學官)과 문창귀인(文昌貴人)이 있으
니 모두 훌륭하다. 그러나 자식궁인 시지(時支)를 모르니 자식복은

알 수 없다.

■건강운

간지동사주(干支同四柱)라 건강하다. 그러나 임진(壬辰) 괴강에 일인격(日刃格)이니 외상 등의 사고를 조심해야 한다.

■직업운

월상(月上) 식신생재격(食神生財格)의 특성을 살려 의식주에 관계된 직업으로 나가면 길하다. 현재는 음식점을 하고 있다고 한다. 활동력이 강한 간지동사주(干支同四柱)라 생계에 대한 어려움은 없다.

■재물운

식신생재격(食神生財格)이라 몸이 건강하여 열심히 노력하고, 대운이 잘 흘러주면 재물복이 있다.

■정미대운(丁未大運) 7세~16세까지

신약(身弱)한 병화일간(丙火日干)에게 사오미화운(巳午未火運)은 좋은 운이다. 정미대운(丁未大運)은 토운(土運)이라 나쁠 것 같지만, 일지(日支)와 오미합화(午未合火)되어 일간(日干)을 도와주니 좋다.

■병오대운(丙午大運) 17세~26세까지

병오대운(丙午大運)은 형제가 신약(身弱)한 일간(日干)을 도와주어 좋으나, 복음(複蔭)되어 강력한 라이벌이 생긴다. 이성문제가 생기는

운으로 삼각관계가 되거나 직장에서 강력한 라이벌이 생기거나 형제
간에 재산문제 등으로 다툼이 따른다.

■ 을사대운(乙巳大運) 27세~36세까지

　신약(身弱)한 병화일간(丙火日干)에게 을사대운(乙巳大運)은 아주
좋다. 대운을목(大運乙木)은 년간임수(年干壬水) 관(官)을 월간술토
(月干戌土)가 극하고, 또 년지진토(年支辰土)가 심하게 극한다. 년지
진중(年支辰中) 을목(乙木) 뿌리가 있으니, 년주(年柱)를 몰아넣고
극하는 식신술토(食神戌土)를 다소 극한다. 명예가 따르고 남편이 사
회활동을 하는 운이다.

　수(水)는 목(木)을 생하고, 목(木)은 다시 일간(日干)을 생하니 남
편의 강력한 도움을 받는 최상의 운이다. 대운사화(大運巳火)는 일간
(日干)을 도와주며, 월지신금(月支申金)과 사신합수(巳申合水)하니
남편과 일간(日干)이 모두 왕하다. 또 재관(財官)과 식신(食神)이 모
두 강하여 좋다.

■ 갑진대운(甲辰大運) 37세~46세까지

　갑진대운(甲辰大運)부터는 인묘진동방목운(寅卯辰東方木運)이다.
진토(辰土)는 토운(土運)이 더 강하므로 목(木)으로 보면 안된다. 사
주에서는 인묘진(寅卯辰)이 모두 있으면 강력한 목(木) 덩어리가 되
지만, 대운은 사주의 방합(方合)처럼 강력하지는 않다. 단지 인묘진
동방목운(寅卯辰東方木運)이고 계절을 나타내며, 중앙 토(土)는 토
(土)의 작용이 우선이다. 그러므로 갑운(甲運) 5년은 길하지만, 진운

(辰運) 5년은 신약(身弱)한 병화(丙火)를 설기하여 매우 나쁘다.

이 사주는 97년에 찾아왔던 사람이다. 년간임수(年干壬水)가 년상
정화(年上丁火)와 정임합(丁壬合)되었다. 이것은 남편이 다른 여자
에게 정을 주고 있다는 말이다. 병화일간(丙火日干)의 입장에서 보
면, 같은 오행(五行) 즉, 다른 사람과 함께 겁재(劫財) 겁탈하는 것으
로 년지(年支) 진토식신(辰土食神)을 정축년(丁丑年) 축토(丑土)가
축진파(丑辰破)하고, 남편궁인 일지(日支)에 오화(午火), 축오원진
살(丑午怨嗔殺), 귀문관살(鬼門關殺)이 있고, 대운진토(大運辰土)와
진진자형(辰辰子刑)되고 있다.

언제나 그렇듯이 사주를 받아적고 나면 무슨 일로 왔을까 하고 눈치
를 살피게 된다. 그리고는 맞거나 말거나 하늘에 맡기기기로 하고
숨도 쉬지 않고 일사천리로 말해버린다.
"아주머니는 성격이 낙천적이면서도 급한 편이나 뒤끝은 없고, 호언
장담을 잘 하며 남에게 자랑하기를 좋아하는 편입니다. 놀고 먹는 성
격이 못되어 지금은 아마도 식당을 하고 있는 것 같은데, 장사는 그
런대로 되는 모양입니다. 팔고 싶은 생각도 있지만 올해는 안되고,
내년에나 가능하겠습니다. 남편이 바람을 피우거나 아니면 다른 사
업에 손을 대 손해를 많이 본 것 같군요. 그때부터 사이가 나빠지지
않았습니까?
인상이 변하는 것을 보니 실망한 표정이다. 손님이 오면 10명 중에
한두 명은 이런 식이다.

“아닙니까?”
“우리 남편은 바람은 안피워요.”

민망하기도 하고 무안하기도 하여, 아주머니의 시(時)를 모르니 정
확하게 알기는 어렵다고 얼버무리며 남편 사주를 보자고 했다. 불러
주는데 남편의 시(時)도 모른단다.

남편사주

■ 김창수(남자) / 1949년 10월 2일

    년 己丑 ▶ 태극귀인, 화개, 공망
    월 丁丑 ▶ 태극귀인, 화개, 공망
    일 己未 ▶ 태극귀인, 암록, 내록, 황은대사, 고신, 공망

        6   16   26   36   46   56
    대 丙 乙 甲 癸 壬 辛
    운 子 亥 戌 酉 申 未

기토일간(己土日干)이 축월(丑月)에 태어나, 월지장간(月支藏干)에
서 천간투출(天干透出)이 없고, 월지축토(月支丑土)는 장간(藏干)에
계수(癸水)와 신금(辛金)이 있다. 화토(火土)가 강하고 월지장간(月

支藏干) 계수(癸水)와 신금(辛金)이 사령(司令)하는 12월이니, 장간 신금(藏干辛金)으로 격을 잡아 잡기식신격(雜氣食神格)이다.

남편 역시 시(時)를 모르니 시상(時上)에 무엇이 투출(透出)했는가는 알 수 없으나, 월지장간(月支藏干)에 계수(癸水)와 신금(辛金)이 장축(藏蓄)되어 있으니 식신생재격(食神生財格)으로 본다. 눈이 펄펄 내리고 있는 12월, 차디찬 겨울평야 비닐하우스 속에서 미중을목(未中乙木) 새싹이 파릇파릇 돋아나는 모습이 연상되는 사주다.

요즘, 많은 책에서나 역술인들이 잠자는 모습이나 가마 위치 등으로 시(時)를 찾아준다고 한다. 동물도 복제하는 판국에 시(時) 하나쯤 만들어 끼워넣는 것이 무슨 대수겠느냐만, 인체는 우주의 축소판이고, 사주는 사람의 축소판이다. 바꾸어 말하면 우리의 육신 속에 조상의 유전자가 전해지고 있듯이, 사주 속에도 유전자가 전해져 조상, 부모, 형제, 배우자, 자식 등으로 풀려나오는 것이다.

그러니 신의 영역인 사주팔자를 인간의 짧은 지식으로 대충 찾아 넣는다는 것은 어불성설이다. 더 나아가 좋은 사주를 만들겠다고 제왕절개로 출생시켜서는 안된다는 것이다. 감히 한 인간이 한 인간의 유전자를 어떻게 알아 사주를 만들어 준다는 말인가. 달이 차면 기울듯이 인간은 오직 자연의 법칙에 따라 윤회할 뿐이다. 거대한 공룡이 사라진 것처럼 인간 역시 언제가 사라질 것이다.

■성 격

기토(己土)는 음토(陰土)이고 토(土)는 중앙과 조화를 나타낸다. 성

격이 원만하고 대중적이며 포용력이 있고 속마음을 잘 드러내지 않는다. 부모에게 받은 인자를 겸한다면 낙천적이며 낭만적이다. 포용력이 있으며 담백하고, 실속파로 사교적이며 설득력이 있다.

■ 조상운

조상은 월간정화(月干丁火)다. 토(土)가 많고 조상궁인 년지(年支)에 화개살(華蓋殺)이 있으니 고향을 지키며 농사를 지었다.

■ 부모운

부모는 월지장간(月支藏干) 계수(癸水)다. 부모궁인 월지(月支)에도 화개살(華蓋殺)이 있으니 부모 역시 고향을 지키며 농사를 짓는다. 월간(月干)에 편인(偏印)이 있고, 기신(忌神)인 토(土)가 많은데 재(財)는 약하여 초년에 일찍 고향을 떠난다. 부모덕은 없지만 대운이 잘 흘러 자수성가한다.

■ 형제운

형제를 나타내는 토(土)가 많으니 형제가 많다. 재(財)가 장간(藏干)에 약하게 있으니 잘 살지 못하며, 형제가 기신(忌神)에 해당하여 형제덕이 없다.

■ 부부운

아내는 월지장간(月支藏干) 계수(癸水)다. 식신생재격(食神生財格)에 신금(辛金)이 생하고 재(財)가 숨어 있으니, 보이지 않게 아내의 도움을 많이 받는다. 아내인 재(財)가 희신(喜神)이라 처덕이 있다.

■ 자식운

자식은 일지장간(日支藏干) 을목(乙木)이다. 자식궁인 시지(時支)를 모르지만 목(木)이 희신(喜神)이라 자식덕이 있고, 식신생재격(食神生財格)이 수생목(水生木)되어 말년에 자식들은 잘 된다.

■ 건강운

금수목(金水木)은 약한데 토(土)가 많으니 병(病)이 된다. 토(土)는 위장을 의미하고, 월간편인(月干偏印)도 의식주를 의미하는 식신(食神)을 극하니, 술과 과식으로 인한 위장병이 염려된다.

■ 재물운

식신생재격(食神生財格)에 재(財)가 희신(喜神)이며, 재고(財庫) 속에 있으니 알뜰하여 재물운이 좋은 편이다.

궁합을 볼 때는, 먼저 두 사람 사주에 있는 인자를 살펴본 뒤 추구하는 목적, 가족관계, 학력, 경제수준, 애정관계, 신살 등을 비교하면서 포괄적으로 맞춰보아야 한다.

이 두 사람은 여자는 남성적이고 남자는 여성적이다. 여자는 여성 특유의 모성애로 보호의식이 강한데, 남자는 조후용신(調候用神)인 병화일간(丙火日干)으로 태어나 아내가 어머니를 겸한다고 볼 수 있다. 남자는 토(土)가 많아 감추고 저장하는 기질이 있고, 원만하고 이

해심이 많아 남자처럼 강하고 활달한 아내를 잘 받아준다. 서로 음양(陰陽)이 바뀌어 조화가 잘 되고, 일지(日支)에서 오미합(午未合)되어 애정이 깊다.

"사주를 봐서는 열심히 사업을 하며 사는 양반인데, 올해는 일을 하기 싫어합니다. 다른 사람과 투기성 사업에 손을 댔다가 도둑맞을 가능성이 있습니다. 아주머니 사주로는 남편에게는 여자와 돈이 같습니다. 저는 신점을 보는 것이 아니라 사주팔자 여덟글자를 풀이하는 겁니다. 사주 한 글자 한 글자가 나타내는 의미는 수백가지이므로 귀신처럼 맞춘다는 것은 말처럼 쉬운 일이 아닙니다."
"맞아요. 지금 우리 남편은 일하기 싫어해요."
"이런 해에는 잡기에 빠질 수도 있고, 회의도 많이 느낍니다."
"지금, 같이 식당을 하는데 올 들어 일은 안하고 노름에 빠져 4천만원이나 잃었어요. 빚독촉 때문에 가게를 줄이든가 팔든가 해야할 지경이예요. 5백만원만 마련해주면 돈을 다시 찾겠다고 하는데......"
"네?"
"그렇게 해주면 정말 본전을 찾을 수 있을까요? 따는 건 고사하고 본전이라도 찾았으면 좋겠어요."
 아이고 하느님 맙소사! 필자가 공부가 부족해서 그런지 오백만원으로 본전을 찾을 수 있는지는 모르겠다.

 기토일간(己土日干)이 축월(丑月)에 태어나, 따뜻하게 해주는 병화(丙火)를 조후용신(調候用神)으로 삼는다. 많은 토(土)가 재(財)를 보면 군겁쟁재(群劫爭財)가 일어나므로 그것을 막기 위하여 토수(土水)의 중앙에서 유통시킨다. 강한 토기(土氣)를 설기시키는 배설구 역할을 하여 신금(辛金) 식신격(食神格)이 되니 금(金)이 용신(用神)이다.

정축년(丁丑年)은 식신격(食神格)의 격을 파하는 편인운(偏印運)이다. 사주에 축미충(丑未沖)이 있는데 다시 정축년(丁丑年)이 축미충(丑未沖)을 발동시키니, 장간(藏干)에 숨어서 열심히 노력하여 작은 돈이나마 저축해 왔는데, 축미충(丑未沖)되니 계수(癸水)와 신금(辛金)이 밖으로 빠져나온다. 정화편인(丁火偏印) 도둑이 이 기회를 놓칠리 없다. 편인(偏印)은 배신, 고독, 실패, 사기, 재난, 고통, 겁탈, 권위와 명예 실추 등의 흉작용을 하고, 비겁(比劫)을 도와 재산과 가정을 파괴한다.

정축년(丁丑年) 축토(丑土)는 비견(比肩)이고, 사주에 있는 축미충(丑未沖)은 정축년(丁丑年) 축토(丑土)가 와서 일지미토(日支未土)와 충되니, 축중장간(丑中藏干) 편재(偏財)와 식신(食神)이 빠져나와 비견(比肩)을 동하여 노름을 한 것이다. 신약(身弱)하면 정화(丁火)와 축토(丑土)의 도움으로 부정한 재물을 모으고, 신왕(身旺)하면 정화(丁火)와 축토(丑土)는 기신(忌神)이 되어 흉작용을 한다.

사주에 극합형충파해(剋合刑沖破害) 인자가 있어도 항상 동하는 것은 아니다. 운에서 올 때 발동한다. 정축년(丁丑年)은 60년만에 한번 오는 것이며, 축미충(丑未沖)이 와도 정화편인(丁火偏印)과 함께 오지 않았다면 도박을 하지 않았을 것이다. 그리고 정화편인(丁火偏印)이 운에서 와도 지장간(支藏干)에 숨어 있는 식신(食神)과 재(財)를 훔쳐갈 수 없는 법인데, 축미충(丑未沖)이 있어 광문이 열렸다. 두 가지가 함께 왔기 때문에 그런 불행을 겪은 것이다.

 올해는 이사운이 없고 내년에 있다고 한 것은, 정축년(丁丑年) 축토(丑土)가 년주진토(年柱辰土)를 축진파(丑辰破)하고, 식상(食傷)인 축토(丑土)와 진토(辰土)가 파되니 식당을 수리나 개축으로 변화한다고 보기 때문이다. 그리고 년주임수(年柱壬水)와 정축년(丁丑年) 정화(丁火)가 정임합(丁壬合)되어 뿌리까지는 흔들리지 않는다고 보기 때문이다. 이사운은 보통 년월지(年月支)를 충할 때나 지살(地殺)이나 역마살(驛馬殺)이 동할 때 있는데, 정축년(丁丑年)은 정임합(丁壬合)과 축진파(丑辰破)만 있으니 가게를 수리하는 정도로 본다.

 장사가 그런대로 잘 된다고 한 것은, 대운이 갑진대운(甲辰大運)의 목방운(木方運)에 있으며, 갑술년(甲戌年)부터 정축년(丁丑年)은 신약(身弱)한 병화일간(丙火日干)에게 길운이고, 갑진대운(甲辰大運) 중에서 진토운(辰土運)으로 넘어왔으나 천간(天干)에 갑목(甲木)이 받쳐주고 있으니, 진운(辰運) 5년 동안에도 30% 정도는 작용하여 아주 나쁜 운으로 보지 않았기 때문이다.

내것은 귀격, 남의 것은 천격

■ 문철진(남자) / 음력 1964년 7월 16일 진시생(辰時生)

년　甲辰　▶ 천덕귀인, 월덕귀인, 괴강, 화개, 백호
월　辛未　▶ 천을귀인, 내록, 천살
일　庚辰　▶ 괴강, 화개
시　庚辰　▶ 괴강, 화개

　　　3　13　23　33　43　53　63
대　壬　癸　甲　乙　丙　丁　戊
운　申　酉　戌　亥　子　丑　寅

　경금일간(庚金日干)이 미월(未月)에 태어나, 월지장간(月支藏干)에 천간투출(天干透出)이 없으니 인수격(印綬格)이다. 용신(用神)은 년간갑목(年干甲木)이다. 목(木)이 용신(用神)이니 화(火)는 희신(喜神), 목(木)을 생하는 수(水)는 약신(藥神), 토금(土金)은 흉신이다.

　혹자는 천간(天干)에 경신금(庚辛金)이 왕하고, 지지(支地)가 토(土) 일색이라 전왕격(全旺格)이 아니냐고 할 것이다. 그러나 년간갑목(年干甲木)이 지지(支地)에 통근(通根)하고, 천간투출(天干透出)하여 년간갑목(年干甲木)이 가살(假殺)이 된 것이 아니라, 천간투출(天干透出)한 경금(庚金)이 토(土)에 묻혀 녹슬고 있는 것으로 보아야 한다. 또 강한 경신금(庚辛金)이 병(病)이 된 목(木)인 갑목(甲木)을 제거했으니, 전왕격(全旺格)으로 승격된 것이 아니냐고 하겠지만, 갑목(甲木)은 지지(支地)에 통근(通根)한 것이지, 경신금(庚辛金)이 통근(通根)한 것이 아니다.

처서가 지난지 7일 남짓, 경신금(庚辛金)이 녹아내릴 지경인데 물기를 머금은 진토(辰土) 흙더미 속에 파묻혀 있다. 삼복더위의 뜨거운 열기로 단단하게 굳어 파내기도 어렵다. 차라리 년상갑목(年上甲木) 대신 임수(壬水)가 투출(透出)했다면 많은 물로 진흙을 씻어내고, 경신금(庚辛金)을 제련하여 철제품으로 만들 수 있을텐데, 암석에 묻혀 있는 금(金)이라 녹물만 흘러내리고 있다.

갑목(甲木)이 토(土)를 제거하려고 하는데, 경신금(庚辛金)은 고마운 줄도 모르고 극하니 딱한 노릇이다. 이런 사주를 승격시키려면 월간(月干)에서 계수(癸水) 하나만 있어도 아쉬운대로 파격(破格)은 면할 수 있는데, 진중계수(辰中癸水)는 오히려 병(病)이 될 뿐이다.

월간계수(月干癸水)가 투출(透出)하지 못했으니, 월지장간(月支藏干) 정화(丁火)가 투출(透出)한다면 금상첨화다. 년간갑목(年干甲木)이 토(土)를 극하고, 정화(丁火)는 경신금(庚辛金)을 극하고, 년간갑목(年干甲木)이 월간정화(月干丁火)를 생하면 사주가 중화되고 승격될텐데, 월간신금(月干辛金)이 병(病)이니 부모덕이 없는 것은 당연한 일이다.

지금까지 설명한 것을 정리하면, 사주에 오행(五行)이 모두 있으나 조화를 이루지 못하고 있다. 천간(天干)은 지지(支地)를 극하지 못하고, 지지(支地)는 지장간(支藏干)의 기물을 극하지 못한 것이다. 지장간(支藏干)이 지지(支地)를 극하지 못하여 천간(天干)에서 작용하지 못하니, 천간갑목(天干甲木)과 경신금(庚辛金)이 싸워도 지장간(支藏干)에 있는 정화(丁火)가 경금(庚金)을 다스리지 못한다. 지장간(支藏干) 계수(癸水)가 경신금(庚辛金)과 갑목(甲木)이 싸우지 못하도록 금생수(金生水), 수생목(水生木)하면 좋을텐데, 정화(丁火)와 계수(癸水)는 지장간(支藏干)의 씨앗에 불과하다.

다음에 오는 운에서 화수(火水)가 오면 장간(藏干)의 씨앗이 통근(通根)되어 강하게 작용하지만, 지장간(支藏干)에 씨앗이 없으면 영향력을 미치지 못한다. 다만 천간(天干)에 병(病)이 있으면 기물이 천간(天干)으로 오는 것이 좋고, 지지(支地)에 병이 있으면 지지(支地)로 오는 것이 더 좋다. 천간(天干)과 지지(支地)는 직접적으로 영향력을 행사하지는 못하지만, 음양오행(五行)의 상생작용을 한다.

예를 들어 병이 났을 때 전문병원을 찾으면 빠르게 치료할 수 있으나, 간접적인 방법으로 치료하면 시간이 오래 걸리는 정도로 보면 된다. 천간(天干)과 지지(支地) 사이를 이것에 비교하면 이해가 빠를 것이다.

■성 격

의협심과 결단력이 있다. 고지식하며 인정이 있으나 허풍스런 면이 있다. 부모에게 받은 인자를 겸한다면 총명하고 인자하며 단정하지만 이기적이다. 학문, 문화, 예술, 종교 등에 관심이 많다.

■조상운

조상은 일지진중(日支辰中) 무토(戊土)다. 년지(年支)는 조상궁으로 길성(吉星)인 천덕귀인(天德貴人)과 월덕귀인(月德貴人)이 있으니 학였다. 백호살(白虎殺)과 괴강살이 있으니 군인, 경찰, 운동선수, 공무원 등과 관계있으며 타향에서 생활했다.

■부모운

아버지는 년간갑목(年干甲木)이다. 백호살(白虎殺)이 있고, 월지(月支)는 부모궁으로 천을귀인(天乙貴人)이 있으니 학자이나, 경신금(庚辛金)의 극을 많이 받아 일찍 돌아가셨다. 사주에 토(土)가 많으니 부모덕은 없다.

■형제운

형제성이 많으니 형제는 많다. 월지(月支)는 형제궁으로 천을귀인(天乙貴人)이 있으니 덕망이 있으나, 형제가 기신(忌神)에 해당하여 형제덕이 없다.

■부부운

처궁인 일지(日支)에 편인(偏印)이 앉아 아내를 극하니, 대운이 잘 흘러야 늦게라도 결혼할 수 있다. 재(財)는 아내를 나타내므로 아내가 없으면 돈도 없다. 편인(偏印)은 도둑이니 항상 사기 등을 조심해야 한다.

■자식운

 자식인 관(官)이 용신(用神)이라 자식덕이 있을 것 같으나, 자식궁인 시지(時支)에 자식을 극하는 토금(土金)이 많으니, 자식이 무능하거나 말년에 자식덕이 없다.

■건강운

 금토(金土)가 많은데 수목화(水木火)가 약하니 어릴 때는 위장이 나쁘고, 장년이 되어서는 간장과 심장이 나쁘다. 일주(日柱)에 괴강살이 있으니 외상 등을 조심해야 한다.

■직업운

 초년부터 부모덕이 없어 기술을 배운다. 일주(日柱)에 괴강살과 백호살(白虎殺)이 있어 대형트럭을 운전하는 것이고, 편인(偏印)이 많아 역학공부를 하는 것이다.

■재물운

 년간(年干)에 있는 재(財)를 극하지 못하게 하는 관운(官運)이나 식상운(食傷運)이 올 때 열심히 노력하면 재물이 따른다. 토금(土金)이 흉신이므로 동업은 절대금물이다.

■ 임신대운(壬申大運) 3세~12세까지

　임신대운(壬申大運)은 신유술서방금운(申酉戌西方金運)이다. 용신운(用神運)으로 흐르지 않아 나쁠 것 같으나, 통관한 용신임수(用神壬水)가 천간투출(天干透出)하여 년간갑목(年干甲木)과 경신금(庚辛金), 갑경극(甲庚剋)되는 사이에 통관시킨다. 신금(辛金)의 흉작용 속에서도 길작용을 하도록 도와주므로 대체적으로 좋다.

■ 계유대운(癸酉大運) 13세~22세까지

　임수(壬水)는 매우 신왕(身旺)한 경금(庚金)의 수기(水氣)를 100% 설기시켜 갑목(甲木)을 생했다면, 계수(癸水)는 50%밖에 설기시키지 못하니 임신대운(壬申大運) 만큼 길하다고 볼 수는 없다. 경신금(庚辛金)과 갑목(甲木) 사이에 통관한 용신(用神)이 작용하여 흉한 가운데 길하다. 계운(癸運) 5년은 무난하지만, 유운(酉運)부터는 흉작용이 커 상급학교에 진학하기 어렵다.

■ 갑술대운(甲戌大運) 23세~32세까지

　갑술대운(甲戌大運)은 편재운(偏財運)이 들어 재물복이 넘칠 것 같으나 경제적으로 어려움이 따른다. 갑술대운(甲戌大運)은 사주 전체가 천극지충(天剋支沖)되고, 월지미토(月支未土)와도 술미형(戌未刑)되니 희망과 꿈이 모두 깨진다. 타향에 나가 돈을 벌려고 노력하지만 군겁쟁재(群劫爭財)가 일어나니 돈과는 인연이 없다. 진중을목(辰中乙木)으로 힘들게 연명할 수밖에 없다.

　그리고 갑진대운(甲辰大運)에서는 호시탐탐 기회만 노리고 있던 경신금(庚辛金)이 군겁쟁재(群劫爭財)하여, 갑목편재(甲木偏財) 아버지가 돌아가시고 형제들은 치열하게 재산싸움을 벌인다. 만일 년간 갑목(年干甲木)이 지지(支地)에 통근(通根)하지 않았고, 매우 신왕(身旺)한 경신금(庚辛金)이 년간갑목(年干甲木)을 극하는데 대운에서 온 임수(壬水)와 계수(癸水)가 유통시키지 않았다면, 이 대운에서 굶어 죽었을 것이다.

■ 을해대운(乙亥大運) 33세~42세까지

을해대운(乙亥大運)의 을운(乙運) 5년은 경제적 고통이 크지만, 해운(亥運) 5년은 식신운(食神運)이라 열심히 노력하면 차차 좋아진다. 을해대운(乙亥大運)은 을경합(乙庚合)되나 투합되어 동업을 조심하고, 한 여자와 두 남자가 발목을 잡으니 조심해야 한다. 역학공부를 하게 되는 것은 술해(戌亥)가 천문(天門)이기 때문이다.

■ 병자대운(丙子大運) 43세~52세까지

기다리고 기다리던 병화(丙火)이건만, 월간신금(月干辛金)이 병신합수(丙辛合水)하여 명예훼손이나 관재구설이 따른다. 자운(子運)에는 지지진토(支地辰土)와 자진합수(子辰合水)되어 재운(財運)이 열린다.

■ 정축대운(丁丑大運) 53세~62세까지

년간(年干) 정화용신(丁火用神)이 년간갑목(年干甲木)의 생을 받아 왕한 경신금(庚辛金)을 극하고, 갑목(甲木)은 토(土)를 극하여 정화운(丁火運) 5년은 매우 좋다. 그러나 축운(丑運) 5년은 월지(月支)와 축미충(丑未沖)되고, 년일시(年日時) 진토(辰土)와 축진파(丑辰破)되어 자식이나 가정문제로 고통이 많이 따른다.

■ 무인대운(戊寅大運) 63세~72세까지

무인대운(戊寅大運)은 인묘진동방목운(寅卯辰東方木運)으로 재물과 관련있는 좋은 운이다. 지지(支地)로 들어오는 재(財)가 사주에 많은 토(土)를 극하니, 경신금(庚辛金)이 토(土)에 파묻혀 있다가 빛을 발한다. 무토운(戊土運) 5년은 년지갑목(年支甲木)과 무갑극(戊甲剋)되어 경제적인 문제가 따르지만, 갑목(甲木)이 인(寅)의 강한 뿌리를 얻어 무토(戊土)를 제거하니 길운이다.

■ 기묘대운(己卯大運) 73세~82세까지

기묘대운(己卯大運)은 대운기토(大運己土)가 년간갑목(年干甲木)과 갑기합토(甲己合土)되어 토(土)로 변하니 흉하다. 지지묘목(支地卯木)이 지지진토(支地辰土)와 지지무토(支地戊土)와 묘미합(卯未合), 묘진합목(卯辰合木)되어 많은 유산을 남긴다. 83세부터 오는 경진대운(庚辰大運)은 금토운(金土運)이라 매우 나쁘다.

이 사람은 현재 트럭운전하며 역학공부를 하고 있는데 너무 어렵다며, 역술인이 될 수 있는지와 자신의 사주가 귀격인가를 물어왔다.
사주를 살펴보니 다음과 같다. 년간편재(年干偏財)는 유동의 재(財)로 역마성(驛馬星)을 말하고, 일간경금(日干庚金)은 괴강살이다. 괴

강살은 경찰, 검찰, 운동선수 등과 같은 강한 직업과 관계있다. 승격
이나 귀격사주였다면 지금 트럭운전을 하지 않고, 사법연수원에 있
거나 군장교가 되었거나 무역회사를 운영하고 있어야 한다.

 그러나 지금 어렵다고 해서 앞으로 부자가 되지 말라는 법은 없다.
이제는 위에 열거한 직업들을 갖기는 힘들지만 부자가 될 가능성은
얼마든지 있다. 하지만 이 사주는 너무 많이 깨졌고 대운이 10년은
더 지나야 된다.

 필자가 역학계에 몸을 담고있다 보니 역학공부를 하는 사람을 많이
만나게 된다. 그런데 많은 사람들이 자신의 사주를 승격으로 착각하
고 있다. 다른 역술인에게 그렇게 들었다는 것이다. 역학을 공부하려
면 우선 마음의 중용을 찾아야 한다. 그렇지 않으면 자신의 사주를
놓고 좋은 것만을 골라 짜집기하면 얼마든지 좋은 사주로 착각할 수
있다.

 역학은 기(氣)의 학문이며 도(道)의 학문이기 때문에 마음을 비우지
않으면, 내것은 귀격이고 남의 것은 천격으로 보인다. 나는 이 사람
에게 현재의 당신 모습이 정답이라고 했다. 이왕 귀격사주 애기가 나
왔으니 몇가지 소개하기로 한다.

년 월 일 시		년 월 일 시		년 월 일 시
戊 庚 乙 壬		庚 壬 乙 戊		壬 庚 乙 戊
戌 申 卯 子		申 子 卯 戌		子 申 卯 戌

 예를 든 사주는 모두 재관인(財官印)이 있어 대운이 어디로 흘러도

사주가 중화되어 좋고, 재관인(財官印)이 건록(建祿)에 앉아 아신(我
身)의 뿌리가 튼튼하다. 오행(五行)이 골고루 있고, 자식에게까지 대
를 이어 유업을 물려주는 사주가 귀격사주다.

애인과 외국으로 도망간 여자

■ 고만숙(여자) / 음력 1961년 12월 20일 술시생(戌時生)

년 辛 丑 ▶ 금여록, 화개
월 乙 未 ▶ 고신, 귀문관살
일 壬 寅 ▶ 천주귀인, 문창귀인, 암록, 천희신, 고신, 급살
시 庚 戌 ▶ 내록, 괴강, 양차, 과숙, 반안

   10 20 30 40 50 60
대 丙 丁 戊 己 庚 辛
운 申 酉 戌 亥 子 丑

 임수일간(壬水日干)이 미월(未月)에 태어나, 월지장간(月支藏干)에서 을목(乙木)이 월간투출(月干透出)하여 상관격(傷官格)이다. 목토(木土)가 많아 신약(身弱)하므로 시간경금(時干庚金)을 용신(用神)으로 삼아 상관편인격(傷官偏印格)이다. 여자가 상관격(傷官格)이면 대흉하지만 이 경우에는 상관(傷官)이 지지(支地)에 많은 토(土)를 극하니 월간투출(月干透出)한 을목(乙木)이 희신(喜神)이다.

그러나 년간신금(年干辛金)이 을신극(乙辛剋), 시간경금(時干庚金)이 을경합(乙庚合)하여 월간투출(月干透出)한 을목상관(乙木傷官)을 너무 많이 제살(制殺)하니, 을목상관(乙木傷官)이 무력해진다. 지지(支地)에 많이 있는 축중기토(丑中己土), 미토(未土) 중의 기토(己土), 일지인중(日支寅中)의 무토(戊土), 시지술중(時支戌中)의 무토(戊土)를 월간투출(月干透出)한 을목(乙木)이 제살(制殺)하지 못하여 탁한 사주가 되었다.

상관용인격(傷官用寅格)이 파격(破格)되었으니 격을 바꿀 수밖에 없다. 월지미토(月支未土)는 축술미삼형(丑戌未三刑)에 관살혼잡(官殺混雜)되었으니, 일지인중(日支寅中) 갑목(甲木)을 용신(用神)으로 삼아 식신제살격(食神制殺格)이다. 여자는 관성(官星)이 가장 중요하므로 신왕관왕(身旺官旺)하고 맑아야 귀격사주가 된다.

■ 성 격

속이 깊고 생각이 많으며 온순하다. 착하고 인내심이 있으며 정에 약하다. 부모에게 받은 인자를 겸한다면 깐깐하고 공명정대하지만, 소심하고 소극적이며 의타심이 많다.

■ 조상운

조상은 시간경금(時干庚金)이다. 조상궁인 년지(年支)에 괴강살이 있으니 군인, 경찰, 운동선수 등과 같은 강한 직업과 관계있고, 년지(年支)에 정관(正官)과 정인(正印)이 함께 있으니 부귀했다.

■ 부모운

부모는 일지인중(日支寅中) 병화(丙火)인데 인중장생(寅中長生)에 있으니 잘 살지만, 년간신금(年干辛金)과 시간경금(時干庚金)이 혼잡되어 어머니가 두 분이다. 월간(月干)에 을목상관(乙木傷官)이 투출(透出)하여 명예가 없는 사업가이며 주색으로 망한다.

■ 형제운

형제는 년상축중(年上丑中) 계수(癸水)다. 인수(印綬)와 관(官)이 함께 있어 모두 잘 살며, 화(火)가 희신(喜神)에 해당하여 형제덕이 있다.

■ 부부운

남편은 월지미중(月支未中) 기토(己土)다. 축술미삼형(丑戌未三刑)되어 군인, 경찰, 운동선수와 같은 강한 직업과 관계있다. 일지(日支)는 남편궁으로 길성(吉星)인 천주귀인(天廚貴人)과 문창귀인(文昌貴人)이 있으니 학자다.

■ 자식운

자식은 월간을목(月干乙木)과 일지인중(日支寅中) 갑목(甲木)이다. 목(木)이 용신(用神)이며 희신(喜神)이고, 일간임수(日干壬水)의 생을 받아 잘 된다. 그러나 시상편인(時上偏印)이 투출(透出)하여 말년에는 함께 살기 어렵고, 건강하지 못한 자식이 있다.

■ 건강운

 많은 토(土)가 축술미삼형(丑戌未三刑)되니 위장병, 교통사고, 관재구설 등이 따른다. 시상경금(時上庚金)이 목(木)을 극하니 신경성질환, 저혈압, 자궁병 등이 따르고 자식의 건강에 문제가 생긴다.

■ 직업운

 신강(身强)한데 경신금(庚辛金)의 생을 받고, 또 지지(支地)에 있는 식신(食神)이 건왕하여 문화, 예술, 학술방면에 재능이 있다. 초년부터 대운이 잘 흘러주니 총명하며 공부를 잘 한다.

■ 재물운

 신강(身强)한데 식신생재격(食神生財格)이다. 인목(寅木)은 지지(支地)에 있고 인수(印綬)는 천간(天干)에 있으니 격이 좋다. 경제적인 어려움이 없으며 대운도 잘 흘러주니 좋다.

■ 병신대운(丙申大運) 10세~19세까지

 병신대운(丙申大運)은 신약(身弱)한 임수일간(壬水日干)을 생하는 운이라 좋을 것 같지만, 년간신금(年干辛金)과 병신합수(丙辛合水), 시간경금(時干庚金)과 병경극(丙庚剋), 일지인목(日支寅木)과 인신충(寅申沖)되니 부모의 변화로 정신적인 고통을 많이 받고, 건강도 좋지 않다.

■ 정유대운(丁酉大運) 20세~29세까지

정유대운(丁酉大運)은 년상신금(年上辛金)을 정신극(丁辛剋)하고,
유금(酉金)은 인수운(印綬運)이라 객지에서 공부한다. 일간임수(日
干壬水)와 정임합(丁壬合)되고, 유금(酉金)은 목욕살(沐浴殺)로 년
지(年支) 축토관성(丑土官星)과 유축합(酉丑合)되고, 시지술토(時支
戌土)와 유술합(酉戌合)되어 풍문이 따른다. 유운(酉運)에 결혼하며
경제활동을 계속한다.

■ 무술대운(戊戌大運) 30세~39세까지

무술대운(戊戌大運)은 관살혼잡(官殺混雜)에 축술미삼형(丑戌未三
刑)이 들어온다. 천간(天干)으로 관(官)이 들어오고, 지지(支地)로
축술미삼형(丑戌未三刑)이 들어와 일간임수(日干壬水)와 무임극(戊
壬剋)되고, 지지(支地)는 축술미삼형(丑戌未三刑)된다. 남편을 극하
고 다른 남자로 인한 관재구설이 따른다.

7월 삼복더위에 축 늘어져 뒹글고 있는데 여자 한 분이 찾아왔다.
명문대 의상학과를 나와 현재 의상디자이너로 활동 중이라는데 꽤
유명한 모양이다. 사주를 살펴보니 위와 같이 나왔고, 애정문제나 이
혼문제가 있을 것 같아 남편과 애인 사주를 보자고 하니 불러준다.

남편사주

■ 강찬중(남자) / 1960년 9월 17일 해시생(亥時生)

    년 戊戌 ▶ 태극귀인, 홍만성, 공망, 망신, 귀문관살
    월 丁巳 ▶ 태극귀인, 홍만성, 괴강, 화개, 귀문관살,
    일 戊戌 ▶ 태극귀인, 홍만성, 괴강, 화개, 귀문관살
    시 癸亥 ▶ 관귀학관, 고신, 급살

      5 15 25 35 45 55
    대 戊 己 庚 辛 壬 癸
    운 午 未 申 酉 戌 亥

 무토일간(戊土日干)이 사월(巳月)에 태어나, 월지장간(月支藏干)에 천간투출(天干透出)이 없으나 월간정화(月干丁火)가 간지동(干支同)하고, 천간투출(天干透出)하여 인수격(印綬格)이다. 그러나 지장간(支藏干)에 병화(丙火)가 숨어 있으니 정편인혼잡격(正偏印混雜格)으로 보아야 한다.

 일간무토(日干戊土)가 신왕(身旺)하여 재관(財官)으로 다스리는 억부용신법(抑扶用神法)이나 왕한 무토(戊土)를 설기시키는 식신생재법(食神生財法)을 써야 한다. 그러나 식상(食傷)이 지장간(支藏干)에 있어 미약하고, 시상(時上) 해중갑목(亥中甲木)으로 무토(戊土)를 다스리기는 역부족이다.

이 사주는 지장간(支藏干)에 식상(食傷)이 숨어 있지 않으면 군겁쟁재(群劫爭財)가 일어난다. 용신(用神)은 시상정재(時上正財)와 일간 무토(日干戊土) 사이에서 경신금(庚辛金)을 유통시키는 통관용신(通關用神)이지만, 경신금(庚辛金)은 지장간(支藏干)에 있고, 천지가 조열하여 초여름 가뭄이 심각하다. 지장간(支藏干) 경신금(庚辛金)은 갈증을 해소하기 위하여 뿌리깊은 시상계수(時上癸水)를 용신(用神)으로 삼아 빨리 논밭에 물을 대주어야 한다. 시상계수(時上癸水)가 용신(用神)이고 지장간(支藏干)의 경신금(庚辛金)은 희신(喜神)이다. 금수목운(金水木運)은 길하고 화토운(火土運)은 흉하다.

■성 격

온화하고 착실하며 야무지고 겸손하다. 성실하고 인기가 있으며 주관이 뚜렷하고 활동적이다. 부모에게 받은 인자를 겸한다면 학문과 명예를 소중히 한다. 지성적이고 온화하며 자비심이 있다.

■조상운

조상은 월지장간(月支藏干) 병화(丙火)다. 조상궁인 년지(年支)에 괴강살과 태극귀인(太極貴人)이 있어 군인, 경찰, 운동선수 등과 같은 직업과 관계있고, 화개살(華蓋殺)이 있어 고향을 지키며 살았다.

■부모운

아버지는 시지해중(時支亥中) 임수(壬水)다. 어머니성이 많으니 어머니가 두 분이다. 부모궁인 월지(月支)가 사왕지(四旺支)에 해당하여 부모덕이 없고 자수성가할 명이다.

■ 형제운

형제성이 많아 형제가 많으며 모두 잘 산다. 그러나 형제가 기신(忌神)에 해당하여 형제덕이 없다.

■ 부부운

재(財)가 용신(用神)이라 처덕이 있다. 시지(時支)에 재성(財星)이 강하게 있고, 대운에서도 재운(財運)이 늦게 들어오니, 늦게 큰 부자가 된다. 시간계수(時干癸水)가 년상무토(年上戊土), 일간무토(日干戊土)와 투합되니 동업이나 금전거래 등은 피하는 것이 좋다.

■ 자식운

자식은 시지해수(時支亥水)와 장간갑목(藏干甲木)인데, 시지해수(時支亥水)의 장생궁(長生宮)에 있으니 말년에는 자식이 잘 된다. 목(木)이 재(財)를 구해주는 약신(藥神)에 해당하여 자식덕이 있다.

■ 건강운

금목(金木)이 약하니 기관지, 폐, 장, 간, 신경쇠약 등이 염려되고, 일주(日柱)에 괴강살이 있으니 교통사고 등 외상을 조심해야 한다.

■ 직업운

재(財)가 용신(用神)이므로 수산업, 무역업, 금융업 등이 길하다.

■ 재물운

 일간(日干)이 강한데 재(財)도 왕하니 재물복이 많다. 대운이 잘 따라주면 무역업, 금융업, 서비스업 등으로 크게 성공한다.

■ 무오대운(戊午大運) 5세~14세까지

 앞에서 설명했지만 대운을 보기 전에 먼저 사주의 승격여부와 용신(用神)이 건왕한가를 살펴야 한다. 사주가 좋으면 나쁜 운이 와도 나쁜 사주의 좋은 운보다 좋다는 것을 명심하기 바란다. 무오대운(戊午大運)은 나쁜 운이나 인수운(印綬運)이기 때문에 공부할 수 있다.

■ 기미대운(己未大運) 15세~24세까지

 기미대운(己未大運)은 시간(時干) 계수용신(癸水用神)을 극하여 아주 나쁘다. 년지술토(年支戌土)와 일지술토(日支戌土)를 술미형(戌未刑)하니, 이 운에서 부모를 잃고 어렵게 공부한다.

■ 경신대운(庚申大運) 25세~34세까지

 경신대운(庚申大運)은 식신운(食神運)인데 시상(時上)에 있는 재(財)를 생하니, 열심히 노력하여 경제적으로 안정된다. 이 운에서 결혼한다.

■ 신유대운(辛酉大運) 35세~44세까지

 신유대운(辛酉大運)은 기다리던 금수운(金水運)이라 좋을 것 같으나 매우 나쁘다. 대운은 방(方)으로만 작용하는 것이 아니라 형충파

극합(刑沖破剋合)에 따라 길흉이 결정되고, 용신운(用神運)이라도 다른 오행(五行)으로 변하면, 변한 오행(五行)의 작용이 더 강하다.

대운신금(大運辛金)은 월간정화(月干丁火)를 정신극(丁辛剋)하고, 지지유금(支地酉金)은 년지술토(年支戌土)와 유술합금(酉戌合金), 월지사화(月支巳火)와 사유합금(巳酉合金), 일지술토(日支戌土)와 유술합금(酉戌合金)되니 지지(支地)가 모두 금국(金局)이다. 월상정화(月上丁火) 뿌리가 변심하여 정화(丁火)가 무력해진다.

일지술토(日支戌土)는 처궁인데, 처가 변심하여 년상무토(年上戊土)의 뿌리인 술토(戌土)와 합되어 천간(天干)으로 투합되니, 지금까지 남편을 존경하며 따르던 년지계수(年支癸水)가 지지(支地)와 강한 금국(金局)의 힘을 받아, 계수(癸水) 아내가 매우 신왕(身旺)해진다. 강한 힘으로 받쳐주던 사람들이 모두 뿌리가 변하여 천간(天干)을 설기하니, 무능해져 끼있는 아내를 감당하지 못하여 아내가 바람을 피운다.

여자 임인일주(壬寅日柱)는 일지(日支)에 식신(食神)을 깔고 앉아 있어니 생식본능이 발달했고, 관(官)이 많아 관살혼잡(官殺混雜)되었어 가정생활이 원만하지 못하다. 월지미토(月支未土) 남편과 일지인(日支寅)은 귀문관살(鬼門關殺)이기 때문에 남편에게 정신질환이 따른다. 또 일지(日支)에 있는 고신살(孤身殺)과 시지(時支)에 있는 괴강살, 양차살(陽差殺), 과숙살(寡宿殺)은 흉살이다. 남편의 사업실패와 말년에 혼자 외롭게 살게 될 것을 암시한다.

남자 사주도 시상계수(時上癸水) 아내가 년상무토(年上戊土)와 일간무토(日干戊土)가 계수합(癸水合)되어 외간남자를 불러들일 것을

암시한다. 월지정화(月支丁火) 시부모와 정계극(丁癸剋)되고, 월지
사화(月支巳火)와 일지술토(日支戌土)에 사술귀문관살(巳戌鬼門關
殺)과 원진살(怨嗔殺)이 있으니 시부모와의 불화를 암시한다. 본인
의 처궁에도 귀문관살(鬼門關殺)이 있고, 시간계수(時干癸水) 아내
에게는 고신살(孤身殺)이 있으니 말년에 외롭게 지낸다.

여자는 정유대운(丁酉大運)에서 일간임수(日干壬水)와 대운정화(大
運丁火)가 정임합(丁壬合)으로 유정지합(有情之合)되고, 대운의 지
지유금(支地酉金)은 목욕살(沐浴殺)로 년지축토(年支丑土) 남자와
유축합(酉丑合)되고, 시지술토(時支戌土) 남자와 유술합(酉戌合)되
어 애인이 많다는 것을 알 수 있다. 유운(酉運)에서는 현재 남편인 무
술(戊戌) 괴강을 차고 있으니 건장하고, 무계합(戊癸合)되어 다정다
감하며 매력적이다.

정유대운(丁酉大運)의 유금(酉金)은 어머니를 나타내므로 부모의
뜻을 따라 결혼하지만 시부모와 갈등이 많다. 무계합(戊癸合)은 무정
지합(無情支合)이므로 냉정하고, 부부궁에 있는 원진살(怨嗔殺)과
귀문관살(鬼門關殺)이 있으니 속궁합이 맞지 않아 부부간에 성적인
불만도 따른다.

무토(戊土)가 용신(用神)인 경신금(庚辛金)을 생하는 희신(喜神)인
것 같으나, 경신금(庚辛金)을 생하기 전에 뿌리가 약한 임수일간(壬
水日干)을 먼저 무임극(戊壬剋)하니 정신적인 스트레스를 많이 받는
다. 여자는 관살혼잡(官殺混雜)에 식신(食神)이 있으니 생식기능이
발달했고, 미모까지 갖추고 있어 남자들의 추파를 많이 받는다.

남자는 무술(戊戌) 괴강이 의미하듯이 성격이 강한데, 무정지합(無

情支合)에 원진살(怨嗔殺)과 귀문관살(鬼門關殺)이 있으니 아내에게 관대하지만 의처증이 있다. 부모인 월지사화(月支巳火)가 정임합(丁壬合)되어 시어머니의 마음에 들어 결혼했으나, 이미 사주에서 고부간의 갈등을 암시하고 있다.

애인사주

■ 박인철(남자) / 음력 1950년 7월 2일 인시생(寅時生)

년 庚寅 ▶ 태극귀인, 관귀학관, 내록, 월덕귀인, 지살
월 辛巳 ▶ 문곡귀인, 학당귀인, 암록, 천덕귀인, 황은대사,
　　　　　 고신, 망신
일 庚戌 ▶ 금여록, 월덕귀인, 홍만성, 괴강, 홍염, 화개
시 戊寅 ▶ 태극귀인, 관귀학관, 지살

　　　7　17　27　37　47　57
대　壬　癸　甲　乙　丙　丁
운　午　未　申　酉　戌　亥

　경금일간(庚金日干)이 사월(巳月)에 태어나, 월지장간(月支藏干) 무토(戊土)가 시간투출(時干透出)하여 편인격(偏印格)이다. 신약(身弱)하지만 천간(天干)에 있는 비겁(比劫)이 월지사화(月支巳火)에

장생(長生)되고, 일지술토(日支戌土)에 통근(通根)하고, 시간편인
(時干偏印)이 일지술토(日支戌土)에 통근(通根)하여 생하니 신강(身
强)해졌다.

 월지장간(月支藏干) 병화(丙火)를 용신(用神)으로 삼으니 목(木)이
희신(喜神)이다. 수(水)는 강한 금기(金氣)를 설기시켜 목(木)을 생
해주는 통관용신(通關用神)이라 무난하고, 사주가 너무 조열하여 조
후용신(調候用神)을 겸한다. 수목화운(水木火運)은 길하고 금토운
(金土運)은 흉하다.

■성 격

 대장부다운 기질에 결단력, 정의감, 의협심, 희생정신이 있다. 그러
나 자신을 과신하며 허풍스런 면이 있다. 부모에게 받은 인자를 겸한
다면 책임감, 결단력, 권위의식, 명예욕, 침착함, 용감함, 태연함, 강
인함, 충직함 등이 있다.

■조상운

 조상은 시간무토(時干戊土)인데 장생지(長生支)에 앉아 있고, 조상
궁인 년지(年支)에 태극귀인(太極貴人), 관귀학관(官貴學官), 월덕
귀인(月德貴人) 등의 길성(吉星)이 있으니 잘 살았다.

■부모운

 아버지는 년지장간(年支藏干) 갑목(甲木)이다. 부모궁인 월지(月
支)에 길성(吉星)인 문곡귀인(文曲貴人), 학당귀인(學堂貴人), 천덕

귀인(天德貴人), 황은대사(皇恩大士) 등이 있으니 잘 살지만, 어머니 성이 많으니 어머니가 두 분이다.

■ 형제운

형제성이 많으니 형제가 많다. 월지(月支)는 형제궁으로 문곡귀인(文曲貴人), 학당귀인(學堂貴人), 천덕귀인(天德貴人), 황은대사(皇恩大士) 등이 있어 모두 잘 살지만, 금(金)이 기신(忌神)이라 형제덕이 없다.

■ 부부운

아내는 시지인중(時支寅中) 갑목(甲木)이다. 목(木)이 희신(喜神)에 해당하여 처덕이 있다.

■ 자식운

자식은 월지사중(月支巳中) 병화(丙火)다. 병화(丙火)가 자식궁인 시지(時支)에서 장생(長生)되었으니 자식들이 잘 되며, 화(火)가 용신(用神)이라 자식덕이 있다.

■ 건강운

지지(支地)가 인사형(寅巳刑)되고, 형제와 아내와 자식이 모두 인사신삼형(寅巳申三刑)에 들어있으니 교통사고, 불조심, 외형사고, 폭력 등으로 인한 관재구설이 따른다.

■ 직업운

금(金)이 화목(火木)을 합하니 전기, 건축, 인테리어 등과 관계있다. 그리고 사화(巳火)의 지살(地殺)과 역마살(驛馬殺)은 길거리를 나타내고, 무토(戊土)는 눈치를 나타내고, 목(木)은 의상을 나타내고, 금(金)은 자동차를 나타내므로 포목점, 중개업, 사채놀이 등과 인연이 있다.

■ 재물운

수(水)와 식상(食傷)이 없으니 투기성 사업에 관심이 많다. 노력하는 사람이 아니다.

■ 임오대운(壬午大運) 7세~16세까지

임오대운(壬午大運)은 경제적인 어려움이 없고, 공부를 열심히 하는 좋은 운이다.

■ 계미대운(癸未大運) 17세~26세까지

계미대운(癸未大運)은 사오미화방(巳午未火方)이라 무난하게 대학 공부까지 한다. 미토(未土)는 용신운(用神運)으로 볼 수 없다. 토(土)의 작용이 더 강하여 일지술토(日支戌土)를 술미형(戌未刑)하니, 가정에 변화가 생겨 어려움을 겪는다.

■ 갑신대운(甲申大運) 27세~36세까지

갑신대운(甲申大運)은 신유술서방금운(申酉戌西方金運)이라 나쁘다. 갑목운(甲木運) 5년은 재운(財運)이라 이 운에서 결혼하고 직장 생활을 하지만, 갑목(甲木)이 절지(絶支)에 있어 경제적으로 도움이 되지 못한다. 신운(申運)은 사주에 인사형(寅巳刑)이 있는데, 또 인 사신삼형(寅巳申三刑)이 들어온다. 부모, 형제, 아내, 자식이 모두 교 통사고나 경제적인 문제로 다툼이 따르니 가정풍파가 많다. 부부가 별거하거나 사별한다.

■ 을유대운(乙酉大運) 37세~46세까지

 을유대운(乙酉大運)은 신유술서방금운(申酉戌西方金運)이라 경제 적인 어려움이 많다. 년간경금(年干庚金)과 일간경금(日干庚金)이 을경투합(乙庚透合)되고, 유금(酉金)이 일지술토(日支戌土)와 유술 합(酉戌合)되어 유부녀를 애인으로 삼는다.

 경금일간(庚金日干)은 갑신대운(甲申大運)에서 결혼한다. 그러나 인사신삼형(寅巳申三刑)되어 아내의 교통사고나 병으로 사별하거나 경금일간(庚金日干)의 무능함으로 이혼한다. 을유대운(乙酉大運)에 서 년간경금(年干庚金)과 투합되니 임자있는 여자와 인연이 있다. 그 때가 경오년(庚午年)인데 경오년(庚午年) 경금(庚金)은 비견(比肩) 이고, 오화(午火)는 년지인목(年支寅木)과 시지인목(時支寅木)을 일 지술토(日支戌土)와 인오술삼합(寅午戌三合)하여 처궁으로 당겨오 는 해다.
 여자는 지지(支地)에 관(官)이 많은데 정관(正官)이 축술미삼형(丑 戌未三刑)되어 가정문제가 생기고, 일지(日支)에 식신(食神)을 깔고 있어 건강과 미모를 갖추었다. 일지(日支)에 무토(戊土) 남자를 감추고 있으니, 남편 몰래 시지술토(時支戌土) 남자를 일지(日支)로 불러들여 이중생활을 한다. 경오년(庚午年)에 오화도화살(午火桃花殺)이 인오술삼합(寅午戌三合)되어 불러들이는 것이다.

여자는 신약(身弱)한 임수일간(壬水日干)인데, 남편은 신왕(身旺)한 무토일간(戊土日干)이라 임수(壬水)를 강하게 극하고, 신왕(身旺)한 경금일간(庚金日干)은 신약(身弱)한 임수일간(壬水日干)을 생해주니 어머니처럼 편안하게 의지할 수 있어 남편보다 더 좋아지는 것은 당연하다.

그러나 애인인 경금(庚金)은 화왕절(火旺節)에 태어났으니 쓸모없는 금(金)이다. 좋은 제품이 되려면 잘 제련해야 되는데, 안타깝게도 사주에 물이 한방울도 없다. 그런데 여자의 일간(日干)이 임수(壬水)이니 두 사람이 서로 필요한 일간(日干)을 만난 것이다.

여자는 목(木)의 의상디자이너가 되어 자립능력이 있다. 정축년(丁丑年)은 임수일간(壬水日干)이 년지신금(年支辛金)을 정신극(丁辛剋)하여 객지를 떠돌게 되고, 정임합(丁壬合)으로 유정지합(有情之合)되어 애정관계가 있으며, 정축년(丁丑年) 축토(丑土)는 남편과 축술미삼형(丑戌未三刑)되어 애인문제로 관재구설이 따르고, 고진살(孤嗔殺)과 과숙살(寡宿殺)이 있으니 말년에 고독하다.

헤어지겠소

■ 고인철(남자) / 음력 1972년 7월 20일 자시생(子時生)

    년 壬子 ▶ 장생
    월 庚戌 ▶ 태극귀인, 괴강, 고신
    일 戊戌 ▶ 태극귀인, 괴강, 고신
    시 壬子 ▶ 장생

        1 11 21 31 41 51
    대 辛 壬 癸 甲 乙 丙
    운 亥 子 丑 寅 卯 辰

무토일간(戊土日干)이 술월(戌月)에 태어나, 월지장간(月支藏干)에서 천간투출(天干透出)이 없으니 월지(月支)에서 격을 잡아야 되는데, 같은 오행(五行)은 격을 잡을 수 없다. 월간경금(月干庚金)이 월지(月支)에 통근(通根)하여 투출(透出)하므로 식신생재격(食神生財格)이다. 일간무토(日干戊土)가 월령(月令)하고, 일지(日支)에 괴강이 있고, 신왕재왕(身旺財旺)하여 재물복이 많다. 또한 월상경술(月

上庚戌)이 희신(喜神)에 해당하여 부모덕이 많다. 유산도 많이 물려받는다.

■성 격

배짱이 있고 고집이 강하다. 의협심과 의리가 있고 자기주장이 강하며 인자하다. 부모에게 받은 인자를 겸한다면 부지런하며 겸손하다. 속이 깊고 이해심과 포용력이 있다. 문화, 예술, 학술에 재능이 있다.

■조상운

조상은 월지장간(月支藏干) 정화(丁火)다. 조상궁인 년지(年支)에 장생(長生)과 편재(偏財)가 있으니 군인, 경찰, 운동선수, 공무원 등과 관계있으며 부귀했다.

■부모운

아버지는 년상임수(年上壬水)다. 부모궁인 월지(月支)에 태극귀인(太極貴人)과 괴강이 있고, 용신(用神)인 식신(食神)이 월간투출(月干透出)하니 군인, 경찰, 운동선수, 공무원 등으로 부모덕이 많다.

■형제운

형제성이 많으니 형제가 많다. 모두 잘 살며 형제덕이 있다.

■부부운

재왕신왕(財旺身旺)하니 처덕이 있다.

■ 자식운

 자식성인 목(木)은 나타나있지 않으나 재왕(財旺)하니 자식이 많다. 자식궁인 시지(時支)에 장생(長生)이 있으니 모두 잘 된다.

■ 건강운

 신왕(身旺)한데 식상(食傷)과 재(財)가 왕하여 삼상격사주(三上格四柱)다. 대체적으로 건강하지만, 괴강살이 있으니 교통사고 등의 외상을 조심해야 한다.

■ 직업운

 식신생재격(食神生財格)이므로 무역업, 금속업, 금융업, 의식주와 관계된 사업으로 나가면 길하다.

■ 재물운

 편재(偏財)가 왕하니 재물복이 많고, 부모의 유업을 확장시킨다.

■ 신해대운(辛亥大運) 10세까지

 신해대운(辛亥大運)은 식신생재격(食神生財格)인데, 해자축북방(亥子丑北方)이며 재운(財運)이라 부러울 것 없이 잘 지낸다.

■ 임자대운(壬子大運) 11세~20세까지

 임자대운(壬子大運)은 일간무토(日干戊土)와 무임극(戊壬剋)되어 부모의 건강이 나빠질 수도 있으나, 월간경금(月干庚金)이 토생금

(土生金), 금생수(金生水)하여 부모의 사업이 확장된다. 부모덕으로 잘 지내며 공부도 잘 하여 명문대에 입학한다.

■ 계축대운(癸丑大運) 21세~30세까지

계축대운(癸丑大運)은 일간무토(日干戊土)와 무계합(戊癸合)되고, 축토(丑土)는 일지술토(日支戌土)에 축술형(丑戌刑)되어 형제간에 금전적인 문제가 생긴다. 결혼은 일지(日支) 처궁과 축술형(丑戌刑) 되어 어려움이 많을 것 같으나, 년시지(年時支) 자수(子水)가 자축합 토(子丑合土)되어 축술형(丑戌刑)을 막아주니 무난하게 넘긴다. 그러나 비겁(比劫)이 많으니 부모의 유업으로 말썽이 생긴다. 무토일간 (戊土日干)이 년지(年支)가 묘지(墓支)이고, 월지(月支)가 묘고(墓庫)되면 장남으로 고향을 지키며 산다.

■ 갑인대운(甲寅大運) 31세~40세까지

갑인대운(甲寅大運)에서는 사주에 없는 목(木)이 들어와 일간무토 (日干戊土)와 무갑극(戊甲剋)되고, 용신경금(用神庚金)과 갑경극(甲庚剋)되어 나쁠 것 같으나, 왕한 재(財)가 유통시켜 재생관(財生官)되니 명예를 얻고 자식도 잘 된다. 무술(戊戌) 괴강살이 있고 월령(月令)하여 건왕하므로 관운(官運)이 좋다.

젊은 처녀 총각이 다정하게 손을 잡고 찾아와 궁합을 봐달라는 것이다. 사주를 살펴보고 있는 중에도 손을 놓지 못하고 있다.

여자사주

■ 김일순(여자) / 1973년 2월 4일 오시생(午時生)

　　년　癸丑 ▶ 천을귀인, 화개, 백호
　　월　丙辰 ▶ 천살, 공망, 백호
　　일　庚子 ▶ 육해
　　시　壬午 ▶ 천을귀인, 월덕귀인, 도화, 원진, 귀문관살

　　　1　11　21　31　41　51
　대　丁　戊　己　庚　辛　壬
　운　巳　午　未　申　酉　戌

　경금일간(庚金日干)이 진월(辰月)에 태어나, 월지장간(月支藏干)에서 계수(癸水)가 년간투출(年干透出)하여 상관격(傷官格)이다. 경금일간(庚金日干)이 월지(月支)에서 득령(得令)했으나, 경금(庚金)을 설기하는 식상(食傷)과 극하는 관살(官殺)이 많아 신약사주(身弱四柱)가 되었다. 월지진중(月支辰中) 무토(戊土)가 용신(用神)이니 화(火)는 희신(喜神), 목(木)은 기신(忌神), 수(水)는 구신(仇神)이다.
　안타깝다. 저토록 다정한데 아가씨 사주가 너무 많이 깨졌다. 여자 사주에서 가장 중요한 것은 신강(身強)이나 신약(身弱)이 아니라, 관(官)이 왕하여 재(財)가 희신(喜神)에 해당해야 부귀하다. 그런데 시지오화(時支午火) 정관(正官)은 도화살(桃花殺)이고, 일지(日支)에

는 남편을 극하는 상관(傷官)이 있어 시지오화(時支午火) 남편을 자오충(子午沖)하며 극까지 한다.

월상(月上) 병화편관(丙火偏官)도 년지(年支) 계수상관(癸水傷官)과 시간임수(時干壬水)와 병임극(丙壬剋)되어, 남자란 남자는 모두 깨졌다. 남자는 신왕사주(身旺四柱)에 재(財)가 혼잡되고, 여자는 관오화(官午火) 도화살(桃花殺)에 일지상관(日支傷官)이 있으니 두 사람 모두 잘 생겼다.

■성 격

냉정하지만 인정이 있다. 상냥하고 친절하며 풍류적이다. 문화, 예술, 학술방면에 재능이 있으며 사회활동을 많이 한다. 부모에게 받은 인자를 겸한다면 인기가 있고 눈치가 빠르지만 끈기가 부족하다. 매사에 한쪽으로 치우치며 부정적이라 원만하지 못하다.

■조상운

조상은 월지장간(月支藏干) 무토(戊土)다. 조상궁인 년지(年支)에 천을귀인(天乙貴人)이 있어 학자였으나, 주색파이며 처첩이 많았다.

■부모운

아버지는 월지장간(月支藏干) 을목(乙木)이다. 년지축토(年支丑土)와 월지진토(月支辰土)가 오중기토(午中己土)되어 어머니가 두 분이지만, 경금일간(庚金日干)이 부모궁인 월지(月支)에 통근(通根)하고, 토(土)가 용신(用神)이라 부모덕이 있다.

■ 형제운

형제는 년지오중(年支午中)의 장간신금(藏干辛金)이다. 형제궁인 월지(月支)가 공망(空亡)되고, 경신금(庚辛金)이 기신(忌神)인 식상(食傷)을 생하니 형제덕이 없다.

■ 부부운

남편인 관(官)이 희신(喜神)에 해당하여 남편복이 있을 것 같으나, 관(官)이 모두 깨지고 남편궁인 일지(日支)에 상관(傷官)이 있으니 백년해로는 어렵다.

■ 자식운

자식은 임계수(壬癸水)다. 시지(時支)는 자식궁으로 목욕지(沐浴支)에 해당하고 도화살(桃花殺)이 있으니 주색을 즐긴다. 수(水)가 기신(忌神)이라 자식복이 없다.

■ 건강운

화(火)가 극을 많이 당하니 심장이 약하고, 목(木)이 없으니 간과 눈이 나쁘고, 백호살(白虎殺)과 충파(沖破)가 있으니 교통사고 등의 외상이 따른다. 말년에는 도화병(桃花炳)을 조심해야 한다.

■ 직업운

식상(食傷)이 왕한데 화목(火木)은 약하니 음식업, 주류업, 여관업 등으로 나가면 길하다.

■ 재물운

 남편궁이 깨져 혼자 살아야 하니 어려움이 많다. 그러나 재(財)가 고
(庫)에 있으니 알뜰하며 계획적으로 생활한다.

■ 정사대운(丁巳大運) 10세까지

 편인용신(偏印用神)인데 정사대운(丁巳大運)이 관운(官運)이고, 사
오미남방화운(巳午未南方火運)이라 길할 것 같다. 그러나 년지계수
(年支癸水)와 시지임수(時支壬水)가 합극(合剋)되어 심장병과 경기
를 자주 일으킨다.

■ 무오대운(戊午大運) 11세~20세까지

 무오대운(戊午大運)은 병(病)인 임계수(壬癸水)를 대운무토(大運戊
土)가 무계합(戊癸合), 무임극(戊壬剋)하니 격이 맑아져 공부를 잘
한다. 년지축토(年支丑土) 친어머니와 대운오화(大運午火)가 축오탕
화살 (丑午湯火殺), 원진살(怨嗔殺), 귀문관살(鬼門關殺), 도화살(桃
花殺), 목욕(沐浴) 등과 함께 있고, 계축(癸丑)이 백호살(白虎殺)이
다. 부모에게 변화가 따르고 경금일간(庚金日干)도 애인이 생긴다.

■ 기미대운(己未大運) 21세~30세까지

 기미대운(己未大運)은 년지계축(年支癸丑)을 천극지충(天剋支沖)
하니, 가정에 변화가 생겨 객지로 나가 공부한다. 시지오화(時支午
火) 관(官)과 오미합(午未合)되어 이 운에서 결혼한다. 대체적으로
좋은 운이다.

■ 경신대운(庚申大運) 31세~40세까지

 경신대운(庚申大運)은 월간병화(月干丙火)와 병경극(丙庚剋)되고, 지지신금(支地申金)은 월지진토(月支辰土)와 일지자수(日支子水)와 신자진삼합(申子辰三合)되어 수(水)가 강력해지니, 시지오화(時支午火) 관(官)을 자오충(子午沖)하여 병진백호살(丙辰白虎殺)에서 남편과 사별한다. 이 대운이 지나갈 때까지 10년 동안은 고생을 각오해야 한다.

■ 신유대운(辛酉大運) 41세~50세까지

 신유대운(辛酉大運)은 월간병화(月干丙火) 관(官)과 병신합(丙辛合)되어 재혼하는 운이다. 대운의 지지유금(支地酉金)이 월지진토(月支辰土)와 유진합금(酉辰合金), 년지축토(年支丑土)와 유축합금(酉丑合金)되어 임자있는 남자의 첩살이를 한다.

■ 임술대운(壬戌大運) 51세~60세까지

 임술대운(壬戌大運)은 월간병화(月干丙火) 관(官)을 병임극(丙壬剋)하니 살던 남자와 헤어지고, 대운의 지지무토(支地戊土)가 시지오화(時支午火)와 오술합(午戌合)되어 재혼한다.

 두 사람은 96년 8월 경에 만나 교제해 왔는데, 남자쪽 부모의 강력한 반대에 부딪쳐 어려운 입장에 있다고 한다. 남자의 어머니가 다른 여자를 소개한다고 보여 두 사람은 결혼하기가 어렵겠다고 하니, 자기 사주가 나빠서 그러냐고 아가씨가 묻는다. 사주가 나쁜 것이 아니라 남자의 어머니가 다른 곳에 가서 궁합을 물어보면, 보는 방법에 따라 나쁘게 나올 수도 있기 때문이다. 그러나 남자는 궁합이 나빠도 여자를 사랑한다고 한다.

 여자 경금일간(庚金日干)은 월간병화(月干丙火)가 관성(官星) 남편이다. 관(官)이 오는 운이거나 관(官)이 합되거나 일지(日支) 남편궁이 합되면 남자가 생긴다. 병화(丙火)와 자진합(子辰合)되어 일지(日支)로 당겨온 상태인데, 병자년(丙子年)은 관(官)을 보는 해이고, 남자도 재(財)를 보는 해다. 자수(子水)가 재(財)다.

 여자는 자진합(子辰合)되고, 남자는 암합(暗合)되었으니 남자보다 여자가 더 좋아한다. 남자는 년시지(年時支) 자수(子水)가 신왕(身旺)하니 적극적인 여자가 두 명이나 있다. 정축년(丁丑年)에 여자 하나가 더 들어와 두 여자인 임수(壬水)를 정임합(丁壬合), 자축합(子丑合)하여 천덕지합(天德支合)되고, 정축년(丁丑年) 정화(丁火)는 남자의 어머니인데, 어머니가 마음에 드는 여자를 데리고 온다.

 월지(月支)는 부모궁으로 일지술토(日支戌土) 처궁을 축술형(丑戌刑)하니, 부모가 반대하거나 본인이 다른 여자에게 관심을 갖는다. 대운계축(大運癸丑)이 일간무토(日干戊土)와 무계합(戊癸合)되고, 축토(丑土)는 년시지(年時支) 자수(子水)와 자축(子丑)으로 투합되니, 월일지(月日支) 무토(戊土)가 축술형(丑戌刑)되어 많은 여자들과 어울리지만 결혼할 생각은 하지 않는다. 또한 정축년(丁丑年)의 정화(丁火) 어머니는 대운계수(大運癸水)가 일간무토(日干戊土)와 무계합(戊癸合)되는 것을 정계극(丁癸剋)하여 방해한다.

여자의 월간병화(月干丙火)를 임계수(壬癸水)가 심하게 극하니, 뿌리가 약한 병화관(丙火官)이 뿌리인 오화(午火)를 일지자수(日支子水)로 자오충(子午沖)하고 극하여 남편궁이 좋지 않다. 시지오화(時支午火)에는 원진살(怨嗔殺), 귀문관살(鬼門關殺), 목욕살(沐浴殺), 도화살(桃花殺)까지 있다. 시지(時支)에 있는 도화살(桃花殺)은 울밖에 핀 꽃이라 말년에 문란한 생활을 한다.

병자년(丙子年)은 경금일간(庚金日干)에게 남자인데, 병진토(丙辰土)와 일지자수(日支子水)가 자진합(子辰合)되어 인자가 발동한다. 정축년(丁丑年)은 일지자수(日支子水)와 자축합(子丑合)되어, 병화(丙火)를 편관(偏官) 남자친구라고 본다면, 정화(丁火)는 정관(正官)인 남편으로 남편궁에 안착시키려는 해다.

그러나 정화(丁火) 남편을 년지계수(年支癸水)가 정계극(丁癸剋)하고, 시지임수(時支壬水)가 정임합(丁壬合)으로 당기고 있으니 뜻을 이룰 수 없다. 년간계수(年干癸水)가 극되면 인사이동, 객지생활, 여행 등이 따르니 12월 계축월(癸丑月)에 가슴아픈 이별이 있다. 어쨌든 여자 사주가 많이 깨졌으나 관(官)이 도화살(桃花殺)이라 남자가 많이 따르고, 자오충(子午沖)되어 남성편력이 대단하다.

마음을 비우지 못했군요

■ 김희택(남자) / 음력 1950년 4월 15일 진시생(辰時生)

년 庚寅 ▶ 천주귀인, 문창귀인, 암록, 천의성, 지살
월 己卯 ▶ 천을귀인, 도화
일 壬戌 ▶ 내록, 낙정관살, 괴강, 양차, 백호, 화개
시 甲辰 ▶ 백호, 월덕귀인, 괴강, 양차, 고신

　　　3　13　23　33　43　53　63
대　庚　辛　壬　癸　甲　乙　丙
운　辰　巳　午　未　申　酉　戌

　임수일간(壬水日干)이 묘월(卯月)에 태어나, 자묘유(子卯酉)는 장간(藏干)에 잡기가 없으니 암장간(暗藏干)의 투간여부를 불문하고 정기(正氣)로 보아 수목상관격(水木傷官格)이다. 상관(傷官)은 일간(日干)을 도기하고 약화시켜 수명을 줄이고, 관성(官星)을 파극(破剋)하여 녹을 먹지 못하게 하는 흉살이다.

　상관격사주(傷官格四柱)인데 관(官)이 병(病)이 되어 파격(破格)이

나, 상관(傷官)을 일지술토(日支戌土)가 묘술합(卯戌合)으로 묶어 흉작용을 하지 못하게 하고, 살지(殺支)에서 파격(破格)된 기토관성(己土官星)을 시간갑목(時干甲木)이 갑기합(甲己合)하여 탁한 사주가 맑아졌다.

그러나 식상(食傷)과 관(官)이 많아 매우 신약(身弱)하므로 인성(印星)이 용신(用神)이다. 년간경금(年干庚金)이 살지(殺支)에 앉아 용신(用神)으로는 부적합하지만, 양간(陽干)은 종(從)을 잘 하지 못한다. 약하나마 용신경금(用神庚金)과 임수일간(壬水日干)이 일시지(日時支)에 통근(通根)하고, 인묘진방합(寅卯辰方合)에 갑목(甲木)까지 투출(透出)하여 종(從)을 하지 못하니, 년상경금(年上庚金)을 용신(用神)으로 삼아 제살태과(制殺太過) 용인격(用印格)이다.

경금(庚金)이 용신(用神)이니 토(土)를 희신(喜神)으로 보아야 하지만, 일간임수(日干壬水)가 매우 신약(身弱)하므로 희신(喜神)이 되지 못한다. 화(火)는 기신(忌神), 수(水)는 약신(藥神), 목(木)은 구신(仇神)이다. 이 사람은 년간(年干)에 편인(偏印)이 있으니 초년에 일찍 고향을 떠나거나, 어릴 때 남의 손에서 자란다.

■성 격

임수(壬水)는 큰 물을 상징하며 정신이나 지혜를 나타낸다. 창조적인 사색과 지기심원한 것이 본성이다. 그러나 2월 임수(壬水)로 태어나 매우 신약(身弱)하며 소심하다. 월지상관격(月支傷官格)의 특징인 반역정신이 농후하고 기고만장하며 오만불손하여 남을 무시하므로 오해, 비방, 반대, 방해, 실추, 소송 등을 잘 일으킨다.

■ 조상운

조상은 년상경금(年上庚金)이다. 절지(絶支)에 앉아 있고 목(木)이 많으니 부유했으나, 재(財)가 많아 주색을 즐기니 선부후빈(先富後貧)하였다. 조상궁인 년지(年支)에 천주귀인(天廚貴人), 문창귀인(文昌貴人), 암록(暗祿), 천의성(天醫星) 등의 길성(吉星)이 있으니 학자였다.

■ 부모운

아버지는 년지인중(年支寅中) 병화(丙火)다. 월지(月支)는 부모궁으로 도화살(桃花殺)이 있고, 아버지 입장에서 볼 때 년간경금(年干庚金), 일지술토(日支戌土), 장간신금(藏干辛金)이 있으니 아내가 둘이다. 기토정관(己土正官)이 상관(傷官) 위에 앉아 있으니 명예는 없고, 월지(月支)는 묘(墓)에 해당하여 잘 살지 못한다. 부모덕이 없다.

■ 형제운

형제는 시지묘(時支墓)에 있어 힘이 미약하고, 많은 목토(木土)의 극을 받아 잘 살지 못한다. 조상궁인 월지(月支)에 도화살(桃花殺)이 있으니 형제 또한 주색을 즐긴다. 형제의 도움이 없다.

■ 부부운

상관(傷官)이 인묘진방합(寅卯辰方合)되고, 시간(時干)에 갑목(甲木)까지 투출(透出)하여 처가는 부유하지만, 재(財)가 기신(忌神)에 해당하여 처덕이 없다. 신약(身弱)한 임수일간(壬水日干)은 십간(十

干) 중에서 가장 작은 계수(癸水)에 비교할 수 있다. 기토(己土)는 어린 토(土), 무토(戊土)는 늙은 토(土)를 나타내니 아내는 연상의 여인이다. 술토편관(戌土偏官)이 있고 처궁인 일지(日支)가 일간(日干)을 극하여 남편을 쥐잡듯이 잡는다.

또한 술중장간(戌中藏干)에서 정화(丁火)와 정임암합(丁壬暗合)되어 애인을 두는데, 월지도화살(月支桃花殺)이 일간(日干)과 묘술합(卯戌合)되니 가능성은 더 많다. 아내가 호랑이처럼 무서우니 귀결이 고운 여성에게 끌린 것이라고 볼 수 있다.

■ 자식운

식상(食傷)을 잘 다스리는 토(土)가 많아 자식들이 양순하지만, 일시지(日時支)가 진술충(辰戌沖)되어 말년에 함께 살지 못한다. 신약(身弱)한 임수일간(壬水日干)이 관(官)이 기신(忌神)이고, 일시지(日時支)가 충되니 말년에 아내와 이별한다. 자식의 건강이 나쁘거나 헤어지거나 불효한다.

■ 직업운

초년에 대운이 잘 흘러 공부를 했다면 상관(傷官)의 특성을 살려 언론인이나 교육자와 인연이 있다. 일지(日支)에 괴강살과 편인(偏印)이 있으니 군인, 경찰, 운동선수 등과도 인연이 있다. 그러나 이 사주는 초년운이 좋지 못하여 용신경금(用神庚金)과 상관(傷官)의 소리를 합하여 쇳소리가 나는 직업을 갖지만, 일시편관(日時偏官)이 충되어 한 직종에 정착하지 못한다. 일지편관(日支偏官)이 길작용을 하면

군인, 경찰, 운동선수 등과 인연이 있고, 흉작용을 하면 깡패, 교도
소, 노상인, 노무자 등과 인연이 있다.

■ 건강운

　신약(身弱)한 임수일간(壬水日干)이 많은 목토(木土)에게 극설(剋
泄)되니 건강하지 못하다. 좋은 운이 오면 다소 안정되지만, 나쁜 운
이 올 때는 건강에 각별히 주의해야 한다. 심하게 설기 당하여 신장
과 방광이 나쁘고, 용신경금(用神庚金)이 약하여 기관지, 폐, 장, 허
리디스크 등이 염려되며, 진술충(辰戌沖)이 있으니 교통사고 등이 따
른다. 그리고 인오술삼합(寅午戌三合)이나 인사형(寅巳刑)될 때는
화상을 조심해야 한다.

■ 재물운

　인묘진방합(寅卯辰方合)된 식신(食神)과 상관(傷官)이 손을 벌리고
있는 형상이니, 어쩌다 운이 좋아 돈을 벌어도 빈손이 된다. 그러나
시지인목(時支寅木)은 아랫사람이고, 식상(食傷)은 손자를 나타내니
손자대에서는 부귀영화를 누린다. 옛말에 3대 가는 부자없고 3대 가
는 거지없다는 말도 있듯이, 손자대에서 선조의 영화를 다시 찾겠다.

■ 경진대운(庚辰大運) 3세~13세까지

　앞에서도 설명했지만 대운을 보기 전에 먼저 사주의 승격여부와 용
신(用神)이 건왕한가를 살펴야 한다. 사주가 좋으면 나쁜 운이 와도
나쁜 사주의 좋은 운보다 좋다는 것을 명심하기 바란다.

경진대운(庚辰大運)은 용신경금(用神庚金)이 절지(絶支)에 앉아 있으나, 극하는 재(財)가 없으니 용신운(用神運) 경금(庚金) 5년은 어려움 속에서도 그런대로 잘 지낸다. 그러나 진운(辰運) 5년은 일시지(日時支)가 진술충(辰戌沖)되어 사주에 있는 인자를 발동시키니 아주 흉하다. 진술충(辰戌沖)되어 술토장간(戌土藏干)에 있던 신금(辛金) 어머니가 일지(日支)로 튀어나오니, 교통사고로 사별하거나 부모의 이혼 등으로 어머니와 일찍 헤어진다.

백호살(白虎殺)이 있으니 교통사고를 조심해야 하고, 임수일간(壬水日干)의 뿌리가 잘려나가니 가출이나 화상도 조심해야 한다. 이 사주는 경진대운(庚辰大運)의 용신운(用神運)이 아니었다면 이미 명을 다했을 것이다.

■ 신사대운(辛巳大運) 13세~22세까지

신사대운(辛巳大運)의 신운(辛運) 5년은 인수운(印綬運)이라 공부할 수는 있으나, 화방(火方)이라 경신금(庚辛金)이 힘을 쓰지 못하니 잘 하지는 못한다. 그리고 대운이 인묘진목방(寅卯辰木方)에서 사오미화방(巳午未火方)으로 바뀌어 경제적으로 어려워지니 학업에 어려움을 격는다. 신약(身弱)한 임수일간(壬水日干)이 재물을 탐하다 몸을 상하는 아주 나쁜 운이다.

■ 임오대운(壬午大運) 23세~32세까지

년상경금(年上庚金)의 용신(用神)을 극하는 화(火)가 없으니 무력한 용신(用神)이지만 의지하고 살았는데, 임오대운(壬午大運)에서 년지인목(年支寅木), 일지술토(日支戌土), 대운오화(大運午火)가 인오술화국(寅午戌火局)을 이루어 용신경금(用神庚金)이 녹아내리니 도저히 의지할 수가 없다.

또 인묘진목방(寅卯辰木方)에 인오술화국(寅午戌火局)이니 천지가 모두 목화(木火) 일색이다. 용신경금(用神庚金)은 녹아내리고, 임수일간(壬水日干)의 뿌리도 완전히 말라버리며, 대운임수(大運壬水)도 인오술화국(寅午戌火局)에 말라 증발한다. 갑목(甲木) 장모와 인오술(寅午戌) 아내의 힘이 강력하여 종(從)하지 않고는 도저히 살아남을 수 없다. 임오대운(壬午大運) 23세에 술토(戌土) 아내를 만나 본가를 버리고 천리타향에 있는 처가로 들어간다.

종재격사주(從財格四柱)가 인수(印綬)가 미약하면, 부모와 형제는 발복하지 못하고 친가는 망하는 법이다. 아내를 따라 고분고분 잘 지내는 동안 친가는 몰락하고, 종(從)하는 그날까지 형제들은 고난을 겪는다. 그러나 친가로 쌀 한톨이라도 빼돌리면 가종(假從)이 되어 호랑이보다 더 무서운 아내에게 쫓겨난다.

■ 계미대운(癸未大運) 33세~42세까지

계수(癸水)는 미토(未土)에게 극되어 힘을 쓸 수 없어 부모형제들은 어려움을 겪는데, 임수일간(壬水日干)은 마누라 눈치를 보며 잘 지낸다. 계미대운(癸未大運)은 처궁인 일지(日支)에서 술미형(戌未刑)되고, 월지묘목(月支卯木)도 도화살(桃花殺)과 묘미합(卯未合)되어 경제적인 여유는 있으나, 결혼생활에 회의를 느껴 주색잡기에 빠져 처가나 아내와 갈등이 생긴다. 그러나 식신(食神)과 상관(傷官)인 장인과 장모는 계속 발전하니 뛰어봐야 처갓집 손바닥이다.

■ 갑신대운(甲申大運) 43세~52세까지

드디어 종(從)이 끝났다. 누가 감히 사주를 미신이라고 하는가. 이제 살만하니 고향생각이 난다. 고생하는 형제들을 돕고 싶어 아내 몰래 회사를 만들어 형제들을 불러들인다. 그러나 사기꾼에게 통째로 날려버리고 이혼을 당하여 알몸으로 쫓겨난다.

이 사람은 지금 필자와 인연이 되어 역학을 공부하고 있다. 역학과 인연이 있는 것은 용신경금(用神庚金)은 편인(偏印)이고, 편인(偏印)은 눈치학문으로 외국어나 역학에 해당되기 때문이다. 비록 용신(用神)이 약하고 사주가 탁하지만 합살(合殺)되어 맑아졌고, 용신경금(用神庚金)을 극하는 화(火)가 없으니 아쉬운대로 용신(用神)으로 삼는다.

갑신대운(甲申大運)에서는 용신경금(用神庚金)이 건록(建祿)에 임했고, 신약(身弱)한 임수(壬水)는 장생지(長生支)가 되어 병(病)이 없어 힘을 받는다. 부지런히 공부하면 역학인으로는 별 어려움이 없겠다. 또 갑신대운(甲申大運)은 현침살이 있고, 인수운(印綬運)이라 이제부터는 부모와 형제들이 모두 좋아질 것이다.

■ 을유대운(乙酉大運) 53세~62세

을유대운(乙酉大運)은 사회적으로 다시 기회를 얻는 좋은 운이다. 대운을목(大運乙木)은 용신경금(用神庚金)과 을경합금(乙庚合金)되

어 경금(庚金)의 힘을 증가시키고, 유금(酉金)은 일지술토(日支戌
土)와 유술합(酉戌合), 시지진토(時支辰土)와 유진합금(酉辰合金)되
어 매우 신왕(身旺)해진다. 인묘진목방합(寅卯辰木方合)이니 시간투
출(時干透出)한 뿌리깊은 큰 나무를 최신형 톱으로 잘라서 집도 짓고
가구와 침대도 만들어 편안하게 지낸다. 2월부터 씨를 뿌리고 가꾸느
라 고생한 임수일간(壬水日干)이 수생목(水生木)한다. 더 이상 도기
당하지 않으며 건강도 되찾는다.

■ 병술대운(丙戌大運) 63세~72세

병술대운(丙戌大運)은 용신경금(用神庚金)과 병경극(丙庚剋)되고,
일간임수(日干壬水)도 병임극(丙壬剋)되며, 지지(支地)도 일지술토
(日支戌土)와 시지진토(時支辰土)와 진술충(辰戌沖)되어 사주에 있
는 인자를 다시 발동시키니, 경제활동이 어려워지고 건강도 많이 나
빠진다. 더구나 용신(用神)과 일간(日干)이 천극(天剋)되고, 지지(支
地)도 충되어 뿌리가 잘리니 주위의 도움도 받기 어렵다. 신장, 방광,
혈압, 심장, 기관지, 대장 등의 합병증이나 중풍 등으로 고생하다가
대운이 해자축북방수운(亥子丑北方水運)으로 바뀌는 접목운에 생을
마치게 될 것이다.

꽃같이 아름다운 나이

■ 이정호(남자) / 음력 1972년 10월 20일 오시생(午時生)

년 壬子 ▶ 장생

월 壬子 ▶ 장생

일 丁酉 ▶ 태극귀인, 천을귀인, 관귀학당, 문창귀인, 월덕합,
　　　　　함지, 귀문관살

시 丙午 ▶ 백호

　 1　11　21　31　41　51
대 癸　甲　乙　丙　丁　戊
운 丑　寅　卯　辰　巳　午

　정화일간(丁火日干)이 자월(子月)에 태어나, 월지장간(月支藏干)에
서 임수(壬水)가 월간투출(月干透出)하여 관살혼잡격(官殺混雜格)
인 것 같지만, 정관(正官)도 많이 있으면 살이라고 했으니 편관격(偏
官格)으로 보아야 한다. 이렇게 살왕(殺旺)하면 적이 되어 공격해오
기 때문에 신왕(身旺)해야 한다. 살왕(殺旺)한데 신약(身弱)하면 인

수(印綬)로 살인상생(殺印相生)하고, 인수(印綬)가 없으면 식상(食傷)으로 제살(制殺)시켜야 한다.

　그러나 이 사주는 인수(印綬)와 식상(食傷)이 모두 없다. 양인합살(羊刃合殺)이라도 시켜서 공격을 막아야 하는데, 병화(丙火)는 양인합살(羊刃合殺)을 시킬 수 없으니 비견(比肩)인 정화(丁火)만도 못하다. 이렇게 수화(水火)가 편을 갈라 격렬하게 싸울 때는 목(木)이 용신(用神)이 되어 싸움을 말려야 하는데, 아쉽게도 인수(印綬)인 목(木)도 없고, 사나운 편관칠살(偏官七殺)을 막아줄 식상(食傷)도 없으니 살벌하기 그지없다.

　어쨌든 살왕(殺旺)하고 신약(身弱)하여 시간병화(時干丙火)를 이용하여 살중용겁격(殺重用劫格)이다. 화(火)가 용신(用神)이니 목(木)은 희신(喜神), 토(土)는 약신(藥神), 수(水)는 기신(忌神), 금(金)은 구신(仇神)이다. 살 중에 인성(印星)이 없어 탁격이나, 화목운(火木運)이 온다고 해도 대길하기는 어렵다.

■성 격

　조상과 부모의 공명정대함과 엄한 편관(偏官) 부모 밑에서 바르게 성장한다. 정화(丁火)는 별, 달, 태양에 해당하며 어둠을 밝히는 등불이다. 음화(陰火)라 내성적이고 불의 모양처럼 끝이 뾰족하며 날카롭고 오무리는 성질이 있다. 투기심이 있지만 얌전하고 착하며, 부모와 정임합(丁壬合)되어 다정다감하다.

■ 조상운

조상인 을목(乙木)이 없으니 년주(年柱)를 기준으로 본다. 년간임수
(年干壬水)는 왕지(旺支)에 있고, 조상궁인 년지(年支)에 장생(長生)
이 있으니 부자로 잘 살았다.

■ 부모운

아버지는 일지신금(日支辛金)이다. 유금녹지(酉金祿支)에 있고, 월
간(月干)도 년주(年柱)와 임자왕지(壬子旺支)에 있으며, 장생(長生)
이 있어 잘 산다. 년월간(年月干)에 관성(官星)이 있으니 군인, 경찰,
공무원 등과 관계있다.

■ 형제운

형제는 시간병화(時干丙火)와 시지오화(時支午火)의 장간(藏干)에
있는 병화(丙火)와 정화(丁火)를 합하여 4명인데, 모두 녹왕지(祿旺
支)에 있어 잘 산다. 그리고 비겁(比劫)이 용신(用神)이라 우애있는
집안으로 형제덕이 있다.

■ 직업운

년월(年月)에 관살(官殺)이 왕하고, 겁재(劫財)가 용신(用神)이고,
수화(水火)가 싸우는 형상이니 군인, 경찰, 운동선수, 자유업, 변호
사, 회계사, 세무사 등으로 나가면 길하다.

■재물운

일지(日支)에 편재(偏財)를 깔고 앉아 있으니 투기성 사업으로 축재하려는 성향이 강하고, 식신(食神)과 상관(傷官)이 없으니 남에게 베풀거나 열심히 노력하는 스타일은 아니다.

■부부운

재(財)가 구신(仇神)에 해당하여 처덕이 없다. 정임합(丁壬合)이 있고, 처궁인 일지(日支)에 도화살(桃花殺)과 귀문관살(鬼門關殺)이 있으며, 암합(暗合)으로 유금(酉金)과 오화(午火)가 병신합(丙辛合)되어 아내를 믿지 못한다.

■건강운

살기가 왕한 수(水)를 억제하는 토(土)와 살인상생(殺印相生)시키는 목(木)이 없으니 심장이 약하고, 지지(支地)에서 도화살(桃花殺)이 자유파(子酉破)되니 도화병(桃花病)이 있으며, 귀문관살(鬼門關殺)이 있으니 정신질환 등이 따른다.

96년 2월 경, 가끔 찾아오는 젊은 친구가 있는데 이 정유일주(丁酉日柱)의 사주를 대신 갖고 왔다. 들여다보면 볼수록 묘한 사주다. 불길한 생각이 들어 97년 2월이 매우 나쁘니, 빨리 유명한 도인이나 신집을 찾아가라고 했다. 이 사람은 92년부터 사귀던 여자와 95년 2월 경에 헤어지며 큰 충격을 받은 것 같다.

까맣게 잊고 지냈는데 일년 정도가 지나 젊은 친구가 다시 찾아와

하는 말이, 정신병원이며 절이며 무당집이며 가리지 않고 데리고 다니며 치료를 받았으나, 차도가 없어 집에서 간호하던 중에 5층에서 뛰어내려 죽었다고 한다. 설마했는데, 갑자기 머리카락이 곤두섰다. 이런 사주를 대하면 서글퍼진다. 사주쟁이가 되지 않았다면 남의 명을 논하지 않아도 될텐데……

■ 계축대운(癸丑大運) 10세까지

5세까지는 건강이 좋지 않아 부모 속을 많이 태운다. 신약사주(身弱四柱)에 수화(水火)가 싸우는 형상인데, 초년 대운이 해자축수운(亥子丑水運)이기 때문이다. 계축대운(癸丑大運)은 절기상으로 일년 중에서 가장 추운 계절이라, 신약(身弱)한 정유일주(丁酉日柱)에게는 견디기 어려운 시기다.

그러나 다행히도 사주에 쌍으로 있는 임자(壬子)의 뿌리를 대운축토(大運丑土)가 자축합토(子丑合土)하니 큰 제방이 된다. 그래서 5세까지는 밤잠을 못자고 잘 놀라던 아이가 6세부터는 건강해진다. 출렁이던 파도가 사라지고, 계수(癸水) 안개가 걷혀 눈부신 태양이 백두산 천지를 비추는 형상이다.

■ 갑인대운(甲寅大運) 11세~20세까지

갑인대운(甲寅大運)은 가장 좋은 운이다. 사주에 없는 인수(印綬)가 들어와 살인상생(殺印相生)하여 열심히 공부한다. 지금까지 무관심하던 부모의 사랑을 독차지 한다. 갑목(甲木)은 아무리 많은 물이라도 조절할 수 있는 큰 수로에 해당한다. 정유일주(丁酉日柱)에게 갑목(甲木)은 억부용신(抑扶用神), 통관용신(通關用神), 병약용신(病藥用神), 조후용신(調候用神)을 겸한다.

■ 을묘대운(乙卯大運) 21세~30세

을묘대운(乙卯大運)은 최악의 운이다. 대운묘목(大運卯木)은 년월일지(年月日支) 자수(子水)와 자묘형(子卯刑), 일지유금(日支酉金)과 묘유충(卯酉沖), 시지오화(時支午火)와 오묘파(午卯破)되고, 이미 사주에 있는 자유파(子酉破), 귀문관살(鬼門關殺), 자오충(子午沖), 사패살(四敗殺)까지 합되어 모든 인자들이 발동하니 주색을 즐긴다.

이 사람이 결정적으로 비운을 맞게 된 동기는 애인의 변심이다. 그로 인하여 귀문관살(鬼門關殺)이 발동한다. 을묘대운(乙卯大運)에서 을운(乙運) 5년은 천간(天干)에서 싸우고 있는 병임극(丙壬剋)을 말릴 수 있으나, 묘운(卯運) 5년은 배수관도 작은데 형충파해(刑沖破害), 귀문관살(鬼門關殺), 도화살(桃花殺), 사패살(四敗殺) 등 살들이 모두 모여들어 사주에 있던 인자를 발동시킨다.

신왕(身旺)하면 접목운을 잘 넘길 수 있으나, 신약(身弱)하면 많은 문제가 발생한다. 대운(大運)이 나쁘고 년운(年運)이 좋으면 어려운 가운데서도 무난하게 지나가지만, 대운(大運)과 년운(年運)이 모두 나쁘면 흉작용을 한다. 이때 월운(月運), 일운(日運), 시운(時運)이 함께 작용한다. 시계바늘의 시침과 분침과 초침이 한 줄로 겹치는 때라고 생각하면 된다.

97년 정축년(丁丑年)은 을묘대운(乙卯大運)에서 을운(乙運) 5년이 지나고 묘운(卯運) 5년으로 넘어가는 때이고, 96년 음력 12월은 97년 양력 2월 4일이 접목년이며, 97년 2월 4일은 음력으로는 96년 12월 27일이라 병자년(丙子年)의 접목이다. 병자년(丙子年)은 사주에서 임자(壬子)와 병오(丙午)가 천극지충(天剋支沖)되는데, 또 천극지충(天剋支沖)되는 해다. 자오묘유(子午卯酉)의 사충파(四沖破)가 이루어져 천지가 모두 치고박고 싸우니, 일간정화(日干丁火) 혼자 남아 누구를 의지하며 살아가겠는가.

여기서 필자는 96년은 을묘대운(乙卯大運)에서 을운(乙運)이고, 97년은 묘운(卯運)으로 넘어가는 병자년(丙子年)과 정축년(丁丑年)의 접목운이므로 위험한 해를 정축년(丁丑年) 양력 2월이라고 했던 것이다. 정축년(丁丑年) 2월 3일은 음력으로는 12월 26일로 병자년(丙子年)마지막 날이다. 젊은 나이에 유명을 달리한 고인의 명복을 빈다.

지리산 골짜기에 핀 한송이 민들레

■ 김정태(여자) / 음력 1957년 11월 13일 오시생(午時生)

넌 丙申 ▶ 천을귀인, 천희신, 홍염, 지살
월 辛丑 ▶ 반안, 원진, 탕화, 귀문관살
일 乙巳 ▶ 관귀학관, 금여록, 급살, 공망, 목욕
시 壬午 ▶ 천주귀인, 문창귀인, 태극귀인, 학당귀인, 백호, 도화

```
    9  19  29  39  49  59
대  庚   己   戊   丁   丙   乙
운  子   亥   戌   酉   申   未
```

 을목일간(乙木日干)이 축월(丑月)에 태어나, 월지장간(月支藏干)에서 신금(辛金)이 월간투출(月干透出)하여 잡기편관격(雜氣偏官格)이다. 관(官)과 식상(食傷)이 많아 신약(身弱)하므로 인수(印綬)로 용신(用神)을 삼아야 하지만, 을목일간(乙木日干)이 지지(支地)에 뿌리가 없어 통근(通根)하지 못하고, 관살(官殺)과 식상(食傷)이 많아 종(從)해야 하는데, 어디로 해야 할지 몰라 용신(用神)을 가리기

가 쉽지 않다.

사주가 많이 깨진데다가 종사주(從四柱)도 못되니, 살지(殺支)에 있으나 월지(月支)에 통근(通根)하고 있는 임수(壬水)를 용신(用神)으로 삼는다. 목(木)은 희신(喜神), 토(土)는 기신(忌神), 화(火)는 조후(調候) 겸 약신(藥神)이다.

12월 지리산 골짜기, 땅은 꽁꽁 얼어붙어 차디찬데 눈보라까지 휘몰아치고 있으니 을목일간(乙木日干)은 가련하기 짝이 없다. 하늘에는 병화(丙火) 태양이 떴으나 월간투출(月干透出)한 신금(辛金)이 병신합수(丙辛合水)하니, 안개구름이 잔뜩 끼어 태양은 전혀 도움이 되지 않는다. 아버지는 바람이 나서 물려받은 재산을 모두 탕진하고 무정하게 대하니, 할아버지는 약하디 약한 손녀딸이 애처로워 눈물을 흘린다.

을목일간(乙木日干)은 부모형제와 고향에서 살고 싶어 사방을 둘러보지만 뿌리를 내릴 곳이 없다. 양지바른 곳은 못되어도 그나마 운이 좋아 온천지역 가까이 앉아 있다. 그러나 저 안개구름이 언제 폭우로 변하여 골짜기를 쓸어갈지 모르고, 나뭇잎 하나 없는 앙상한 겨울나무는 차디찬 겨울바람을 막아주지 못한다. 봄이 되면 꽁꽁 얼어붙은 땅들이 녹아 산사태가 일어날 수도 있다.

뿌리없는 을목(乙木)은 종(從)해야 하는데, 내가 벌은 돈을 빼앗아 바람피우며 괴롭히는 남편을 종(從)할 수도 없고, 자식을 종(從)하자니 그 애비에 그 자식이라 그것도 어렵고, 아버지를 종(從)하자니 아무 도움이 되지 못하는 임수(壬水)가 발목을 잡고 있다. 재(財)도 관

(官)도 식상(食傷)도 모두 종(從)할 수 없어 혼자 살려고 하니, 그들은 뿌리조차 되어주지 못한다. 사주쟁이가 보아도 딱하기 그지없는 팔자다.

을목(乙木)은 일년초 넝쿨나무나 나뭇잎 등에 해당하여 귀결이 곱지만, 장간경금(藏干庚金)과 암합(暗合)하고 월간(月干)에 관(官)이 투출(透出)하여 자식과 남편을 버리고 수없이 애정행각을 벌인다. 일부종사는 고사하고 풍파가 대단하겠다.

■성 격

밝고 명랑하며 낙천적이다. 자존심이 강하지만 인내심이 부족하며 잘난척한다. 부모에게 받은 인자를 겸한다면 담백하며 사고력과 설득력이 있다. 봉사정신이 강하지만 타산적이며 이기적이다.

■조상운

조상은 월지장간(月支藏干) 계수(癸水)인데 관대궁(冠帶宮)에 해당하고, 화(火)가 많으니 처첩이 많았다. 조상궁인 년지(年支)가 병신합(丙辛合)되어 잘 살았으나 주색파다.

■부모운

아버지는 월지축중(月支丑中) 기토(己土)인데, 수(水)가 많으니 아버지도 처첩이 많다. 부모궁인 월지(月支) 역시 병신합(丙辛合)되었으니 주색을 즐긴다.

■형제운

 형제는 나타나있지 않으나, 형제궁인 월지(月支)의 갑목(甲木)이 관대궁(冠帶宮)에 해당하여 형제는 있다. 월지(月支)가 쇠지(衰支)에 해당하여 형제덕이 없다.

■부부운

 남편은 년지신금(年支辛金)과 장간경금(藏干庚金)이다. 년간(年干)에서 병화상관(丙火傷官)이 경금(庚金)을 극하니 명예가 없다. 일지(日支)는 남편궁으로 상관(傷官)과 사신합형(巳申合刑)되어 사별 등으로 백년해로가 어렵다. 신약(身弱)한 을목(乙木)이 관왕재왕(官旺財旺)하면 시부모의 구박이 심하고, 남편은 아내가 벌어온 돈으로 주색잡기하며 구타한다.

■자식운

 자식은 년간병화(年干丙火)다. 월간신금(月干辛金)과 병신합(丙辛合)되고, 일지사화(日支巳火)는 사신형(巳申刑)되며, 시지오화(時支午火)에 원진살(怨嗔殺), 귀문관살(鬼門關殺), 탕화살(湯火殺) 등이 있으니 자식덕이 없다. 을사일주(乙巳日柱)가 관(官)이 천간투출(天干透出)하면, 자식낳고 3년 안에 정부와 도망간다. 부모의 도리를 다하지 못하고 어찌 자식덕을 바라겠는가.

■직업운

 월지(月支)에 편재(偏財)가 있으니 금융계통과 인연이 있고, 식상

(食傷)이 많으니 중개업과 인연이 있으며, 수(水)가 용신(用神)이니 음식업이나 여관 등으로 나가면 길하다.

■ 건강운

오행(五行)이 골고루 있으니 비교적 건강하다. 그러나 을목(乙木)은 신경계통을 의미하는데 귀문관살(鬼門關殺), 탕화살(湯火殺), 원진살(怨嗔殺) 등이 있어 정신불안 등이 따른다.

■ 경자대운(庚子大運) 9세～18세까지

인수운(印綬運)이라 어머니의 사랑을 받으며 공부를 잘 한다.

■ 기해대운(己亥大運) 19세～28세까지

기해대운(己亥大運)은 을사일주(乙巳日柱)와 천극지충(天剋支沖) 되어 변화가 많다. 가정적으로 불안하고 길작용보다 흉작용이 더 많다. 고등학교를 졸업하고 바로 직장생활을 시작하는데, 대운기토(大運己土)는 편재(偏財)로 재물이고 구신(仇神)에 해당하여 기운(己運) 5년은 나쁘다. 그러나 해운(亥運) 5년은 용신운(用神運)이라 이 운에서 결혼한다. 남편인 관(官)과 자식인 식상(食傷)이 합되어 일지(日支)로 들어오니 결혼하기 전에 자식을 먼저 본다.

■ 무술대운(戊戌大運) 29세～38세까지

신약(身弱)한 을목(乙木)에게 재물운이 오니 돈을 쫓아 부지런히 다니지만, 재(財)가 기신(忌神)이라 돈과 남자 때문에 고통을 당한다.

사주에서 흉신은 끝까지 흉신이라, 이 사람 저 사람 아무리 만나봐도 오십보 백보다. 남자에게 경제적인 도움을 받아도 다른 남자를 위해 쓰게 되거나 빼앗긴다. 을사일간(乙巳日干)은 진달래나 개나리처럼 귀결이 곱기 때문에 남자들이 많이 따른다.

■ 정유대운(丁酉大運) 39세~48세

정유대운(丁酉大運)은 아주 나쁘다. 사주에서 월간(月干)의 신금(辛金)과 편관(偏官)을 년간병화(年干丙火)가 병신합살(丙辛合殺)하고, 병신합수(丙辛合水)하여 남자에게 도움을 받는다. 그러나 대운정화(大運丁火)가 정신극(丁辛剋)으로 병신합(丙辛合)을 풀어버리니, 지금까지 을목일간(乙木日干)을 생해주던 남자들이 편관칠살(偏官七殺) 호랑이로 변한다. 대운유금(大運酉金)은 월지(月支) 축토편재(丑土偏財)와 일지(日支) 사화상관(巳火傷官)이 사유축금국(巳酉丑金局)되고, 일간을목(日干乙木)이 큰 무쇠덩어리 위에 있으니 관재구설이나 남자로 인하여 큰 변을 당하는 최악의 운이다.

97년은 관재구설이 따르니 조심하라고 했더니, 언제가 나쁘냐고 묻길래 3월이라고 일러주었다. 그후 97년 3월에 불신검문에 걸려 구속되었다는 소식을 들었다.

97년 정축년(丁丑年)은 정유대운(丁酉大運)에서 이미 사유축삼합(巳酉丑三合)과 정신극(丁辛剋)되는데, 다시 정신극(丁辛剋)되고 사유축삼합(巳酉丑三合)된다. 사주(四柱)와 대운(大運)과 년운(年運)이 시계바늘처럼 한 줄로 겹치는 해다. 3월은 계묘월(癸卯月)로 정축년(丁丑年) 정화(丁火)는 식신(食神)이다. 식신(食神)은 의식주나 경제활동을 의미하는데, 월상계수(月上癸水)는 편인(偏印)으로 정화(丁火)의 의식주를 극하여 경제활동을 하지 못하게 한다. 월주(月柱)가 년주(年柱)를 하극상하고, 월상지지묘(月上支地卯)는 이미 대운과 년운(年運)에서 사유축금국(巳酉丑金局)되는데 묘유충(卯酉沖)한 것이다.

 신유일(辛酉日)에 노상에서 불신검문을 당하여 경찰서로 연행된 것은, 신유(辛酉)는 남자나 경찰을 의미하는데 다시 묘유충(卯酉沖)되었기 때문이다. 다시 말하면 상관(傷官)은 명예훼손, 편재(偏財)는 불로소득, 편관(偏官)은 경찰이나 남자로 삼합(三合)되어 이루어진 것이다.

깨져도 너무 깨졌다

■ 박기철(남자) / 음력 1947년 10월 29일 진시생(辰時生)

년 丁亥 ▶ 천을귀인, 천복귀인, 지살
월 癸丑 ▶ 백호, 고신, 공망
일 丁巳 ▶ 천주귀인, 내록, 교록, 역마
시 甲寅 ▶ 백호, 반안, 귀문관살, 원진

　　9　19　29　39　49　59　69
대　壬　辛　庚　己　戊　丁　丙
운　子　亥　戌　酉　申　未　午

　정화일간(丁火日干)이 축월(丑月)에 태어나, 월지장간(月支藏干)에서 계수(癸水)가 월간투출(月干透出)하여 잡기편관격(雜氣偏官格)이다. 편관(偏官)은 일간(日干)을 파극(破剋)하는 살이지만, 식상(食傷)이 극하거나 인성(印星)이 설기하면 길성(吉星)이 된다. 그러나 신약(身弱)하고 살왕(殺旺)한데 편관(偏官)을 합살(合殺)시켜 줄 무토(戊土)가 천간투출(天干透出)하지 못하고, 진토(辰土)에 통근(通

根)한 갑목(甲木)이 투출(透出)하여 허약하지만 인수(印綬)를 용신
(用神)으로 삼는다. 살인상생격(殺印相生格)이라 수(水)가 희신(喜
神)일 것 같지만, 갑목(甲木)이 용신(用神)이므로 화(火)가 희신(喜
神), 금(金)은 기신(忌神)이다. 목화운(木火運)이 길하다.

　기토(己土)는 살왕(殺旺)한 편관칠살(偏官七殺)을 계기극(癸己剋)
하여 편관칠살(偏官七殺)이 극하지 못하게 할 것 같으나, 기토(己土)
는 용신갑목(用神甲木)을 갑기합(甲己合)하여 길보다 흉이 많다.무
토(戊土)는 무계합화(戊癸合火)하여 일간(日干)을 돕지만, 지지(支
地) 진술축미(辰戌丑未)가 용신갑목(用神甲木) 뿌리를 상하게 만들
어 나쁘다.

　12월 북풍한설에 정사일주(丁巳日柱)가 동상에 감기몸살까지 걸려,
오들오들 떨며 동생과 비닐우산을 쓰고 학교에 가는 형상이다. 부러
진 우산으로 바람을 막으며 무엇때문에 학교를 가는지조차 모르면서
부지런히 가고 있다. 이 사람은 콘크리트 양옥집에 동남쪽으로 대문
을 내고, 정원에 꽃과 나무를 심으며 살아야 편안한데, 천리타향 떠
돌게 생겼으니 어려움을 이루 표현할 수 없다.

　갑목(甲木)이 용신(用神)이고 인수(印綬)는 학문이니, 공부를 하면
관(官)인 계수(癸水)가 일간(日干)을 극하지 못하고, 용신갑목(用神
甲木)을 생하여 살인상생(殺印相生)하여 명예를 얻을 수 있다. 그러
나 책을 놓고 년지지살(年支地殺)과 일지역마(日支驛馬) 발에 엔진
을 달고 거리를 헤맨다.

　길거리에서는 많은 돈을 갖고 다닐 수도 없고, 혹 갖고 다닌다고 해

도 깡패나 사기꾼에게 빼앗긴다. 빼앗기지 않으려고 하면 목숨까지 위험하다. 아무튼 북풍한설 맞아가며 돈을 벌기도 힘들지만, 설사 번다고 해도 몸이 상하니 이집 형제들은 길거리를 돌아다니면 안된다.

갑목(甲木)이 용신(用神)이고 무토(戊土)가 약신(藥神)이니, 콘크리트 집에서 갑목(甲木) 기름을 때면서 갑목(甲木) 책을 보면 갑목(甲木)이 도와주어 먹고 사는데 큰 어려움은 없다. 그러나 대운이 해자축북방(亥子丑北方)에서 신유술서방금운(申酉戌西方金運)으로 흘러가고 있으니 언제나 편안하게 살 수 있을런지.

또 형제인 화(火)가 희신(喜神)인데, 월간계수(月干癸水)가 희신(喜神)인 년주정화(年柱丁火)를 심하게 극하고, 뿌리도 사해충(巳亥沖)으로 잘려 매우 신약(身弱)하므로 형제는 있어도 도움이 되지 않는다. 용신갑목(用神甲木)은 뿌리가 약한데 월간계수(月干癸水)와 일간(日干)만 뿌리가 강하고 왕하다. 부모형제는 도와주고 싶어도 저 살기 바쁘고 힘이 없으니, 오직 자신의 힘으로 살아야 한다.

저 사나운 편관칠살(偏官七殺) 계수(癸水)와 싸워서 이기면 살고 지면 죽는다. 만일 이긴다면 나도 살고, 정화(丁火) 형제도 구해줄 수 있다. 그러나 사방에서 폭풍한설이 몰아치는데 계수(癸水)를 막을 무기토(戊己土)가 없고, 갑목(甲木) 뿌리도 약하다. 게다가 대운마저 용신운(用神運)으로 흘러주지 않으니, 시상(時上) 갑목용신(甲木用神)은 없는 거나 마찬가지다. 어쩔 수 없이 홀홀단신으로 따뜻한 봄이 올 때까지 참고 견디며 살아야 한다. 적으면 적은대로 많으면 많은대로 자신의 힘으로 열심히 살 수밖에 없다.

■성 격

 정화(丁火)는 별, 달, 태양을 상징하며 어둠을 밝히는 등불이다. 음화(陰火)라 내성적이고, 불꽃의 모습처럼 날카로우며, 오무리는 특성이 있다. 투기심이 있지만 얌전하고 착하다. 부모에게 받은 인자를 겸한다면 의협심이 있고 친절하며 인정이 있다. 자만심이 강하고 이기적이며 감정이 격하다. 반항심이 강하며 구속받는 것을 싫어한다.

■조상운

 조상은 진중을목(辰中乙木)이다. 토(土)가 많으니 처첩이 많았고, 년지(年支)는 조상궁으로 길성(吉星)인 천을귀인(天乙貴人)과 천복귀인(天福貴人)이 있으니 부유했다.

■부모운

 아버지는 축중신금(丑中辛金)이다. 목(木)이 많으니 아버지 역시 처첩이 많다. 월지(月支)는 부모궁으로 묘고(墓庫)에 해당하고, 공망(空亡)되어 부모덕이 없다.

■형제운

 형제는 년간정화(年干丁火)다. 정화(丁火)는 해수(亥水) 위에 있고, 월간계수(月干癸水)가 심하게 극하고, 형제궁인 월지(月支)가 묘고(墓庫)에 해당하고 공망(空亡)되어 형제덕이 없다.

■ 부부운

아내는 일지사중(日支巳中) 경금(庚金)이다. 처궁인 일지(日支)에 형제가 앉아 있는 형상이다. 형제인 사화(巳火)가 장간경금(藏干庚金)을 강하게 극하고, 년지해수(年支亥水)와 사해충(巳亥沖)되며, 고만살(孤彎殺)에 해당하여 백년해로가 어렵다. 월간축중(月干丑中)에 장간신금(藏干辛金)이 또 있어 재혼하지만, 재(財)가 기신(忌神)이라 처덕이 없다.

■ 자식운

자식인 수(水)가 왕하여 자식이 많고 모두 잘 되지만, 수(水)가 기신(忌神)에 해당하여 자식덕이 없다.

■ 직업운

편관격사주(偏官格四柱)가 정계극(丁癸剋)되는데 합이 없고, 지살(地殺), 역마살(驛馬殺), 축진파(丑辰破)가 있으니 한 가지 직업에 종사하기 어렵다. 월상식신(月上食神)과 갑목용신(甲木用神)이니 공부를 한다면 군인, 경찰, 운동선수, 판사, 검사 등과 인연이 있다. 그러나 공부를 하지 못하면 식품유통업 등이 길하다.

■ 건강운

편관격사주(偏官格四柱)가 지살(地殺)과 역마살(驛馬殺)이 사해충(巳亥沖)되고, 식상(食傷)이 축진파(丑辰破)되나 갑목(甲木)이 받쳐주고, 일간(日干)이 왕지(旺支)에 앉아 있으니 대체적으로 건강하다.

그러나 외상을 조심해야 한다.

■ 재물운

 재물인 금(金)이 없으니 대운에서 재운(財運)이 들어와야 재물운이 따른다. 그러나 신약사주(身弱四柱)가 재(財)가 기신(忌神)이라, 재(財)가 오면 용신(用神)인 인수(印綬)를 극한다. 재물을 탐하다 몸만 상한다.

■ 임자대운(壬子大運) 9세~18세까지

 갑목(甲木)이 용신(用神)인데 수생목(水生木)하니 공부를 잘 하나, 신약(身弱)한 정화일간(丁火日干)이 수극화(水剋火)하니, 먼저 고난을 당하고 나중에 도움을 받아 고난 속에서 학교를 다닌다. 임자대운(壬子大運)은 사주에 있는 계수(癸水)와 축토(丑土)가 합되고, 해자축방합(亥子丑方合)되어 12월 엄동설한에 대륙성 한냉전선까지 형성되어 눈보라가 휘몰아친다. 대운임수(大運壬水)는 년간정화(年干丁火)와 일간정화(日干丁火)가 정임합목(丁壬合木)하니, 두 형제는 어려움 속에서도 윗사람의 도움으로 죽지 않고 살아남는다.

■ 신해대운(辛亥大運) 19세~228세

 갑목(甲木)이 용신(用神)인데 신해대운(辛亥大運)은 편재(偏財)에 해당한다. 편재(偏財)는 뿌리가 약한 학문인 갑목(甲木)을 극하니, 공부를 포기하고 돈을 벌 수밖에 없다. 갑목(甲木)은 인수(印綬)로 부모나 상사 등 윗사람의 도움으로 보는데, 신금(辛金)이 뿌리가 약한 갑목(甲木)을 극하니 후원자가 없다. 사주에 있는 사해충(巳亥沖), 지살(地殺), 역마살(驛馬殺)이 동하여 책을 놓고 돈을 따라 뛰어다닌다.

사주에 없는 돈이 대운에서 왔으니 돈을 벌어보려고 하지만, 학문은 짧고 사회경험은 부족하여 힘들다. 사주에서 재(財)가 용신(用神)이라, 재물을 탐하다가 발목이 잡혀 신약(身弱)한 정화일간(丁火日干)은 허리가 휘어진다. 발바닥이 달도록 뛰어다녀도 돈과의 인연은 요원하여 경제적 고통만 따른다. 합은 하나도 없는데 형충파(刑沖破)에 편관격(偏官格)이라, 많이 배우지 못하고 가진 것은 없어도 돈과 여자는 같은 오행(五行)이라, 여자가 많이 따르니 세상이 만만하게 느껴져 용기 하나로 결혼한다.

■ 경술대운(庚戌大運) 29세~38세

대운이 용신갑목(用神甲木)을 갑경극(甲庚剋)하고, 사주에서 축진파(丑辰破), 축술형(丑戌刑), 진술충(辰戌沖)되어 이곳 저곳 돈을 벌려고 뛰어다니지만 몸만 상한다. 능력의 한계를 한탄하는 운이다.

■ 기유대운(己酉大運) 39세~48세

대운이 잘 흐르지 않아 초년부터 계속 힘들었으나 기유대운(己酉大運)은 특히 더 최악의 운이다. 대운유금(大運酉金)은 용신갑목(用神甲木)을 합하고, 호랑이보다 무섭다는 계수(癸水) 편관칠살(偏官七殺)을 계기극(癸己剋)하며, 정화일간(丁火日干)의 뿌리인 사화(巳火)를 월지축토(月支丑土)와 사유축삼합(巳酉丑三合)으로 금국(金

局)을 이루어 월간계수(月干癸水)를 생한다.

 신약(身弱)한 정화일간(丁火日干)은 사방팔방을 둘러봐도 도와주는 사람은 하나도 없고, 편관칠살(偏官七殺)이 살왕(殺旺)하여 살얼음 판을 걷는다. 더구나 칠살(七殺)이 기어이 사고를 내어 사유축삼합 (巳酉丑三合)되어 변하니, 허리띠 졸라매며 안 먹고 안 쓰고 모은 전 재산을 피해보상금으로 날려버린다. 돈 잃고 아내 잃고 알거지가 되 어 사주팔자탓을 하는 운이다. 여자와 돈은 같은 오행(五行)이다.

■ 무신대운(戊申大運) 49세~58세까지

 이팔청춘 혈기왕성한 시절에도 되는 일이 없었고, 세상의 눈을 뜬 삼사십대에도 되는 일이 없었다. 그야말로 죽지 못해 살았다. 운이 바뀌어 무신대운(戊申大運)이 왔으나, 늙고 병들어 마누라에게 쫓겨 난다. 다대포 백사장에 텐트치고 거지생활 일년만에 겨우 라면이나 먹고 사는 동생이 보고 싶어 상경한다. 그러나 이게 웬일인가. 꿈에 도 생각하지 못한 33세의 젊은 과수댁을 만나 재혼한다. 젊은 각시의 사업 뒷바라지를 조금씩 해주며, 하루종일 컴퓨터를 두들기며 역학 책을 들여다 보는 인생이 되었다.

 도대체 무신대운(戊申大運)이 무엇이길래 이런 일이 일어났을까. 무 신대운(戊申大運)은 월간투출(月干透出)한 년상정화(年上丁火)가 신약(身弱)한 일간정화(日干丁火)를 정계극(丁癸剋)하여 못살게 굴 었는데, 대운무토(大運戊土)가 무계합(戊癸合)하여 큰 족쇄를 채워 버리니, 아무리 무서운 호랑이라도 겁날 것이 없다. 무섭고 사나운 호랑이가 재주를 부리니 이에 감탄한 33세 과부가 늙은 조련사에게 반한 것이다.

우주는 윤회하기 때문에 좋은 사주든 나쁜 사주든 나름대로 흥망성쇠가 있는 법이다. 아직 따뜻한 봄은 오지 않았지만 이제부터는 비닐하우스에서 특용작물을 가꾸며 풍요로움을 보장받는다. 월간계수(月干癸水)는 부모궁으로 부모가 지은 죄를 정화일간(丁火日干) 형제들이 받았다. 그러나 이제는 업보가 풀린 것이다.

대운무토(大運戊土)는 상관(傷官)이고 식상(食傷)은 경제활동을 의미하는데, 지금까지 돌봐주지 않던 조상이 무계합화(戊癸合火)되어, 따로따로 살고 있는 형제들에게 오작교를 만들어주고, 신약(身弱)한 형제들에게 힘을 보태준다. 의좋게 열심히 살다보면 보상이 있다는 것을 무신대운(戊申大運) 신금(申金)이 암시한다. 이 신금(申金)은 정재(正財)이며, 무토(戊土)는 계수(癸水)와 무계합화(戊癸合火)되고, 병화(丙火)는 일주정사(日柱丁巳)와 시간갑목(時干甲木)과 중화되니, 신금정재(辛金正財)를 감당할 수 있어 늦게나마 안정을 얻은 것이다.

팔자가 뭐길래

■ 이정희(여자) / 음력 1941년 4월 19일 오시생(午時生)

년 辛巳 ▶ 천을귀인, 태극귀인
월 辛卯 ▶ 천을귀인, 태극귀인, 천주귀인, 문창귀인, 금여록,
         낙정관살, 백호
일 癸未 ▶ 고신
시 戊午 ▶ 천희신, 도화, 천관귀인


```
     1   11  21  31  41  51  61
대   壬   癸   甲   乙   丙   丁   戊
운   辰   巳   午   未   申   酉   戌
```

계수일간(癸水日干)이 묘월(卯月)에 태어나 식신격(食神格)이나,
신금(辛金)이 극하여 파격(破格)되었다. 지지(支地)에 사오미방합
(巳午未方合)이 있고, 시간무토(時干戊土)와 무계합화(戊癸合火)하
여 화기격(化氣格)일 것 같으나, 묘월(卯月)은 화기격(化氣格)이 될
수 없다. 일간계수(日干癸水)와 년월간(年月干) 지지신금(地支辛金)

이 사오미화방(巳午未火方)에 통근하지 못하므로 종(從)할 수밖에 없다.

오행(五行)이 골고루 있고, 계수일간(癸水日干)이 통근(通根)하지 못하여 월지식신격(月支食神格)이다. 식신(食神)을 종(從)하자니 월상식신(月上食神)이 재(財)를 생하고, 재(財)를 종(從)하자니 재(財)는 다시 관(官)을 생하고, 관(官)은 다시 인수(印綬)를 생하여 난해한 사주다.

아무튼 인수(印綬)와 일간(日干)이 통근(通根)하지 못하여 종(從)해도 변화가 많을 수밖에 없다. 지지(支地)에서 사오미방합(巳午未方合)되고, 재(財)가 가장 왕하니 종재격사주(從財格四柱)다. 재(財)가 용신(用神)이고, 종(從)하지 못하게 하는 인수(印綬)와 비겁(比劫)이 기신(忌神)이다. 목화토운(木火土運)이 길하다.

■ 성 격

계수(癸水)는 음(陰) 중에서도 음(陰)이며, 천간(天干) 중에서 가장 약하여 종세종화(從勢從和)하는 특징이 있다. 창조적인 사색과 지기 심원한 것이 본성이다. 부모에게 받은 인자를 겸한다면 낙천적이고 따뜻하며 포용력과 봉사정신이 강하다. 예술방면에 재능이 있다.

■ 조상운

조상은 년간신금(年干辛金)이다. 년지(年支)는 조상궁으로 길성(吉星)인 천을귀인(天乙貴人)과 태극귀인(太極貴人)이 있는 것으로 보아 잘 살았다.

■부모운

 아버지는 일지미중(日支未中) 정화(丁火)다. 정화(丁火) 아버지에게 경신금(庚辛金)이 많으니 처첩이 많다. 식신격사주(食神格四柱)가 부모궁인 월지(月支)에 천을귀인(天乙貴人), 태극귀인(太極貴人), 천주귀인(天廚貴人), 문창귀인(文昌貴人), 금여록(金與祿) 등의 길성(吉星)이 있으니 부자였다. 월지(月支)가 장생(長生)에 해당하여 부모덕이 있다.

■형제운

 형제는 나타나있지 않으나, 형제궁인 월지(月支)가 장생(長生)에 해당하여 형제가 많고 모두 잘 산다. 그러나 종재격사주(從財格四柱)이니 형제의 도움은 기대할 수 없을 뿐 아니라, 형제는 기신(忌神)이라 오히려 흉작용을 한다. 여자가 종재격사주(從財格四柱)이면 인수(印綬)인 금(金)이 친정인데 화(火)가 극하니, 결혼한 후 시집은 흥하나 친정은 망한다. 본인은 출가 후에 시집을 따르면 부귀하다.

■남편운

 이 사주는 좋은 가문의 딸로 명문대를 졸업하고 교직에 몸담고 있는 사람이다. 일지(日支)에 시도화살(時桃花殺)과 관합(官合)과 식신(食神)이 합된 여자는 결혼하기 전에 임신한다고 하듯이, 이 사람도 부모가 결혼식에도 참석하지 않았다고 한다. 시간(時干)에 남편인 무토(戊土)가 투출(透出)하고, 지지(支地)에서 사오미방합(巳午未方合)되고, 강한 화(火)가 관인무토(官印戊土)를 생하니 남편은 훌륭한 사람이다.

■ 자식운

여자에게 식신(食神)은 자식이다. 형제가 많듯이 자식도 많고, 말년에 자식들은 모두 잘 된다. 그러나 편인(偏印)은 부모형제의 음덕을 받지 못하는 흉신으로, 년월간(年月干)에 있으면 고향을 일찍 떠나고, 자식과 남편을 극하며 위장병과 자궁병 등을 겪는다. 주위 사람들까지 해롭게 하여 항상 고독하며, 허무주의에 빠지게 하는 흉살 중의 흉살이다. 말년에는 좋은 남편과 훌륭한 자식을 두고도 외롭게 지낸다.

■ 직업운

월상식신(月上食神)은 부모에게 받은 인자로 문화, 예술, 학술 등을 나타낸다. 교육자, 문필가, 작가, 언론인 등이나 의식주와 관계된 사업으로 나가면 길하다. 사오미방합(巳午未方合)에 재(財)가 많으니 사채놀이 등도 인연이 있다.

■ 재물운

운이 좋을 때는 많은 재물을 모을 수 있으나, 운이 나쁘면 재물로 인하여 오히려 고통을 받는다.

■ 건강운

오행(五行)이 골고루 있으니 대체적으로 건강하다. 그러나 편인(偏

印)이 식신(食神)을 극하니 간장, 위장, 부인병 등을 조심해야 한다.

■ 임진대운(壬辰大運) 10세까지

 종재격사주(從財格四柱)이니 재(財)를 생하는 목화운(木火運)과 수(水)를 극하는 토운(土運)이 길하다.

■ 계사대운(癸巳大運) 11세~20세까지

 계사대운(癸巳大運)은 용신운(用神運)이며, 사오미방합(巳午未方合)에 합을 더하여 재(財)가 신왕(身旺)하니 공부를 잘 한다. 시지오화(時支午火)는 도화살(桃花殺)이고, 관(官)이 많고 도화살(桃花殺)이 합되어 일지(日支)에 들어와 있는 인자를 갖고 있으니, 일찍부터 남자들에게 인기가 많다.

■ 갑오대운(甲午大運) 21세~30세까지

 종재격사주(從財格四柱)에 재운(財運)이다. 일지(日支)에 오도화(午桃花)와 식신(食神)이 합되어 있는데, 다시 합되어 들어오니 결혼하는 좋은 운이다. 남편은 시간투출(時干透出)하고, 지지오화(支地午火) 도화살(桃花殺) 위에 있어 미남이다.

■ 을미대운(乙未大運) 31세~40세까지

 남편궁인 일지(日支)의 미토(未土)는 월지식신(月支食神)과 묘미합(卯未合)되고, 시지오화(時支午火) 도화살(桃花殺) 위에 무토(戊土) 남편이 앉아 있으니, 다른 여자에게서 자식을 얻어 가정에 풍파가 일어난다. 계(癸)는 십간(十干) 중에서도 가장 작으니, 전형적인 여자 성격으로 마음이 여리고 시기와 질투와 잔꾀가 많다. 일지미토(日支 未土)는 계수편관(癸水偏官)이라 남편이 일간계수(日干癸水)를 극하니 가정이 원만하지 못하다.

을미대운(乙未大運)에서는 진종(眞從)과 가종(假從)의 차이가 많다. 종재격사주(從財格四柱)가 사오미화방(巳午未火方)을 이루어 시댁과 남편을 따른 것이다. 도화살(桃花殺) 위에 있는 남편이 사오미합(午未合)에 묘미합(卯未合)까지 있어, 계수일간(癸水日干)은 결혼 전에 아이를 가지며, 남편은 다른 여자한테서 자식을 얻는다.

계수일간(癸水日干)은 관(官)이 많고, 도화(桃花)에 합이 많다. 월상도화(月上桃花)는 집 안에 핀 꽃이나, 시상도화(時上桃花)는 울 밖에 핀 꽃이라 말년에 남자들이 많이 따른다. 작은 인자 하나가 한 사람의 운명에 얼마나 큰 영향을 주는가를 알 수 있다.

■ 병신대운(丙申大運) 41세~50세까지

대운이 사오미남방화운(巳午未南方火運)에서 신유술서방금운(申酉戌西方金運)으로 바뀐다. 직업도 바뀌고 가정에서도 종(從)을 거부하고 나와 형제들과 식당을 개업하고 자립한다. 사주에 있는 신금(辛金)과 대운병화(大運丙火)가 병신합수(丙辛合水)되어 주위의 힘이 강해진다.

대운신금(大運申金)은 인수(印綬)라 약한 계수(癸水)에게 힘을 주니 재(財)를 감당할 수 있고, 재(財)가 많이 합되니 많은 사람들의 돈을 이용하여 돈놀이를 겸한다. 사업이 잘 되어 집도 두 채나 사서 그

집을 담보로 사채시장을 키워나간다.

■ 정유대운(丁酉大運) 51세~60세까지

 지금까지 도와주던 사람들의 도움이 끊겨 사업이 어려워지니 결국 부도가 난다. 병신대운(丙辛大運)에서는 사주의 신금(辛金)과 대운 병화(大運丙火)가 병신합수(丙辛合水)되어 도와주니 가능했으나, 정유대운(丁酉大運)은 사주에 있는 신금(辛金)을 정신극(丁辛剋)하고, 월지식신(月支食神)을 묘유충(卯酉沖)하니 사업실패는 이미 정해져 있는 일이다. 편인(偏印)인 대운유금(大運酉金)이 흉작용을 하여 사기문서로 인한 손재, 사업실패, 건강, 명예훼손, 관재구설 등과 자식을 극하여 심한 시련기를 겪는다.

■ 무술대운(戊戌大運) 61세~70세까지

 정유대운(丁酉大運)에서의 사업실패로 타향에서의 고난이 예상된다. 월지(月支)는 형제궁과 부모궁으로 식신(食神)인 자식을 묘유충(卯酉沖)하고 신금극(辛金剋)하니, 부모와 형제와 자식과 남편이 모두 등을 돌린다. 그러나 무술대운(戊戌大運)은 월지묘목(月支卯木)과 묘술합(卯戌合)되어 옛날처럼 사이가 좋아져 편안하게 산다.

야적장에서 녹슬고 있다

■ 김도천(남자) / 음력 1946년 8월 10일 술시생(戌時生)

년　丙戌　▶ 내록, 양인, 화개, 백호
월　庚子　▶ 천주귀인, 문창귀인, 학당귀인, 백호, 공망
일　辛酉　▶ 천희신, 음차, 홍염, 육해, 귀문관살
시　戊戌　▶ 내록, 양인, 화개, 괴강

```
     8   18  28   38  48  58  68
대   辛   壬   癸   甲   乙   丙   丁
운   丑   寅   卯   辰   巳   午   未
```

　신금일간(辛金日干)이 자월(子月)에 태어나, 천간투출(天干透出)이 없으니 월지(月支)에서 격을 잡아 식신격(食神格)이다. 신금일간(辛金日干)이 11월에 태어나 한냉하고, 토금(土金)이 많으니 신강(身强)하다. 년간병화(年干丙火)가 술토(戌土)에 통근(通根)하여 조후용신(調候用神)으로 삼아 병화(丙火)가 용신(用神)이다. 병화용신(丙火用神)이니 목(木)은 희신(喜神), 수(水)는 기신(忌神)이다. 목

화운(木火運)이 길하다.

  이 사주는 포항제철이 연상된다. 무토(戊土)는 호남평야같이 넓은 야적장에 산처럼 쌓여있는 철광석으로 11월 눈비를 맞으며 녹슬고 있다. 어마어마한 시설에 화산분화구와 같이 웅장한 용광로가 있지만, 불을 지필 기름이 없으니 안타깝다. 기름만 있다면 수천도의 고열에 녹여 쏟아내는 광경이 장관일텐데.
  사주에 없는 기물은 대운에서 와도 발복하지 않는다. 거기다 안타깝게도 이 사주는 갑을목(甲乙木)도 보이지 않는다. 지장간(支藏干)에라도 하나쯤 박혀있다면 희망은 있으련만 씨앗하나 없다. 신금일간(辛金日干)에게 갑을목(甲乙木)은 돈과 여자와 아버지가 되는데, 특수격이 되지 못하여 재물운이 없다.

■ 성 격

  신금(辛金)은 만물이 결실을 맺어 고체화 되는 가을이다. 사물을 자극하기 때문에 고추나 마늘처럼 맵다는 매울신(辛)자를 쓴다. 신금(辛金)은 서리나 주옥 등을 의미하므로 차고 냉정하며 잘난척하는 특성이 있다. 부모에게 받은 인자를 겸한다면 따사로운 포용력에 낙천적이며 봉사정신이 강하다.

■ 조상운

  조상은 편인(偏印)으로 사주에 나타나있지 않으나 정인(正印)이다. 년지(年支)는 조상궁으로 길성(吉星)은 없으나 용신(用神)이 있으니 평범했다.

■ 부모운

아버지는 편재(偏財)로 사주에 나타나있지 않다. 월지(月支)는 부모궁으로 길성(吉星)인 천주귀인(天廚貴人), 문창귀인(文昌貴人), 학당귀인(學堂貴人) 등이 있으며, 월지식신격(月支食神格)에 장생지(長生支)가 되어 평범하다. 월지(月支)가 공망(空亡)되어 부모덕이 없다.

■ 형제운

형제궁인 월지(月支)가 장생(長生)에 해당하여 형제들은 잘 살지만, 형제가 재(財)를 극하는 구신(仇神)이라 형제덕이 없다.

■ 부부운

재(財)가 없어 처덕이 없을 것 같으나, 용신(用神)을 도와주는 희신(喜神)이라 처덕이 있다. 비겁(比劫)이 많으면 오히려 재(財)는 없는 것이 길하다. 월지식신격(月支食神格)이라 많이 있는 비겁(比劫)을 설기시켜 생재(生財)하니 재운(財運)에서 결혼한다. 재(財)가 없으면 비겁(比劫)이 극하지 못하는 이치다. 재운(財運)이 없으니 아내에게 고생을 많이 시킨다.

■ 자식운

자식은 년간병화(年干丙火)다. 병화(丙火)가 년지(年支)와 자식궁인 시지(時支)에 통근(通根)하고, 관(官)이 용신(用神)이라 말년에 자식이 잘 된다. 일시지(日時支)가 유술합(酉戌合)되어 함께 산다.

■직업운

식신격사주(食神格四柱)에 조후용신(調候用神)을 겸한 병화일간(丙火日干)과 신금(辛金)이 합된다. 식신(食神)은 문화와 예술을 의미하고, 병화(丙火)는 불이나 전기를 의미하고, 신금(辛金)은 금속물질을 의미하고, 사주에 없는 목(木)은 실내장식 등을 의미한다.

■재물운

재(財)인 갑을목(甲乙木)이 없으니, 유업도 없고 내 돈도 없다. 대운에서 온 재(財)를 빌려 재물로 만들어야 하니 어려움이 많다.

■건강운

사주 자체가 너무 차고 조후용신(調候用神)이 약하여 몸을 따뜻하게 해주는 술을 많이 마시는데, 간에 해당하는 목(木)이 없으니 간이 많이 상한다. 그러나 신강(身强)하기 때문에 건강한 편이다.

■신축대운(辛丑大運) 8세~17세까지

경금(庚金)이 막 채굴한 원광석이라면, 신금(辛金)은 이미 제련을 마친 보석이라 잘 관리하고 보관해야 한다. 그러나 사주 자체가 너무 차고 자수(子水) 습기가 있으니, 무토(戊土) 먼지가 많이 끼어 녹슬고 있다. 먼지를 털어내고 햇빛에 잘 말리려면 갑을목(甲乙木)이 있어야 하는데 없다.

 초년운이 나빠 공부를 하지 못한 경우와, 운이 좋아 공부를 한 경우
는 진로가 아주 다르다. 이 사람은 초년인 17세까지 운이 나빠 공부
를 하지 못했고, 지금은 사주에 없는 목(木)과 병화(丙火)를 용신(用
神)으로 삼아 실내조명을 하며 살고 있다.

■ 임인대운(壬寅大運) 18세~27세까지

 기다리고 기다리던 인묘진동방목운(寅卯辰東方木運)이 왔다. 이제
는 대운에서 재(財)가 들어왔으니 돈도 벌고 결혼도 할 것 같은데, 년
간(年干)에 있는 약한 병화(丙火)가 대운에서 들어온 임수(壬水)와
병화(丙火)를 극하니, 용신(用神)은 싸움을 하느라 능력을 제대로 발
휘하지 못한다. 그러나 시간무토(時干戊土)가 무임극(戊壬剋)으로
물리치니, 상처투성이가 된 용신(用神)이지만 선흉후길하다. 인운
(寅運)에 다소 수입이 생기고 결혼한다.

■ 계묘대운(癸卯大運) 28세~37세까지

 대운천간(大運天干)에서 들어온 계수(癸水)가 안개구름이라, 병화
용신(丙火用神)의 빛을 흐리게 하여 나쁠 것 같으나, 시간무토(時干
戊土)가 대운계수(大運癸水)를 무계합화(戊癸合火)하여 화(火)로 변
하니, 신금(辛金)을 덮고 있던 흙과 먼지가 다 없어지고 녹을 제거해
준다.
 신금(辛金)은 각종 연장이라 주위에서 필요로 하니 바쁘고, 대운의

지지묘목(支地卯木)도 용신병화(用神丙火)의 기름이 되어, 신금(辛金)을 밝게 비추니 더욱 빛을 발한다. 다만 월지자수(月支子水)와 자묘형(子卯刑)되고, 일지유금(日支酉金)과 묘유충(卯酉沖)되어, 술이나 도박을 가까이 하면 가정에 문제가 발생하지만, 년시(年時)에 있는 술토(戌土)가 묘술합(卯戌合)하여 무난하게 잘 넘어간다.

■ 갑진대운(甲辰大運) 38세~47세

갑진대운(甲辰大運)에서 들어온 갑목(甲木)이 시상무토(時上戊土)를 무갑극(戊甲剋)하여, 흙이나 먼지를 막아주며 용신병화(用神丙火)를 생하고, 월간경금(月干庚金)이 갑경극(甲庚剋)하나, 갑목(甲木)이 생한 병화(丙火)가 힘을 얻어, 병경극(丙庚剋)으로 갑목(甲木)을 구한다. 재관(財官)이 합심하여 길하니 경제적으로 안정된다.

■ 을사대운(乙巳大運) 48세~57세

을사대운(乙巳大運)은 편재을목(偏財乙木)이 들어와 투기성 사업으로 돈을 많이 번다. 병화용신(丙火用神)을 도와주고, 대운지지(大運支地)에도 사화(巳火)가 들어오니, 아주 좋은 운이라고 생각하기 쉽다. 그러나 월간(月干) 경금겁재(庚金劫財)가 대운에서 들어온 을목편재(乙木偏財)를 을경합금(乙庚合金)으로 겁탈한다.

용신병화(用神丙火)를 도와줄 것으로 알지만, 대운에서 온 을목편재(乙木偏財)는 월간경금(月干庚金)과 사랑에 빠져 의무를 잊는다. 고금리로 돈을 빌려주었다가 떼어먹히는 형상으로 투기성 사업으로 손해를 많이 본다. 그리고 일지(日支)로 자식인 사화(巳火)가 사유합

(巳酉合)되어 들어오니, 자식과 함께 살지만 자식인 병화(丙火)가 신
왕(身旺)해져 서서히 경제권을 넘겨준다.

현대과학도 밝히지 못했다

■ 정옥순(여자) / 음력 1939년 5월 6일 해시생(亥時生)

년　己卯 ▶ 천을귀인, 태극귀인, 장생
월　丙寅 ▶ 천주귀인, 암록, 월덕귀인, 문창귀인, 망신
일　壬寅 ▶ 천주귀인, 암록, 월덕귀인, 문창귀인, 망신
시　辛亥 ▶ 관록, 지살

　　1　11　21　31　41　51　61
대　丁　戊　己　庚　辛　壬　癸
운　卯　辰　巳　午　未　寅　酉

　임수일간(壬水日干)이 인월(寅月)에 태어나, 월지장간(月支藏干)에
서 병화(丙火)가 월간투출(月干透出)하여 편재격(偏財格)이다. 시간
(時干)에 신금(辛金)이 투출(透出)하나, 지지(支地)가 인해합목(寅
亥合木), 해묘합목(亥卯合木)하여 목방(木方)으로 변하니, 통근(通
根)하지 못하여 가살(假殺)이다.
　임수일간(壬水日干)은 지지(支地)가 목(木)으로 변하니 해수(亥水)

를 의지하려고 하나, 형제가 변심하니 의지할 곳이 없어 강한 목(木)을 종(從)한다. 목(木)은 모든 기를 모아 월간병화(月干丙火)를 생하니, 임수(壬水)는 편재(偏財)를 종(從)하여 편재격(偏財格)이 아니라 종재격사주(從財格四柱)다. 그러나 시간(時干)에서 인수(印綬)가 가살(假殺)이고, 시지(時支)에 해수(亥水)가 있어 진종(眞從)이 아니라 가종(假從)이다. 가종(假從)은 순수하게 종(從)하지 못하므로 격이 떨어져 진종(眞從)처럼 크게 발복하지 못한다.

■성 격

임수(壬水)는 큰 물을 상징하고, 정신과 지혜를 나타낸다. 창조적인 사색과 지기심원한 것이 본성이다. 부모에게 받은 인자를 겸한다면 따뜻하고 포용력이 있으며 낙천적이고 봉사정신이 강하다. 금융과 영업능력이 탁월하며 문화, 예술, 학술방면에 재능이 있다.

■조상운

조상은 시간신금(時干辛金)이다. 년지(年支)는 조상궁으로 년상정관(年上正官)이 살지(殺支)에 있어 명예는 없으나, 길성(吉星)인 천을귀인(天乙貴人), 태극귀인(太極貴人), 장생(長生)이 있으니 부귀했다. 그러나 왕한 재(財)가 통근(通根)하지 못하여 부잣집으로 양자를 갔다.

■부모운

월간병화(月干丙火)가 편재(偏財)로 재왕(財旺)하고, 종재(從財)하

여 아버지는 부자다. 월지(月支)는 부모궁으로 천주귀인(天廚貴人),
월덕귀인(月德貴人), 문창귀인(文昌貴人) 등의 길성(吉星)이 있으니
학자다.

■형제운

형제도 종재(從財)하여 부귀하며 우애가 좋다.

■부부운

종재격사주(從財格四柱)가 재생관(財生官)하여 남편은 훌륭한 사람
이다. 일지(日支)는 남편궁으로 길성(吉星)인 천주귀인(天廚貴人),
문창귀인(文昌貴人), 천덕합(天德合) 등이 있으니 명예가 있다. 그러
나 일지(日支)가 병지(病支)에 해당하고, 식상(食傷)이 많아 건강은
그다지 좋은 편이 아니다.

■자식운

자식인 식상(食傷)이 많고 왕하니 자식이 많고 모두 잘 된다.

■직업운

종재격사주(從財格四柱)인데 재(財)와 식상(食傷)이 왕하다. 식상
(食傷)은 문화, 예술, 학술 등을 나타내므로 교육자로 나가면 길하다.

■건강운

종재격사주(從財格四柱)는 대운이 식상(食傷)이나 재운(財運)이나

관운(官運)으로 흐르면 건강상의 문제는 없다. 그러나 대운에서 재
(財)를 극하는 운이 오면 심장질환이 염려되고, 약한 수(水)가 왕한
화(火)를 극하려다 오히려 수(水)가 약해져 신장, 방광, 저혈압 등이
염려된다.

■ 정묘대운(丁卯大運) 10세까지

 신금(辛金)이 시간투출(時干透出)하고 뿌리없이 병(病)이 되어 종
재(從財)를 방해하고 있는데, 대운정화(大運丁火)가 정신극(丁辛剋)
하여 사주를 맑게 하고, 대운의 지지묘목(支地卯木)은 재(財)를 생한
다. 초년운이 좋아 부모의 극진한 사랑을 받는다.

■ 무진대운(戊辰大運) 11세~20까지

 종재격사주(從財格四柱)는 일간(日干)을 생하는 것이 병(病)이고,
극하는 것은 좋은 법이다. 무토(戊土)가 일간임수(日干壬水)를 극하
니 길운이다. 지지진토(支地辰土)는 임수(壬水)의 묘고(墓庫)이니,
진중계수(辰中癸水)가 일간임수(日干壬水)의 뿌리가 되어 나쁜 것
같다. 그러나 진토(辰土)가 인묘진목방합(寅卯辰木方合)되어 목(木)
으로 변하니, 임수(壬水)의 뿌리가 되는 계수(癸水)가 강한 목(木)에
설기 당하여 흔적도 없이 사라지니 좋은 운이다.

■ 기사대운(己巳大運) 21세~30세까지

 기사대운(己巳大運)의 기토(己土)는 정관(正官)인데, 정관(正官)은
지지사화(支地巳火)의 생을 받아 좋은 남편에 해당하여 결혼한다. 대

운지지(大運支地)는 시지해수(時支亥水)를 사해충(巳亥沖)하여 장간(藏干)에 있는 임수(壬水) 뿌리를 제거한다. 관왕재왕(官旺財旺)하고 식상(食傷)도 왕하여 재물과 남편과 자식이 모두 잘 된다.

■ 경오대운(庚午大運) 31세~40세까지

대운이 계속 사오미화방(巳午未火方)으로 흐르고 있으니 좋다. 강한 오화(午火)가 천간경금(天干庚金)을 극하여 살이 되니 큰 힘이 되지 않는다. 약하나마 경금운(庚金運) 5년은 일간임수(日干壬水)를 생하므로 길한 가운데 흉하다. 편인(偏印)의 흉작용으로 경제활동의 장애와 문서사기, 도난, 불조심, 질병, 자녀의 건강문제, 남편의 명예훼손 등이 따른다. 대운이 오운(午運)에 있어 가볍게 지나 갈 수 있지만, 월지편재(月支偏財) 병화(丙火)를 병경극(丙庚剋)하여 부모의 건강에 문제가 생긴다.

■ 신미대운(辛未大運) 41세~50세까지

대운신금(大運辛金)이 용신병화(用神丙火)를 병신합(丙辛合)으로 무력하게 만들어 아주 나쁘다. 년간(年干) 기토정관(己土正官)인 남편이 상관(傷官)의 살지(殺支)에 앉아 있어 매우 신약(身弱)하지만, 월간병화(月干丙火)가 상관(傷官)의 강한 힘을 설기시켜 기토정관(己土正官)을 생하니 잘 지낸다.

병화(丙火)가 대운에서 온 신금(辛金)과 합되어 사랑에 빠져 본연의 의무를 망각하고, 병화용신(丙火用神)은 년간(年干) 기토정관(己土正官)을 생하지 못하니, 기토정관(己土正官) 남편은 강한 상관(傷官)

의 극을 받아 운명을 달리한다. 대운의 지지미토(支地未土)는 해묘미 삼합(亥卯未三合)하여 목국(木局)으로 변하니, 신운(辛運) 5년은 흉한 가운데 길하다.

■ 임신대운(壬申大運) 51세~60세까지

　종재격사주(從財格四柱)는 재(財)를 생하는 목운(木運)이나 재운(財運)이 길하고, 일간임수(日干壬水)를 극하는 토운(土運)이 길하다. 재(財)를 극하는 수운(水運)과 일간(日干)을 생하는 금운(金運)은 흉하니 임신대운(壬申大運)은 대단히 나쁘다.

　병화(丙火)는 용신(用神)이며 월지(月支)는 목기(木氣)가 모두 모이는 곳으로 가장 중요하다. 대운임신(大運壬申)이 용신병인(用神丙寅)을 천극지충(天剋支沖)하고, 시간신금(時干辛金)과 일간임수(日干壬水)의 뿌리가 동시에 들어와, 일간임수(日干壬水)가 지금까지 종(從)하던 것을 거부하니 아주 흉한 운이다. 키워준 부모가 진짜 부모인 줄 알고 잘 살아오다 자신의 출생을 알고, 친부모와 형제를 그리워하다 쫓겨나서 마적단같은 곳에 잡혀갔다가 도망치려다 붙잡혀 죽는 것과 같다.

　이 사주는 종재격(從財格)인데 이미 임신대운(壬申大運)으로 들어온지 오래되었다. 사주와 대운과 년운(年運)이 시계바늘처럼 한 줄로 겹칠 때 길흉이 나타난다고 했는데, 이 사주는 접목운이 지난지 오래되었다. 96년은 병자년(丙子年)으로 일간임수(日干壬水)와 용신병화(用神丙火)가 싸우고, 사주와 대운도 싸우고, 대운과 년운(年運)도 싸우고, 시주(時柱)와 년운(年運)도 싸우고 있다.

96년 6월, 봄부터 한창 나이인 50대 중반의 여자가 특별한 이유없이 시름시름 아프다며 찾아왔다. 병원을 여러군데 찾아다니며 진찰을 받았지만 모두 이상이 없다는 말만 한단다. 그래서 사주를 한번 보고 싶어 찾아왔다는 것이다. 97년 2월 경이 운이 나쁘다고 일러줬는데 안타깝게도 필자의 사주풀이가 적중했다. 이처럼 현대의학으로 밝히지 못하는 것을 사주로는 알 수 있다.

조상탓이오

■ 양순자(여자) / 음력 1960년 9월 6일 오시생(午時生)

년 庚子 ▶ 천덕귀인, 월덕귀인, 천의성, 장생
월 己丑 ▶ 천을귀인, 반안
일 庚戌 ▶ 천덕귀인, 월덕귀인, 괴강, 홍염, 과숙, 고신
시 壬午 ▶ 백호

    4 14 24 34 44 54 64
대 戊 丁 丙 乙 甲 癸 壬
운 子 亥 戌 酉 申 未 午

경금일간(庚金日干)이 축월(丑月)에 태어나, 월지장간(月支藏干)에서 기토(己土)가 일간투출(日干透出)하여 잡기인수격(雜氣印綬格)이다. 토금(土金)이 왕하고 축월(丑月) 신금(辛金)이 너무 차가우니, 따뜻하게 해주며 왕한 경금(庚金)을 극하는 화(火)가 용신(用神)이고, 목(木)은 희신(喜神)이다. 목화운(木火運)은 길하고 토금수운(土金水運)은 흉하다.

이 사주는 앞 사람과 비슷하다. 경금(庚金)은 제련하지 않은 원광석이다. 좋은 제품을 만들려면 수천도의 용광로에 녹여 불순물을 가려내고 물로 식혀야 하는데, 사주에 화(火)가 약하고 목(木)이 없으니 안타깝다. 화(火)는 경금일간(庚金日干)의 남편이고, 목(木)은 돈인데 목(木)이 없고, 시지오화(時支午火) 약한 불씨가 있으나 천간임수(天干壬水)가 극하고 있다.

많은 토(土)가 금(金)을 덮고 있으니, 약한 불로 제련한다 해도 흙과 먼지가 많아 다시 녹슨다. 화(火)를 극하는 임수(壬水)를 수생목(水生木), 목생화(木生火)하면 불씨에 기름을 부어 살려내, 녹슬고 있는 철광석을 녹여 질좋은 제품을 만들 수 있는데 목(木)이 없으니 그것도 어렵다. 게다가 대운조차 목화운(木火運)으로 흘러주지 않으니 답답할 뿐이다.

■성 격

경금(庚金)은 땅 속에서 막 캐내어 가공하지 않은 원광석이다. 고지식하지만 책임감과 신용과 인정이 있고, 말을 함부로 하지 않는다.

■조상운

조상은 일지술토(日支戌土)와 장간무토(藏干戊土)다. 괴강살에 해당하여 군인이나 경찰, 운동선수 등과 같은 강한 직업과 관계있다. 년지(年支)는 조상궁으로 천덕귀인(天德貴人), 월덕귀인(月德貴人), 천의성(天醫星), 장생(長生) 등의 길성(吉星)이 있으니 잘 살았다.

■ 부모운

 아버지는 편재(偏財)로 사주에 갑을목(甲乙木)이 없고, 대운이 나쁘게 흘러 초년부터 고생을 많이 한다. 아버지를 일찍 잃고 부모덕이 없다.

■ 형제운

 토(土)가 많고 목(木)이 없으니 형제들은 많으나, 잘 살지 못하고 형제덕도 없다.

■ 부부운

 남편은 시지오화(時支午火)다. 목(木)이 없는데 많은 토(土)와 임수(壬水)가 극하니, 남편이 매우 신약(身弱)하며 남편복이 없다.

■ 자식운

 수(水)가 기신(忌神)에 해당하여 자식덕이 없고, 일지(日支)에 무토편인(戊土偏印)이 있으니 남편과 자식이 있어도 고독한 팔자다.

■ 직업운

 화(火)가 용신(用神)이니 조명이나 인테리어 등으로 나가면 길하다.

■ 건강운

 사주 자체가 너무 차갑고 목화(木火)가 약하니 간과 심장이 약하고, 토(土)가 많으니 위장이 나쁘다.

■ 재물운

재(財)가 없으니 경제적인 고통이 많고, 편인(偏印)이 일지(日支)에서 흉작용을 하니 열심히 노력해서 재물을 모아도 사기를 당한다.

■ 무자대운(戊子大運) 4세~13세까지

경금일간(庚金日干)이 축월(丑月)에 태어나 사주가 한냉한데, 무자대운(戊子大運)은 북방수운(北方水運)이다. 천간(天干)에 편인무토(偏印戊土)가 들어와 아버지를 일찍 잃어 초년부터 고생이 많다.

■ 정해대운(丁亥大運) 14세~23세까지

정해대운(丁亥大運)은 조후용신(調候用神)을 겸한 정화(丁火)가 들어와 좋을 것 같으나, 해자축북방운(亥子丑北方運)이라 천간(天干)에 들어온 정화(丁火)가 한 겨울 낮 정도의 조후(調候)이니, 크게 길하지는 못하지만 정운(丁運) 5년은 다소 안정된다. 그러나 해운(亥運) 5년은 사주에 있는 년상자수(年上子水)와 월상축토(月上丑土)가 해자축북방합(亥子丑北方合)하여 식신(食神)이 강해지므로, 학업을 포기하고 초년부터 일찍 직장생활을 시작한다.

■ 병술대운(丙戌大運) 24세~33세까지

병술대운(丙戌大運)은 대운병화(大運丙火) 조후용신(調候用神)이 무중정화(丁火)에 통근(通根)하고, 사주의 오화용신(午火用神)과 오술합화(午戌合火)되어 용신(用神)을 도와주니 좋은 운이다. 조후용신(調候用神)인 병화(丙火)는 경금일간(庚金日干)의 남편인 관(官)

이다. 25세 되는 갑자년(甲子年)은 용신병화(用神丙火)를 생하는 운이라, 결혼을 하지만 오래가지 못한다. 토금수(土金水)가 강하고, 시지오화(時支午火) 남편인 관(官)을 시간(時干)이 극하며, 남편궁인 일지(日支)에 괴강살, 고진살(孤嗔殺), 과숙살(寡宿殺)이 있다.

 시지오화(時支午火)가 일지술토(日支戌土)와 오술합(午戌合)되어 안정하려고 하지만, 년지자수(年支子水)가 월지축토(月支丑土)와 해자축방합(亥子丑方合)인 자축합(子丑合)하여 자오충(子午沖)되고, 월지축토(月支丑土)와 일지술토(日支戌土)가 축술형(丑戌刑)되어 남편궁이 충형(沖刑)되고, 일지술토(日支戌土)가 남편 병화(丙火)의 묘고(墓庫)에 해당하여 남편궁이 안정되지 못하기 때문이다.

 또 경금일간(庚金日干)이 사주가 너무 차기 때문에, 사주에 있는 목(木)으로 생을 받지 못하는 약한 오중병정화(午中丙丁火)가 따뜻하게 해주기는 역부족이다. 결혼 5년 후인 무진년(戊辰年)에 일지술토(日支戌土)와 진술충(辰戌沖)되고, 년지진토(年支辰土)와 대운술토(大運戌土)가 진술충(辰戌沖)되니, 쉴 곳을 잃어버린 남편이 떠난다.

 이 사람은 96년 3월경부터 잊어버릴만 하면 한번씩 찾아온다. 지금은 포장마차를 하고 있지만 역학을 공부하고 싶은데 너무 어렵다고 한다. 다음에 오는 갑신대운(甲申大運)부터는 역학을 공부할 운이고, 말년이 좋으니 열심히 살면 보람을 느낄 수 있을 것이다.

내일을 알지 못하는 짧은 행복

■ 박정자(여자) / 음력 1945년 9월 6일

년 乙酉 ▶ 천을귀인, 태극귀인, 장생
월 己卯 ▶ 태극귀인, 백호, 단교관살, 원진
일 丙申 ▶ 관귀학관, 문창귀인, 암록, 천덕귀인, 망신, 귀문관살

   3 13 23 33 43 53 63
대 庚 辛 壬 癸 甲 乙 丙
운 辰 巳 午 未 申 酉 戌

병화일간(丙火日干)이 묘월(卯月)에 태어나, 월지장간(月支藏干)에서 을목(乙木)이 년간투출(年干透出)하여 정인격(正印格)이다. 시(時)를 모르니 자세한 것은 알 수 없으나, 사주를 받는 순간 여섯개의 글자가 치고박고 싸우고 있는 것이 보인다. 천간(天干)과 지지(支地)가 모두 극각(剋脚)되었으니, 천간투출(天干透出)한 기물이 모두 뿌리가 잘려 죽어있는 나무와 같은 형상이다. 용신(用神)은 싸움을 말리는 수(水)이고, 인수격(印綬格)에 년지유금(年支酉金)이 월지묘목

(月支卯木)을 묘유충(卯酉沖)하여 을목(乙木) 뿌리가 상하고, 년간 을목(年干乙木) 넝쿨도 잘려버리고 말았다.

■ 성 격

병화(丙火)는 양(陽) 중의 양(陽)으로 태양의 광열을 의미한다. 밝고 화려한 것을 좋아하고 성격이 급하다. 남에게 베풀기를 좋아하며 뒤끝은 없으나 잘난척하며 남 앞에 나서고, 과장과 호언장담을 잘 한다. 부모에게 받은 인자를 겸한다면 온후하고 명예를 중요하게 생각하며, 지성적이며 학문과 예술에 재능이 있다.

■ 조상운

조상은 월지장간(月支藏干) 갑목(甲木)인데 왕지(旺支)에 앉아 있고, 조상궁인 년지(年支)에 천주귀인(天廚貴人), 태극귀인(太極貴人), 장생(長生) 등의 길성(吉星)이 있으니 잘 살았다.

■ 부모운

아버지는 일지장간(日支藏干) 경금(庚金)이다. 부모궁인 월지(月支)에 상관(傷官)이 있고, 목욕지(沐浴支)에 해당하므로 주색을 즐긴다. 월주(月柱)가 극을 많이 당하여 부모를 일찍 잃는다.

■ 형제운

월지(月支)는 형제궁으로 목욕지(沐浴支)에 해당하여 형제는 많지 않다. 극을 많이 당하여 잘 살지 못하며 형제덕이 없다.

■ 부부운

남편은 일지장간(日支藏干) 임수(壬水)다. 남편궁인 일지(日支)가 장생(長生)에 해당하여 남편은 결혼한 후 사업이 잘 된다. 인수격(印綬格)인데 재(財)가 왕하니 친정은 망하고 시집은 잘되나 시부모에게 설움을 많이 당한다. 신약(身弱)한 병화일간(丙火日干)이 부모의 도움없이 혼자 힘으로 살아가지만, 사오미화운(巳午未火運)이 강한 금(金)을 다스려 잘 지낸다. 그러나 갑신대운(甲申大運)부터 운이 나쁘게 흘러 자식들과 어렵게 살아간다.

■ 자식운

자식은 병화일간(丙火日干)과 월간기토(月干己土)다. 월지묘목(月支卯木)의 살지(殺支)에 있어 자식들은 잘 살지 못하고 건강도 나쁘다. 시(時)는 모르지만 희신(喜神)이 있으면 말년에 자식덕을 본다.

■ 직업운

금목(金木)이 싸우고 있으니 부모가 항상 부부싸움을 한다는 뜻이다. 한마디로 이 집안은 싸우는 인자와 바람을 피우는 인자가 유전되고 있고, 자식들도 월지(月支)와 목욕지(沐浴支)가 암합(暗合)된다. 계미대운(癸未大運) 전까지는 시부모를 모시며 살고, 갑신대운(甲申大運)부터는 고난이 많다. 현재는 건물 청소부로 어렵게 살고 있다.

■ 건강운

사주팔자가 모두 싸우고 있으니 심장이 약하고, 허리디스크가 있어 조금만 힘든 일을 해도 몸살이 난다.

■ 재물운

　재(財)가 기신(忌神)에 해당하므로 재물복이 없다. 쥐꼬리만한 월급으로 경비에게 술담배를 사줘야 하니 갈취 당하는 형편이다. 그렇지 않으면 청소부도 할 수 없으니 딱한 노릇이다.

■ 경진대운(庚辰大運) 3세～12세까지

　사주에서 토금(土金)이 기신(忌神)인데, 대운에서 또 토금(土金)이 들어온다. 어린나이에 부모를 잃고 고생한다.

■ 신사대운(辛巳大運) 13세～22세까지

　년간을목(年干乙木) 어머니를 신사대운(辛巳大運)의 신금(辛金)이 을신극(乙辛剋)하니, 부모의 도움을 받지 못하고 남의 집에 의탁되어 성장한다. 갑운(甲運) 5년이 지나 사운(巳運)으로 넘어오면서 일지 신금(日支辛金)과 사신형(巳申刑)되어, 지살(地殺)과 재(財)가 동하니 학업을 포기하고 일찍 홀로서기를 시작한다.

■ 임오대운(壬午大運) 23세～32세까지

　임오대운(壬午大運)은 가장 좋은 운이다. 신약(身弱)한 일간(日干)에게 용신임수(用神壬水)와 병화(丙火) 뿌리가 들어와 임수(壬水) 남편이 되니 결혼하여 잘 지낸다. 아쉬운 것은 임수(壬水)가 병자(丙子)로 바뀌어 들어왔으면 크게 발복했을 것이다. 자수(子水)가 지지

(支地)로 들어오면 금생수(金生水), 수생목(水生木)하여 사주에 있는 병을 치료할 수 있는데 안타깝다.

■ 계미대운(癸未大運) 33세~42세까지

 계미대운(癸未大運)에서 오는 계수(癸水) 남편을 월간기토(月干己土) 상관(傷官)이 계기극(癸己剋)하여, 남편과 사별하는 아픔을 겪는다. 대운의 지지미토(支地未土)는 상관(傷官)이라 신약(身弱)한 병화(丙火)을 설기시키나, 월지묘목(月支卯木)과 묘미합목(卯未合木)하여 윗사람의 도움으로 직장을 구하여 살아간다. 남편궁인 일지(日支)가 병지(病支)에 해당하여 남편의 건강이 좋지 않고, 십악대패살(十惡大敗殺)이 있어 남편덕이 없다.

■ 갑신대운(甲申大運) 43세~52세까지

 갑신대운(甲申大運)은 신약(身弱)한 병화일간(丙火日干)의 뿌리인 목(木)을 극하는 신유술금방(辛酉戌金方)이라 더욱 어렵다. 대운의 천간갑목(天干甲木)도 월간기토(月干己土)가 갑기합토(甲己合土)로 병화(丙火)를 돕지 못하게 방해한다. 지지신금(支地申金)도 년지유금(年支酉金)과 일지신금(日支申金)이 묘목(卯木)과 합되지 못하게 막고 있는데, 대운에서 와서 신유합(辛酉合)되니 월지묘목(月支卯木)을 더욱 강하게 극하여 주위에 도와주는 사람이 없다. 대운신금(大運申金) 속에 숨어들어 온 임수(壬水)는 병화(丙火)가 고생하여 벌은 월급을 술과 담배값으로 강탈한다. 도와주는 사람은 하나도 없고, 월간기토(月干己土)인 자식까지 바람이 나니 더욱 힘들다.

수(水)가 통관용신(通關用神)이므로 식당에서 일을 하는 것이 어떻겠느냐고 권했더니, 허리디스크 때문에 가벼운 사무실 청소밖에 할 수 없다고 한다. 97년에 자식이 은행에서 융자를 받아, 현재 살고 있는 전세금과 합하여 작은 아파트를 사주었고, 3년 전부터 아파트청약을 해왔는데 당첨되어 아파트가 두 채나 되었다며 자랑 겸 걱정을 한다. 53세가 되면 좋아질테니 힘들어도 열심히 살라고 했다. 53세는 을유대운(乙酉大運)이다. 사주의 을목인수(乙木印綬)가 약하나마 용신운(用神運)이라 5년은 무난하게 잘 지내겠으나, 유운(酉運)에는 자식과 금전문제로 어려움을 겪겠다.

마누라 찾아 삼천리

■ 최정민(남자) / 음력 1960년 1월 5일 인시생(寅時生)

년　庚子 ▶ 내록, 양인, 홍염, 장생
월　壬午 ▶ 교록, 백호, 공망
일　壬辰 ▶ 괴강, 양차, 화개, 공망
시　壬寅 ▶ 천주귀인, 문창귀인, 암록, 고신, 역마

　　　 1　11　21　31　41　51　61
대　癸　申　乙　丙　丁　戊　己
운　未　申　酉　戊　亥　子　丑

　임수일간(壬水日干)이 오월(午月)에 태어나, 월지장간(月支藏干)에 천간투출(天干透出)이 없으니 월지(月支)에서 격을 잡아 정재격(正財格)이다. 년지자수(年支子水)와 일지진토(日支辰土)에 통근(通根)한 임수(壬水)가 연좌하고 있으며, 년간경금(年干庚金)의 생을 받아 매우 신왕(身旺)하다. 월지정재(月支正財)는 년지자수(年支子水)와 자오충(子午沖)되어 파격(破格)인데, 시지인목(時支寅木)이 왕한 수

(水)와 월지오화(月支午火) 정재(正財)를 유통시켜 통관용신(通關用神)이다.

이 사주는 년지자수(年支子水)와 시지인목(時支寅木) 사이에 축토(丑土)가 끼어 있고, 시지인목(時支寅木)과 일지진토(日支辰土) 사이에 묘목(卯木)이 끼어 있고, 일지진토(日支辰土)와 월지오화(月支午火) 사이에 사화(巳火)가 끼어 있는 특수한 공격사주(拱格四柱)다. 공격(拱格)이란 년월일시(年月日時) 사이에 이빨이 하나씩 빠져 있는 것을 말한다. 열심히 노력하여 부족한 부분을 채워넣을 때 행복을 느낀다.

그러나 허약한 기반 위에서 성공한다는 것이 쉬운 일은 아니다. 요즘 우리 사회를 보면 어느날 갑자기 명퇴니 조퇴니 하여 고개숙인 남자가 된다. 사주도 역시 특수격인 귀격인 경우가 많으나 예외는 아니다. 지금 이 사주가 그런 경우다.

그리고 극각(剋脚)이란, 말 그대로 조상따로, 부모따로, 자식따로를 말한다. 운이 좋아 빠진 부분이 채워질 때는 잠시 화목하게 지내다가, 운이 끝나면 다시 남으로 돌아간다. 이와같이 공격사주(拱格四柱)는 다양하게 변하는데, 주기가 바뀔 때마다 많은 변화가 따른다. 간절히 바라던 귀물이 대운에서 왔을 때는 크게 발복하나, 때를 만나지 못하면 불발로 그친다.

■성 격

생각이 많고 속이 깊으며 인내심이 강하다. 온순하지만 곤경에 처하면 극단적인 행동을 서슴지 않는다. 부모에게 받은 인자를 겸한다면 돈을 많이 만지면서 자유롭게 살고, 사람을 잘 다루며 잔꾀가 많다.

■ 조상운

조상은 년간경금(年干庚金)이다. 조상궁인 년지(年支)에 장생(長生)이 있으니 잘 살았다.

■ 부모운

아버지는 월지장간(月支藏干) 병화(丙火)인데 녹지(祿支)에 있어 잘 살지만, 월간임수(月干壬水)와 년지자수(年支子水)가 극하여 아버지를 일찍 잃는다.

■ 형제운

형제는 많지 않으며, 수(水)가 기신(忌神)이라 형제덕이 없다. 년간경금(年干庚金) 편인(偏印)이 있어 부모덕이 없다. 다른 사람 밑에서 자라며 고향을 일찍 떠난다.

■ 부부운

재(財)가 희신(喜神)에 해당하여 처덕이 있지만, 재(財)를 극하는 수(水)가 많으니 일찍 사별하거나, 아내의 변심으로 백년해로를 하기가 어렵다.

■ 자식운

자식이 희신(喜神)이라 자식덕이 있고, 시상(時上)에 용신인목(用神

寅木) 희신(喜神)이 있으니 말년에는 자식이 잘 된다.

▪직업운

목화(木火)가 희신(喜神)에 해당하므로 건축업에 종사하면 길하다.

▪건강운

화(火)가 약하니 화(火)를 돕는 술을 많이 마시게 된다. 간, 심장, 위장 등이 나쁘다.

▪재물운

정재격사주(正財格四柱)에 식신(食神)이 용신(用神)이니 열심히 노력하면 경제적인 어려움은 없다. 그러나 재(財)를 겁탈하려는 비겁(比劫)이 많아 투기성 사업이나 동업은 불리하다. 돈이 생기는대로 부동산에 투자하면 좋다.

▪계미대운(癸未大運) 10세까지

계미대운(癸未大運)은 사오미화방(巳午未火方)이다. 미토(未土)는 신왕(身旺)한 수(水)를 극하며, 약한 오화(午火)와 사오미합화(午未合火)되어 화(火)를 도와주니 길하다.

▪갑신대운(甲申大運) 11세~20세까지

갑신대운(甲申大運)의 천간(天干甲木)이 사주에 많은 수기(水氣)를 설기하니 길하다. 년간경금(年干庚金)이 갑경극(甲庚剋)되니 갑목

(甲木)은 식신(食神)으로 의식주를 의미하고, 경금(庚金)은 밥그릇을 엎어버리는 흉작용을 하고, 대운지지(大運支地)에 들어온 신금(申金) 역시 시상인목(時上寅木)을 인신충(寅申沖)하니, 부모의 이혼이나 상별로 다른 사람 밑에서 성장한다.

사주에서 식신(食神)이 용신(用神)인데 편인운(偏印運)을 만나거나, 의식주에 해당하는 식신(食神)을 편인(偏印)이 극하면, 밥을 굶거나 눈치밥을 먹으니 식탐을 부리다가 위장병을 앓는다. 이 사람은 편재격사주(偏財格四柱)가 아니었다면 이 운에서 굶어 죽었을 것이다. 식신(食神)을 극하는 편인(偏印)을 약하나마 정재(正財)가 극하니 식신(食神)이 완전히 극되지 않아, 배고픈 고통은 당하나 굶어 죽지는 않는다.

■ 을유대운(乙酉大運) 21세~30세까지

아무리 사주가 좋아도 대운이 나쁘면 고난을 면하기 어렵다. 정재격(正財格)에 년상자수(年上子水)가 자오충(子午沖)되어 파격(破格)인데, 운까지 나쁘게 흐르고 있으니 어려울 수밖에 없다. 을유대운(乙酉大運)은 일지진토(日支辰土)와 유금도화(酉金桃花)가 합되어 일지(日支)로 들어온다. 이 운에서 결혼하여 자식까지 낳는다. 유금(酉金)은 인수(印綬)로 편인(偏印)처럼 흉작용을 하지 않기 때문에 어려움 속에서도 사회활동을 하며 가정을 꾸려나간다.

■ 병술대운(丙戌大運) 31세~40세까지

기다리고 기다리던 병화(丙火)와 술토(戌土)가 대운에서 들어와, 심하게 흉작용을 하는 경금(庚金)을 병경극(丙庚剋)한다. 일지진토(日支辰土)는 수(水)의 묘고(墓庫)이며 경금(庚金)의 뿌리를 겸하고 있는데, 대운술토(大運戌土)가 진술충(辰戌沖)하여 제거하고, 년지자수(年支子水)의 뿌리도 극하고, 술토(戌土)는 월지오화(月支午火)와 시지인목(時支寅木)과 인오술삼합(寅午戌三合)되어 재국(財局)을 이룬다. 재왕(財旺)하여 일시에 파격(破格)에서 승격되니 경제적인 안정을 찾는다.

그러나 사주를 좀더 자세히 살펴보면, 천간(天干)은 모두 극하고 지지(支地)는 임오술삼합화(壬午戌三合火)되어 강한 수화(水火)가 싸우고 있다. 또 대운에서 온 병술(丙戌)은 일간임진(日干壬辰)과 천극지충(天剋支沖)되고, 병화(丙火)는 편재(偏財)에 해당하고, 술토(戌土)는 인오술삼합(寅午戌三合)되어 병화(丙火)의 뿌리가 되어 강력한 두 세력이 극단적으로 싸우고 있다. 이렇게 싸우는 것을 군겁쟁재(群劫爭財)라고 한다.

강력해진 편재(偏財)가 임진일주(壬辰日柱)를 천극지충(天剋支沖)하여, 뿌리가 빠져버린 임수일간(壬水日干)이 큰 세력인 편재(偏財)를 극하는 것은 어려운 일이다. 그렇다고 사주에 많이 있는 임수(壬水) 형제들이 힘을 합하여 강력해진 편재(偏財)를 막지도 못하니, 이놈 저놈 훔쳐가기 바쁘다. 월간임수(月干壬水)와 오화정재(午火正財)가 암합(暗合)되어 항상 조심하고 의심하며 마음을 조여왔는데, 마누라 재산이 통째로 날아가 버렸다. 다음은 부인의 사주를 보자.

부인사주

■ 이점순(여자) / 음력 1959년 2월 21일 축시생(丑時生)

    년 己亥 ▶ 금여록, 천의성, 지살
    월 丙子 ▶ 천주귀인, 문창귀인, 학당귀인, 고만, 도화
    일 辛卯 ▶ 태극귀인, 교록, 홍만성, 음차, 장생
    시 己丑 ▶ 고신

     1   11 21 31 41 51 61
  대 丁 戊 己 庚 辛 壬 癸
  운 丑 寅 卯 辰 巳 午 壬

  신금일간(辛金日干)이 자월(子月)에 태어나, 월지자수(月支子水)가 년지해수(年支亥水)와 시지축토(時支丑土)와 해자축방합(亥子丑方合)하고, 일간신금(日干辛金)이 월지병화(月支丙火)와 병신합수(丙辛合水)하여 화기격(化氣格)이다. 천간합(天干合)에 수(水)를 극하는 토(土)가 없어야 승격된다. 년시간(年時干) 기토(己土)가 천간투출(天干透出)하여 파격(破格)이다.

  일지장간(日支藏干) 을목(乙木)이 용신(用神)이며 약신(藥神)이나, 천간투출(天干透出)한 기물은 천간(天干)에서 극하지 못하니, 대운천간(大運天干)에서 갑을목(甲乙木)이 오면 격이 맑아지고 승격된다. 수(水)가 용신(用神)이니 금수목운(金水木運)은 길하고 화토운

(火土運)은 흉하다. 신금일간(辛金日干)은 식상(食傷)으로 해자축방합(亥子丑方合)하여, 월지도화살(月支桃花殺) 위에 앉아 있으니 주색을 즐긴다.

■성 격

날카롭고 맺고 끊는 것이 분명하며 자존심이 강하다. 처세가 정확하지만 남을 무시하는 경향이 있다.

■조상운

조상은 년간기토(年干己土)인데, 해자축수(亥子丑水) 위에 있으니 뿌리가 없다. 잘 살았다고 볼 수 있으나 주색파다.

■부모운

아버지는 일지묘중(日支卯中) 을목(乙木)이다. 을목(乙木)에 아내인 기토(己土)와 축토(丑土)가 많고, 부모궁인 월지(月支)에 도화살(桃花殺)이 있으니 부모 역시 주색을 즐긴다.

■형제운

형제는 경신금(庚辛金)인데, 시지축토(時支丑土) 묘고(墓庫)에 있으니 잘 살지 못한다. 형제궁인 월지(月支)에 도화살(桃花殺)이 있으니 형제들도 주색을 즐긴다.

■ 부부운

 남편은 월간병화(月干丙火)다. 해자축수(亥子丑水) 위에 있는 불이
라 무능하고, 도화살(桃花殺) 위에 앉아 있으니 주색을 즐긴다.

■ 자식운

 자식궁인 시지(時支)에 화기격(化氣格)을 극하지 못하게 하는 기축
(己丑)이 있으니 자식복이 없다.

■ 직업운

 용신(用神)인 목(木)과 관계된 의상디자이너 등으로 나가면 길하다.

■ 건강운

 대운이 희신(喜神)인 목(木)으로 흐르니 대체적으로 건강하다.

■ 재물운

 목(木)이 희신(喜神)이고, 일지(日支)에 편재(偏財)를 깔고 있으며,
수(水)가 많으니 열심히 노력하면 경제적인 어려움은 없다.

■ 정축대운(丁丑大運) 1세~10세까지

 병신합(丙辛合), 해자축방합(亥子丑方合)되어 화기격(化氣格)이다.
사주에서 병(病)인 기토(己土)를 제거하려면 천간(天干)으로 갑을목
(甲乙木)이 와야 하는데, 뜻대로 안되니 크게 빛을 보기는 어렵다. 정
축대운(丁丑大運)은 해자축북방합(亥子丑北方合)이니 무난하게 지

내지만, 천간(天干)으로 오는 정화(丁火)가 병(病)이니 아주 좋은 운이라고는 할 수 없다.

■ 무인대운(戊寅大運) 11세~20세까지

무인대운(戊寅大運)은 인묘진동방목운(寅卯辰東方木運)이라 좋지만, 지지(支地)로 오는 인묘진(寅卯辰)이 천간(天干)의 병(病)인 기토(己土)를 제거하지 못하는 것이 안타깝다. 그러나 대운이 잘 흘러 무난하게 공부하고, 목(木)이 희신(喜神)에 해당하여 의상디자이너가 된다. 인운(寅運)에서 결혼하는 것은 인중병화(丙火)가 일지묘목(日支卯木)과 인묘합(寅묘合)되고, 사주에 수(水)가 왕하며 도화살(桃花殺)과 병신합(丙辛合) 등이 있기 때문이다.

■ 기묘대운(己卯大運) 21세~30세까지

사주의 병(病)인 기토(己土)가 대운에서 왔으나, 기토(己土)가 살지(殺支)에 있는 기묘대운(己卯大運)이라 흉작용을 크게 하지는 않는다. 지지(支地)로 온 묘목(卯木)이 천간기토(天干己土)를 제거하지 못하는 것이 안타까우나, 대운이 인묘진동방목운(寅卯辰東方木運)에 있으니 사회활동을 하며 안정된다.

■ 경진대운(庚辰大運) 31세~40세까지

경진대운(庚辰大運)은 월간병화(月干丙火) 남편을 병경극(丙庚剋)하고, 지지진토(支地辰土)는 월지자수(月支子水)의 도화살(桃花殺)과 합되고, 일지묘목(日支卯木)과 묘진합(卯辰合)되어 사주에 있는 인자와 합되니, 조용히 있는 인자를 발동시켜 남편과 헤어지고 다른 남자를 사귄다. 도화살(桃花殺)이 자묘형(子卯刑)되어 도화병(桃花病)이 생기거나 관재구설이 따른다. 대운경금(大運庚金)이 병경극(丙庚剋)하여 남편과 이혼한 것이다.

  궁합에서 남자의 용신(用神)이 목(木)이면, 여자도 목(木)이 용신(用神)이고 약신(藥神)이다. 남자는 정재(正財)가 자오충(子午沖)하고, 처궁인 일지(日支)에 괴강살, 양차살(陽差殺), 화개살(華蓋殺), 공망(空亡) 등이 있어 백년해로가 어렵고, 정화(丁火) 부인은 월간임수(月干壬水)와 암합(暗合)되어 아내에게 외정이 있음을 알 수 있다. 여자는 합이 많고 도화살(桃花殺)과 홍염살(紅艷殺) 등이 있어 일부종사하기 어려운데, 남편궁인 일지(日支)에 자묘형(子卯刑)이 있으니, 인자를 발동시키면 가정파탄과 관재구설이 따른다.
  남자는 월간오화(月干午火)와 년지자수(年支子水)가 자오충(子午沖)되어 사업실패와 처덕이 없음을 암시하고, 여자는 신묘일주(辛卯日柱)에 납음공망(納音空亡)이지만 십악대패살(十惡大敗殺)이 있으니, 시댁의 사업실패가 따르고 남편덕이 없다. 이 두 사람은 모두 일지(日支)가 묘진합(卯辰合)되었다.
  남자는 수화(水火)가 극단적으로 싸우니 아내와 균형을 이루지 못하고, 여자도 잠재해 있는 인자를 대운에서 발동시키면 문제가 발생한다. 병자년(丙子年)은 남자에게 수화(水火)가 극단적으로 싸우는 운이고, 여자에게는 대운과 사주가 싸우는 운이며, 년상병자(年上丙子)는 다시 대운경금(大運庚金)과 병경극(丙庚剋)되는 운이다. 여자 신묘일주(辛卯日柱)는 병화(丙火)가 남자인데, 자수(子水)가 도화살(桃花殺)에 해당하여 끼있는 남자와 합되어 집을 나간 것이다.

 97년 정축년(丁丑年)은 남자는 여러개의 임수(壬水)와 정재(正財)인 정화(丁火)가 공동으로 합되고, 일지진토(日支辰土)와 정축년(丁丑年) 축토(丑土)가 축진파(丑辰破)되니 법적문제가 따른다는 것을 암시한다. 그리고 남자는 오화(午火)와 시상인목(時上寅木)과 축인오원진살(丑寅午怨嗔殺), 귀문관살(鬼門關殺), 탕화살(湯火殺)이 있다. 7월 정미월(丁未月)에 두 사람에게 법적문제가 있는데, 이것은 정미월(丁未月)이 정축년(丁丑年)과 정화(丁火)가 한 줄로 겹치는 달이기 때문이다.

사법고시가 되겠습니까

■ 김승수(남자) / 음력 1966년 9월 6일 묘시생(卯時生)

     년 丙午 ▶ 장생
     월 丙申 ▶ 관귀학관, 금여록, 고신, 역마, 원진
     일 丁卯 ▶ 태극귀인, 문창귀인, 도화, 공망, 귀문관살
     시 癸卯 ▶ 태극귀인, 문창귀인, 천덕귀인, 도화, 공망

       1 11 21 31 41 51 61
     대 丁 戊 己 庚 辛 壬 癸
     운 酉 戌 亥 子 丑 寅 卯

  정화일간(丁火日干)이 신월(申月)에 태어나, 월지장간(月支藏干)에
천간투출(天干透出)이 없으니 월지(月支)에서 격을 잡아 정재격(正
財格)이다. 목화(木火)가 많아 신왕(身旺)하니 목화(木火)를 극하거
나 설기하는 것이 용신(用神)이지만, 일간(日干)을 설기시켜 재(財)
를 생하는 식상(食傷)이 없다. 시간(時干)에 계(癸)가 투출(透出)하
여 계기(癸己)를 용신(用神)으로 삼으려고 하지만, 계수(癸水)가 묘

목(卯木)에 위에 앉아 묘목(卯木)을 생하기 바쁘니, 신왕(身旺)한 병정화(丙丁火)를 다스릴 수 없다. 그러니 많이 깨져 많은 화(火)를 다스리기에는 부족하지만, 월지장간(月支藏干) 임수(壬水)를 용신(用身)으로 쓸 수밖에 없다. 토금수운(土金水運)은 길하고 목화운(木火運)은 흉하다.

이 사주는 월지정재(月支正財) 하나를 놓고, 목(木)의 생을 받은 병정화(丙丁火)가 토(土)가 없어 생을 받지 못하는 남의 집 귀한 딸을 며느리로 삼아, 용광로에 넣고 완전히 녹이고 있으니 차마 눈뜨고 볼 수 없는 광경이다.

계수(癸水) 자식은 애원하는 어머니를 구하려고 애쓰지만, 계수(癸水)는 작은 물방울에 불과하므로 지지묘목(支地卯木)에 힘을 보태주고, 묘목(卯木)은 이글이글 타는 병정화(丙丁火)에 기름을 부어주는 꼴이니 이 일을 어쩌나. 시어머니는 아들 딸을 앞세워 달달볶는 정도를 넘어, 아예 며느리 침대에서 함께 지낸다. 그뿐아니라 며느리는 대문 밖으로 한발자국도 나갈 수 없고, 친정식구들도 절대로 이집 대문 안으로 들어올 수 없다.

이 사주는 월지정재격(月支正財格)인데 목화(木火)가 많으니 토(土)가 있어야 중화된다. 월지신금(月支辛金) 하나를 놓고 목화(木火)가 완전히 둘러싸고 있다. 아무리 월령(月令)했다고 하나 사방에 적들이 애워싸고 있으니 스트레스가 쌓여 살 수 있겠는가.

이런 경우 남편인 정화(丁火) 입장에서는 아내에게 남자가 많은 것이 되어 의처증이 있고, 식상(食傷)이 없으니 일을 하지 않으며, 금화

(金火)의 중간매체가 없으니 아내를 위할 줄도 모른다. 목(木)의 생을 많이 받은 화(火)를 설기시킬 토(土)가 없어 배터지게 먹고 소화를 못시키니, 미련해진 시어머니가 자식들을 앞세워 며느리를 학대한다.

■성 격

조용하고 깨끗하다. 얌전하고 착하지만 비현실적이며 까다롭다. 느긋한 것 같으나 급하고 예리하다. 부모에게 받은 인자를 겸한다면 성실하고 검소하며 정확하여 부당한 재물을 원하지 않는다.

■조상운

조상은 일지묘중(日支卯中) 을목(乙木)이다. 조상궁인 년지(年支)에 길성(吉星)인 장생(長生)이 있으니 잘 살았다.

■부모운

아버지는 편재(偏財)로 사주에는 나타나있지 않으나 월지신중(月支申中) 경금(庚金)이다. 지장간(支藏干)에 갑을목(甲乙木)이 많으니 어머니가 두 분이다. 부모궁인 월지(月支)에 관귀학관(官貴學官), 금여록(金與祿) 등의 길성(吉星)이 있으니 잘 살지만, 많은 화(火)에 극되어 일찍 잃는다.

■형제운

비겁(比劫)이 많아 형제는 많으나, 화(火)가 기신(忌神)에 해당하여 형제덕이 없다.

■부부운

아내는 월지신중(月支申中) 경금(庚金)이다. 재(財)가 용신(用神)과 희신(喜神)을 겸하여 처덕이 있으나, 목화(木火)가 많고 월지정재(月支正財)를 극하여 일찍 사별하거나 헤어진다.

■자식운

자식은 시상계수(時上癸水)와 월지임수(月支壬水)다. 희신(喜神)이라 자식덕이 있지만, 일지(日支)에 편인묘목(偏印卯木)이 있으니 말년에는 함께 살기 어렵다.

■직업운

정재격(正財格)에 관(官)이 용신(用神)이니 금융계통이나 세무공무원 등으로 나가면 길하다.

■건강운

금(金)이 많아 화(火)가 극하니 기관지, 폐, 장 등이 나쁘고, 수(水)도 많이 극되어 신장이나 방광 등이 나쁘다.

■재물운

정재격(正財格)이니 근면하고 성실하여 착실하게 저축하며 발전한다. 목화(木火)가 기신(忌神)에 해당하여 사기 등을 조심해야 한다.

■ 정유대운(丁酉大運) 10세까지

정유대운(丁酉大運)은 신유술서방금운(申酉戌西方金運)이다. 사주
에서 극을 많이 받아 신약(身弱)해진 정재(正財)를 생하고, 용신(用
神)인 신중임수(申中壬水)를 생하니 길하다. 그러나 정운(丁運) 5년
은 약간의 어려움이 따른다.

■ 무술대운(戊戌大運) 11세~20세까지

정재격사주(正財格四柱)가 상관(傷官)이 대운에서 들어와 많은 수
(水)가 금(金)을 극하는데, 신약(身弱)한 신금(辛金)을 생하며 화
(火)와 금(金)을 유통시키니, 경제적으로 안정되고 공부도 잘 한다.

■ 기해대운(己亥大運) 21세~30세까지

기해대운(己亥大運)은 해자축북방수운(亥子丑北方水運)이며 용신
운(用神運)이라 좋을 것 같다. 그러나 시간투출(時干透出)한 계수(癸
水)를 대운기토(大運己土)가 계기극(癸己剋)하고, 지지해수(支地亥
水)는 일시지(日時支)에서 묘목합(卯木合)되어, 용신(用神)의 역할
보다는 일시묘목(日時卯木)이 합되어 목(木)으로 변하니, 흉작용이
더 강하여 좋은 운이 아니다.

■ 경자대운(庚子大運) 31세~40세까지

경자대운(庚子大運)은 길운이 되는 정재(正財)가 대운에서 오며, 대
운지지(大運支地) 자수(子水)는 용신운(用神運)이다. 천간(天干)으
로 온 경금(庚金)을 년월간(年月干) 병화(丙火)가 병경극(丙庚剋)하

나, 경금(庚金)은 월지(月支)에 통근(通根)하고 가살(假殺)인 계수(癸水)를 생하여, 능력이 없어 애태우던 병정화(丙丁火)를 다스리며 경금(庚金)을 지킨다. 대운지지(大運支地) 자수(子水)는 월지신금(月支辛金)과 신자합(申子合)되어 강한 수(水)가 된다. 지금까지 신중장간(申中藏干)의 임수(壬水) 씨앗으로 있었으나, 대운에서 자수(子水)가 오니 큰 물이 되어 시간계수(時干癸水)의 뿌리를 겸한다.

이 사람은 어느 역술인이 96년 병자년(丙子年)에 사법고시에 합격한다고 했는데 떨어졌고, 또다른 역술인이 97년 정축년(丁丑年)에 된다고 했는데 역시 되지 않았다고 한다.

병자년(丙子年)은 대운신금(大運辛金)과 지지자수(支地子水)가 사주와 대운의 년주(年柱)와 함께 천극지충(天剋支沖)되니 안되었고, 정축년(丁丑年) 역시 정재격(正財格)에 비견운(比肩運)이라 불가능했던 것이다.

돌아오는 무인년(戊寅年)은 시간계수(時干癸水)와 무계합(戊癸合)되어 좋은 운으로 보이나, 월지신금(月支申金)과 인신충(寅申沖)되어 결코 좋은 운이 아니다. 또 기묘년(己卯年)은 시간계수(時干癸水)와 계기극(癸己剋)되어 목(木)이 왕하니 불가능하며, 경진년(庚辰年)에 가서야 신자진삼합(申子辰三合)되어 가능할 것으로 보인다.

여자사주

■ 이점자(여자) / 음력 1971년 2월 10일 인시생(寅時生)

　년　辛亥 ▶ 문창귀인, 학당귀인, 암록, 지살
　월　乙未 ▶ 천을귀인, 화개
　일　甲辰 ▶ 금여록, 천덕귀인, 월덕귀인, 백호, 원진, 귀문관살
　시　丙寅 ▶ 천희신, 고신, 망신, 공망

　　　7　17　27　37　47　57
　대　丙　丁　戊　己　寅　辛
　운　申　酉　戌　亥　子　丑

　갑목일간(甲木日干)이 미월(未月)에 태어나, 월지장간(月支藏干)에서 천간투출(天干透出)이 없으니 월지(月支)에서 격을 잡아 정재격(正財格)이다. 재(財)도 왕하고, 목(木)도 년지해수(年支亥水), 일지진토(日支辰土)와 시지인목(時支寅木)에 통근(通根)하여 신왕(身旺)하다.

　남편인 신금정관(辛金正官)도 월지미토(月支未土)와 일지진토(日支辰土)에 통근(通根)하여 신왕(身旺)하고, 시간병화(時干丙火)도 월지인목(月支寅木)과 시지인목(時支寅木)에 통근(通根)하여 신왕(身旺)하니, 조화를 잘 이룬 아름다운 한폭의 그림같은 사주다.

　정재격사주(正財格四柱)라 월간을목(月干乙木)이 용신(用神)이나,

7월의 무더위가 맹위를 떨치고 있으니 우선 수(水)가 필요하여 년지해수(年支亥水)가 조후용신(調候用神)이다. 년간신금(年干辛金)은 희신(喜神), 토(土)는 기신(忌神), 목(木)은 약신(藥神)이다.

 갑목일간(甲木日干)이 태양이 이글거리는 7월 삼복더위에 태어났다. 거북이등처럼 바싹말라 갈라진 대지에는 바람 한점없으니 싹이 돋아나기 무섭게 시들어버리게 생겼다. 그러나 마음씨 착한 목일간(木日干)으로 태어나, 기름진 토양에 뿌리를 내려 기적같은행운을 잡았다.

 년지해수(年支亥水) 조상님의 도움으로 가끔씩 소나기를 내려주니 견딜만 하다. 다만 여름 나무라 끈기가 부족할까 염려되지만, 티없이 밝게 성장하여 문화, 예술, 학술 등에 재능이 있다. 다만 년간(年干)의 약한 신금정관(辛金正官)이 더위를 먹고 무능해질까 걱정된다.

 일지진토(日支辰土)와 년지해수(年支亥水)가 찬바람이 불 때까지 잘 보살펴 주어야 한다. 7월에 태어난 갑목(甲木)이라 끈기가 부족하지만, 오행(五行)이 골고루 있어 큰 고난은 없다. 결혼 초에 고생을 참고 견디면 분명 아름다운 이름을 알린다고 년간정관(年干正官)이 조상과 남편의 이름을 걸고 약속하고, 신금(辛金)은 갑목(甲木)이 필요한 해수(亥水)를 생하여 주겠노라고 다짐하고 있다.

■성 격

 귀결이 곱고 명랑하며 호탕하고 대범하다. 자존심이 강하여 남에게 굽히지 않는다. 재물을 관리하는 능력이 뛰어나지만 융통성이 없다.

부모에게 받은 인자를 겸한다면 성실과 절약을 생활신조로 알고 있다. 약속을 잘 지키며 예의가 바르다.

■조상운

조상은 년지해수(年支亥水)다. 년상(年上)에 정관(正官)과 용신(用神)이 있고, 부모궁인 년지(年支)에 문창귀인(文昌貴人), 학당귀인(學堂貴人) 등의 길성(吉星)이 있으니 학자이며 잘 살았다.

■부모운

아버지는 일지진중(日支辰中) 무토(戊土)다. 월지(月支)는 부모궁으로 천을귀인(天乙貴人)이 있으니 학자이며 부자다. 일지(日支)에 백호살(白虎殺)이 있으니 군인, 운동선수, 공무원 등과 관계있다.

■형제운

형제성이 많으니 형제가 많다. 월지(月支)는 형제궁으로 길성(吉星)인 천을귀인(天乙貴人)이 있고, 목(木)이 희신(喜神)에 해당하여 형제덕이 있다.

■부부운

남편은 년간신금(年干辛金)이다. 남편궁인 일지(日支)에 길성(吉星)인 문창귀인(文昌貴人), 학당귀인(學堂貴人)이 있으니 공무원 등으로 명예가 있고, 관(官)이 희신(喜神)이라 남편복이 있다.

■ 자식운

 자식은 시지병화(時支丙火)다. 자식궁인 시지(時支)가 장생(長生)에 해당하니 말년에 자식들이 크게 성공하며 자식덕이 있다.

■ 직업운

 목(木)은 인(寅)을 나타내고, 병(丙)은 문화, 예술, 학술 등을 나타낸다. 세상을 밝히는 태양을 의미하므로 교육자로 나가면 길하다.

■ 건강운

 오행(五行)이 골고루 있으니 건강하다.

■ 재물운

 재물복을 타고났는데 재물관리하는 능력까지 뛰어나므로 경제적인 어려움은 없다.

직업전향

■ 문정길(남자) / 1946년 9월 14일 축시생(丑時生)

년 丙戌 ▶ 화개

월 庚子 ▶ 태극귀인, 백호

일 甲申 ▶ 교록, 황은대사, 역마

시 乙丑 ▶ 천을귀인, 교록, 천살

	1	11	21	31	41	51	61
대	辛	壬	癸	甲	乙	丙	丁
운	丑	寅	卯	辰	巳	午	未

 갑목일간(甲木日干)이 자월(子月)에 태어나, 월지장간(月支藏干)에서 천간투출(天干透出)이 없으니 월지(月支)에서 격을 잡아 인수격(印綬格)이다. 갑목일간(甲木日干)이 절지(絶支)에 앉아 있으나 월지자수(月支子水)와 신자합(申子合)되어 갑목(甲木)을 생하고, 시간을목(時干乙木)까지 도와주니, 억부용신법(抑扶用神法)을 채택하여 월간경금(月干庚金)이 용신(用神)이다. 월간경금(月干庚金)은 일지

(日支)에 통근(通根)하여 신왕(身旺)하고, 지지(支地)가 모두 술자신축(戌子申丑)이라 사주가 너무 냉하다. 조후(調候)가 필요한데 년간 병화(年干丙火)가 월지술토(月支戌土)에 통근(通根)하고 투출(透出)하여 아름답다.

경금(庚金)이 용신(用神)이니 토(土)는 희신(喜神), 화(火)는 기신(忌神), 수(水)는 약신(藥神)이다. 월지인수격(月支印綬格)이라 어려운 환경이지만 부모덕이 있어 학문을 하고, 월지(月支)에 관성(官星)이 투출(透出)하고, 식신제살(食神制殺)이 잘 되어 총명하다.

■ 성 격

자존심이 강하고 명예를 중히 여기며, 남의 밑에 있는 것을 싫어한다. 부모에게 받은 인자를 겸한다면 총명하고 인자하며 명랑하고 단정하지만 이기적이다. 학문, 문화, 예술, 종교 등에 관심이 많다.

■ 조상운

조상은 월지장간(月支藏干) 임수(壬水)다. 조상궁인 년지(年支)에 화개살(華蓋殺)이 있으니 고향을 지키며 잘 살았다.

■ 부모운

아버지는 년지술중(年支戌中) 무토(戊土)다. 화개살(華蓋殺)과 백호살(白虎殺)이 함께 있으니 고향을 지키며 농사를 짓는다.

■ 형제운

형제는 시간을목(時干乙木)이다. 축토(丑土)와 편재(偏財) 위에 있으니 모두 잘 살지만, 비겁(比劫)이 희신(喜神)이 되지 못하여 형제덕이 없다.

■ 부부운

관(官)이 용신(用神)이고 재(財)가 희신(喜神)이라 처덕이 있다. 일시지(日時支)가 월지자수(月支子水)와 합되어 효부이며, 시부모와 사이가 좋다.

■ 자식운

관(官)이 용신(用神)이니 효자를 두며 자식덕이 있다.

■ 직업운

관(官)이 용신(用神)이니 군인, 경찰, 운동선수, 공무원 등으로 나가면 길하다.

■ 건강운

오행(五行)이 골고루 있으니 건강에는 문제가 없다.

■ 재물운

아무리 사주가 좋아도 대운이 잘 흘러주어야 재물복이 따른다. 사주가 나빠도 대운이 잘 흐르면 금전적인 어려움은 크게 겪지 않는다.

■ 신축대운(辛丑大運) 10세까지

 평범한 농부의 아들로 태어났지만, 인수격(印綬格)에 재관(財官)이 용신(用神)과 희신(喜神)이고, 초년에 토금(土金)이 들어와 어릴 때부터 총명함이 돋보인다. 귀여움을 독차지 한다.

■ 임인대운(壬寅大運) 11세~20세까지

 임인대운(壬寅大運)은 사주에 없는 갑목(甲木) 뿌리가 들어오니,열심히 공부하며 주위의 사랑을 받는다. 지지(支地)에 있는 갑목(甲木) 뿌리가 들어오고, 년간(年干)에 병화(丙火)가 있으니수재라는 소리를 듣는다. 형제들의 희생 속에 명문대에 들어간다.

■ 계묘대운(癸卯大運) 21세~30세까지

 명문대를 나왔으나 대운이 관운(官運)으로 흐르지 않아 만사가 뜻대로 이루어지지 않는다. 사주의 지지(支地)에 뿌리가 없고, 절지(絶支)에 앉아 있으며 대운조차 따라주지 않는다. 년상(年上)에 있는 사법고시를 포기하고, 병화(丙火)로 직업을 바꾸니 고난이 따른다.

■ 갑진대운(甲辰大運) 31세~40세까지

 갑진대운(甲辰大運)은 재운(財運)이므로 좋다. 그러나 진로를 한번 바꾸니 진토재(辰土財)가 경금관(庚金官)을 생하지 못한다. 식신생재(食神生財)해야 되는데 신문기자로는 재물을 많이 모을 수 없다. 진토편재(辰土偏財)가 사주에 있는 월지자수(月支子水)와 일지신금(日支申金)과 함께 신자진삼합국(申子辰三合局)을 이루어 왕성하게 활동하지만, 기신(忌神)인 수(水)가 왕하여 길한 가운데 흉도 많이 따른다.

■ 을사대운(乙巳大運) 41세~50세까지

을사대운(乙巳大運)은 사오미화방(巳午未火方)이다. 병화(丙火)를 용신(用神)으로 삼고 살아가니 좋을 것 같지만, 을목(乙木)은 병화(丙火)를 생하지 않고 월간경금(月干庚金)과 을경합금(乙庚合金)되어, 년상병화(年上丙火)와 월상경금(月上庚金)이 병경극(丙庚剋)되니 싸움만 시킨다. 일지신금(日支申金)과 사신형(巳申刑)되어 관재구설로 직장을 그만두고, 경제적 고통과 부부간의 불화로 고난을 겪는다.

이 사람은 정축년(丁丑年) 을사월(巳月)에 찾아왔다. 병오월(午月)부터는 문화나 예술이나 학술방면으로 직장을 구할 수 있겠다고 했더니, 본인도 그렇게 생각하고 여러곳에 부탁을 했는데, 연락이 올 것 같다며 하소연을 한다. 이처럼 아무리 사주가 좋아도 대운이 따라주지 않으면 고난이 많다. 이 사람은 갑목일간(甲木日干)이 지지(支地)에 뿌리가 없고, 용신운(用神運)으로 흐르지 않아 직업을 바꾸다 보니 고난의 세월을 보낸 것이다.

울 밖에 핀 꽃

■ 김맹자(여자) / 음력 1942년 9월 6일 진시생(辰時生)

년 壬午 ▶ 교록, 원진, 장생
월 癸丑 ▶ 태극귀인, 귀문관살, 천살
일 己卯 ▶ 문곡귀인, 도화
시 戊辰 ▶ 태극귀인, 홍염, 과숙, 고신

   5 15 25 35 45 55 65
대 壬 辛 庚 己 戊 丁 丙
운 子 亥 戌 酉 申 未 午

  기토일간(己土日干)이 축월(丑月)에 태어나, 월지장간(月支藏干)에서 계수(癸水)가 천간투출(天干透出)하여 잡기편재격(雜氣偏財格)이다. 기토(己土)는 월지축토(月支丑土), 년지오화(年支午火), 시지진토(時支辰土)의 생을 받아 신왕(身旺)하고, 편재(偏財)도 12월 시지(時支)의 축토(丑土)와 진토(辰土)에 통근(通根)하여 신왕(身旺)하고, 일지묘목(日支卯木)도 시지진토(時支辰土)와 묘진합(卯辰合)

되어 임계수(壬癸水)의 생을 받아 신왕(身旺)하다. 12월에 태어나 조후(調候)가 시급하므로 년지오화(年支午火)가 용신(用神)이다. 화(火)가 용신(用神)이니 목(木)은 희신(喜神), 수(水)는 기신(忌神), 금(金)은 구신(仇神)이다.

■성 격

마음이 약하고 소심하며 소극적이다. 변덕이 심하고 의타심이 있다. 싹싹하고 사교적이라 원한관계를 맺지 않으나 치사한 면도 있다. 부모에게 받은 인자를 겸한다면 명랑하고 쾌활하다. 적극적이고 개방적이며 화려한 것을 좋아한다. 깔끔하고 단정하며 다재다능하다. 돈을 벌기도 잘 하고 쓰기도 잘 한다.

■조상운

조상은 년지오화(年支午火) 장간정화(藏干丁火)다. 조상궁인 년지(年支)에 길성(吉星)인 장생(長生)이 있으니 잘 살았다. 그러나 년간임수(年干壬水)와 정임암합(丁壬暗合)되어 문란한 편이다.

■부모운

아버지는 월지계수(月支癸水)다. 월지(月支)는 부모궁으로 계축(癸丑) 관대궁(冠帶宮)에 앉아 있고, 백호살(白虎殺)이 있으니 훌륭한 분이다. 군인, 경찰, 운동선수 등과 같이 강한 직업과 관계있다. 그러나 년간임수(年干壬水)가 하나 더 투출(透出)하여 일찍 돌아가신다. 부모가 두 분이다.

■형제운

 형제는 월지축중(月支丑中) 기토(己土)다. 형제는 많으나 형제궁인 월지(月支)가 묘고(墓庫)되어 형제덕이 없다.

■부부운

 남편은 일지을목(日支乙木)이다. 일간기토(日干己土)는 묘중(墓中) 암장갑목(暗藏甲木)과 암합(暗合)되고, 일지(日支)에 도화살(桃花殺)이 있는데 시지(時支) 홍염살(紅艶殺)이 일지(日支)와 합되었다. 남편과는 애정이 없고 숨겨논 애인이 있다. 대운이 잘 흐르지 않아 남편덕이 없다.

■자식운

 자식은 장간신금(藏干辛金)이다. 신금(辛金)은 년지오중(年支午中) 병화(丙火)와 암합(暗合)되고, 자식궁인 시지(時支)에 홍염살(紅艶殺), 과숙살(寡宿殺), 고신살(孤身殺) 등이 있으니 자식들은 잘 되기 어렵다. 자식이 구신(仇神)에 해당하여 자식복은 없으나, 일시지(日時支)가 묘진합(卯辰合)되어 말년에 함께 산다.

■건강운

 성격이 원만하고 낙천적이기 때문에 잘 먹는 편이라 뚱뚱하다. 수(水)가 왕하여 신장과 방광이 나쁘고, 허리디스크 등의 신경통으로 고생하지만 대체적으로 건강하다.

■ 직업운

대운이 식상운(食傷運)으로 흘러 식당에서 일한다. 재(財)가 기신(忌神)이고, 시지무토(時支戊土)가 투출(透出)하여 무계합(戊癸合), 무임극(戊壬剋)되었다. 열심히 벌어도 남에게 이용만 당하고 자식에게 빼앗기니 돈이 남아나질 않는다.

■ 임자대운(壬子大運) 5세~14세까지

사주에서 년지오화(年支午火)가 용신(用神)인데, 임자대운(壬子大運) 자수(子水)가 년지오화(年支午火)를 자오충(子午沖)하니 부모가 헤어진다. 초년부터 정재운(正財運)이 들어오니 다른 사람 밑에서 자란다.

■ 신해대운(辛亥大運) 15세~24세까지

초년부터 운이 나빠 학교를 그만두고 남의집살이를 한다. 해운(亥運)에서 일지묘목(日支卯木) 남편궁이 묘목합(卯木合)되어 결혼을 일찍한다.

■ 경술대운(庚戌大運) 25세~34세까지

결혼 후 맞벌이를 하면서 행복하게 살다가 경금(庚金)이 남편을 극하는 운이 된다. 일지묘중(日支墓中) 갑목(甲木)과 암합(暗合)되고, 남편궁인 일지(日支)에 도화살(桃花殺) 인자가 있는데 묘술합(卯戌合)되고, 월지(月支)를 축술형(丑戌刑)하고, 시지(時支) 자식궁은 진술충(辰戌沖)하여 자식과 남편을 버리고 애정행각을 벌인다.

■ 기유대운(己酉大運) 35세~44세까지

 일지묘목(日支卯木) 남편을 대운유금(大運酉金)이 묘유충(卯酉沖)
하고, 월지계수(月支癸水)를 기토(己土)가 계기극(癸己剋)하니 이혼
하고 고향을 떠난다. 대운유금(大運酉金)을 년지축토(年支丑土)와
시지진토(時支辰土)가 유축합금(酉丑合金), 유진합금(酉辰合金)하
여 무정하게 자식을 버리고 나오지만 자식과의 정을 끊을 수 없어 연
락은 하면서 지낸다.

■ 무신대운(戊申大運) 45세~54세까지

 무신대운(戊申大運)은 열심히 돈을 벌어 자식들의 뒤를 조금씩 봐주
며 계를 들었는데, 무토(戊土)와 계수(癸水)가 무계합(戊癸合)되어
계주가 망하는 바람에 모두 날려버린다.

 어림잡아 70Kg 정도는 되어보이는 아주머니가 사무실 손잡이를 힘
겹게 당기며 들어왔다. 사주를 뽑아놓고 다시 한번 그 아주머니를 보
았다. 내가 사주를 잘못 뽑았나 싶어 다시 만세력을 펼치며 생년월일
을 또 물으니 맞다고 한다. 여성적인 매력이라고는 한군데도 없는 것
같은데, 사주에는 예쁘다는 살이 두 개나 있다. 그것도 모두 일시지
(日時支)에 있는 것이다.
 도화살(桃花殺)과 홍염살(紅艶殺)이 년월(年月)에 있으면 울 안에
핀 꽃이라 집안이 밝으며 화사하고, 일시(日時)에 있으면 울 밖에 핀
꽃이라 먼저 꺽는 사람이 임자라고 했다. 더구나 이 사주는 암합(暗
合)까지 있다. 사주가 이 정도라면 남자없이는 하루도 못살 여자인

데, 겉으로 보아서는 도대체 누가 좋아할 것 같지가 않다. 에라, 모르겠다. 맞으면 맞고 틀려도 별 수 없다 싶어, 두눈 딱감고 사주를 풀어가기 시작했다.

"아주머니는 스무살이 되기 전에 결혼을 했는데, 서른부터 남편 몰래 애인을 만나다가 서른다섯 쯤에 이혼했군요, 그러다 95년에 그 남자와도 또 헤어졌네요. 지금은 식당에서 일하는 것 같고, 지금까지 모은 돈을 두 명 정도에게 빌려줬는데, 큰 돈은 못받아도 작은 돈은 내년에 받겠습니다."
 숨도 쉬지 않고 내뱉었다. 그러나 내 말에는 대꾸도 없이 남편 사주를 봐달라고 한다.

남편사주

■ 장영민(남자) / 음력 1947년 2월 16일 진시생(辰時生)

    년 丁亥 ▶ 천주귀인, 문창귀인, 지살
    월 乙巳 ▶ 문곡귀인, 학당귀인, 암록, 황은대사, 역마, 공망
    일 庚子 ▶ 월덕귀인, 도화
    시 辛巳 ▶ 문곡귀인, 학당귀인, 암록, 천덕귀인, 황은대사,
              역마, 공망

	5	15	25	35	45	55	65
대	甲	癸	壬	辛	庚	己	戊
운	辰	卯	寅	丑	子	亥	戌

경금일간(庚金日干)이 사월(巳月)에 태어나, 월지장간(月支藏干)에서 천간투출(天干透出)이 없으니 월지(月支)에서 격을 잡아 편관격(偏官格)이다. 지지(支地)가 모두 수화(水火)로만 구성되고, 목화(木火)가 왕하여 종사주(從四柱)라고 착각하기 쉽다. 그러나 해중무토(亥中戊土)와 사중무경(巳中戊庚)에 통근(通根)하여 종(從)하지 못하니 신약사주(身弱四柱)다. 신약(身弱)하니 시간신금(時干辛金)을 용신(用神)으로 삼는다. 토(土)가 희신(喜神), 화(火)가 기신(忌神), 수(水)가 약신(藥神)이다.

■성 격

결단력이 있으며 호탕하고 풍류가다. 일처리를 잘 하지만 투쟁적이고, 상대방을 누르려는 기질이 강하다. 부모에게 받은 인자를 겸한다면 겉으로는 강한 것 같지만, 자포자기를 잘 하며 뒷감당을 못한다. 책임감이 강하고 의협심이 있지만 인정이 없다.

■조상운

조상은 년지축중(年支丑中) 무토(戊土)다. 년지(年支)는 조상궁으로 천주귀인(天廚貴人), 문창귀인(文昌貴人)이 있으니 학자이며, 년상(年上)에 정관(正官)과 식신(食神)이 있으니 부자로 잘 살았다.

■부모운

아버지는 년지해중(年支亥中) 갑목(甲木)이다. 월지(月支)는 부모 궁으로 길성(吉星)인 문곡귀인(文曲貴人), 학당귀인(學堂貴人)이 있으니 학자이며, 지장간(支藏干)에 무토(戊土)가 많으니 처첩이 많다. 신약(身弱)하고 월지편관격(月支偏官格)이므로 부모덕이 없다.

■형제운

형제는 시지신금(時支辛金)이다. 월지(月支)는 형제궁으로 장간경 금(藏干庚金)이 장생궁(長生宮)에 해당하여 형제 중에 잘 사는 사람 이 많고, 길성(吉星)인 문곡귀인(文曲貴人)과 문창귀인(文昌貴人)이 있으니 학자이며, 비겁(比劫)이 용신(用神)이라 형제덕이 있다.

■부부운

아내는 월간을목(月干乙木)인데 목욕지(沐浴支)에 앉아 있고, 처궁 인 일지(日支)에 도화살(桃花殺)이 있으니 끼가 많으나, 자수(子水) 가 왕한 화기(火氣)를 잘 다스리니 처덕이 있다.

■자식운

자식은 년간정화(年干丁火)인데 월지사중(月支巳中)에 강하게 통근 (通根)하여 왕하고, 월지(月支)에 있는 문곡귀인(文曲貴人)과 학당 귀인(學堂貴人)이 시지(時支)에 통근(通根)하여 자식이 잘 된다. 그 러나 화(火)가 기신(忌神)에 해당하여 자식복이 없다.

■ 건강운

목화(木火)가 기신(忌神)이니 기관지, 위장, 장 등이 약하다.

■ 직업운

월지편관격(月支偏官格)인데 지살(地殺)과 역마살(驛馬殺)이 많으니 한곳에 정착하지 못한다. 경금일간(庚金日干)의 특성을 살려 운전이나 건축분야에서 철을 다루면 길하다. 만일 초년 대운이 좋아 공부를 많이 한다면 군인, 경찰, 운동선수, 법관, 의사 등과 관계있다.

■ 재물운

매우 신약(身弱)한데 대운도 따라주지 않고, 재(財)가 기신(忌神)이라 재물복이 없다.

■ 갑진대운(甲辰大運) 5세~14세까지

갑진대운(甲辰大運)은 인묘진동방목운(寅卯辰東方木運)이다. 진토(辰土)는 경금일간(庚金日干)의 뿌리가 되어 14세까지는 잘 지낸다.

■ 계묘대운(癸卯大運) 15세~24세까지

계묘대운(癸卯大運)은 년간정화(年干丁火)를 정계극(丁癸剋)하고, 묘목(卯木)은 재(財)이고 토(土)는 인수(印綬) 학문인데, 재극인(財剋印)하니 학업을 계속할 수 없다. 사회생활을 일찍 시작하며 기술을 배운다.

■ 임인대운(壬寅大運) 25세~34세까지

 사주에서 임수(壬水)는 식신(食神)이고, 인목(寅木)은 편재(偏財)라 열심히 노력한다. 지살(地殺)과 대운의 인목편재(寅木偏財)가 인해합(寅亥合)되어 직장에서 여자를 만나 결혼한다.

■ 신축대운(辛丑大運) 35세~44세까지

 신축대운(辛丑大運)에는 월간을목(月干乙木) 정재(正財)를 을신극(乙辛剋)하고, 일지자수(日支子水)의 도화살(桃花殺)과 축토(丑土)가 자축합토(子丑合土)되어 이혼을 하고, 다른 여자와 결혼한다. 신축대운(辛丑大運)은 경금일간(庚金日干)에게 뿌리가 되고, 축토(丑土) 어머니처럼 보살펴주는 운이라 잘 지낸다.

■ 경자대운(庚子大運) 45세~54세까지

 일부 학자들은 경자일간(庚子日干)에게 경자대운(庚子大運)은 복음살(複蔭殺)이라, 아신(我身)과 같은 대운이 올 때 신왕(身旺)하면 흉하고, 신약(身弱)하면 다른 사람의 도움을 받아 길하다고 하지만 대체적으로 흉작용이 많다. 경쟁자가 생겨 싸우거나 사주의 구성이 좋지 않으면 이 운에서 죽는 경우가 많다.

"이건 본 남편 사주가 아니라 지금 사는 남자의 사주인 것 같습니다. 그런데 을해년(乙亥年)에 죽었습니까?

"그럼, 그 사람이 죽은 것이 저 때문이 아니라 그이 팔잔가요?"

"대체 무슨 사연입니까?"

"제가 식당에서 일을 하면서 집에는 한달에 한두 번 정도 들렀어요. 그 사람은 건축공사장에서 자기용돈은 벌어썼는데, 어느날 집에 갔더니 죽었더라구요. 술을 많이 먹고 굶어 죽은 거라나요."
"남편과 자식까지 버리고 살 정도인데 어떻게 굶어 죽도록 내버려뒀습니까?"
"처음에는 그랬지만…. 술병을 무슨 재주로 막나요."
"그래도 그렇지, 집에서 출퇴근을 할 수도 있었을텐데요?
"그 사람 직장은 거기고, 나는 아무래도 서울이 돈을 많이 주니까 그럴 수밖에 없었어요. 돈이 있어야 먹고 살지요."
"그럼, 시신은 어떻게 하셨습니까?"
"그 사람 식구들이 와서 초상을 치뤘어요."
"아니, 아주머니 남편 아니요?
"남편이고 뭐고 엄두가 나지않아 연락했더니, 본부인과 자식들이 와서 초상을 치루더군요."

여자는 사주에 금(金)이 없는데 일주(日柱)가 금(金)인 남자라 좋아한 것이고, 남자는 경금일간(庚金日干)이 신약(身弱)한데 여자의 일간기토(日干己土)가 인수(印綬)라 경금(庚金)을 생하는 어머니에 해당하여 좋아한 것이다. 남자와 여자의 일지(日支)에 모두 도화살(桃花殺)이 있고, 남자는 월간을목(月干乙木)과 을경합(乙庚合)되고, 여자는 지지(支地)와 갑기암합(甲己暗合)된다. 목(木)은 남자에게는 여자이고, 여자에게는 남자에 해당한다.
74년 갑인년(甲寅年)에 두 사람이 만난 것은, 남자에게 을목(乙木)

이 정실부인이라면 갑목(甲木)은 편재(偏財)로 첩인데, 년지해수(年支亥水)와 갑인년(甲寅年) 임인목(寅木)이 인해합(寅亥合)되어 지살(地殺) 속에 있는 갑목(甲木)이 동한 것이고, 여자는 일지묘목(日支卯木)이 남편인데 묘목장간(卯木藏干) 갑목(甲木)과 암합(暗合)되어 갑목(甲木)이 정부다. 남편궁인 일지(日支)가 도화살(桃花殺)과 합되고, 일간기토(日干己土)와 갑기합(甲己合)되어 두 사람의 사이클이 맞아떨어진 것이다. 남자와 여자의 대운이 바뀌는 접목운이기 때문이다.

 두 사람이 헤어진 것은, 여자는 신유술금방(辛酉戌金方)이 정미대운(丁未大運)에서 화방(火方)으로 운이 바뀌고, 남자는 경자일주(庚子日柱)에 복음살(複蔭殺)이 있고, 사주 구성이 나쁘기 때문이다. 을해년(乙亥年)은 월간을목(月干乙木)이 투합되어 두 사람이 재물을 나눠 먹어야 되고, 을해년(乙亥年) 해수(亥水)가 사주에 있는 사해(巳亥)를 충하니, 을목(乙木) 뿌리가 잘려 굶어 죽은 것이다. 이미 대운이 나쁜데 을해년(乙亥年)은 을목(乙木)이 망한 금(金)을 극하려다 오히려 극되고, 지지(支地)는 사해충(巳亥沖)으로 모두 깨지고, 지장간(支藏干)의 뿌리도 모두 빠져버렸다.

 본 남편 사주를 보자고 하니, 그건 봐서 무엇하느냐며 언제쯤 다시 남자가 생기겠느냐고 묻는다. 기가 막혀 말이 나오지 않는다. 아마 4월쯤 다시 새로운 남자가 생길 것이다. 정미대운(丁未大運)은 장간(藏干)에 을목(乙木)이 숨어 있고, 병자년(丙子年)은 시지진토(時支辰土)가 홍염살(紅艶殺)과 자진합(子辰合)되고, 진중(辰中)에 을목

(乙木)이 숨어 있기 때문이다. 그래도 부모라고 딸들 사주도 봐달라고 불러준다.

큰딸사주

■ 장희영(여자) / 음력 1968년 12월 9일 술시생(戌時生)

   년 戊申 ▶ 관귀학당, 문곡귀인, 학당귀인, 홍만성, 지살, 공망
   월 己未 ▶ 과숙, 천살
   일 壬午 ▶ 교록, 천의성, 백호
   시 寅戌 ▶ 내록, 백호, 괴강, 양차, 고신

       1 11 21 31 41 51
   대 戊 丁 丙 乙 甲 癸
   운 午 巳 辰 卯 寅 丑

임수일간(壬水日干)이 미월(未月)에 태어나, 월지장간(月支藏干)에서 기토(己土)가 월간투출(月干透出)하여 정관격(正官格)이다. 화토(火土)가 왕하고 임수(壬水)가 매우 신약(身弱)하므로 시간경금(時干庚金)이 용신(用神)이다. 금(金)이 용신(用神)이니 토(土)가 희신(喜神)이지만 토(土)는 희신(喜神)이 되지 못하고, 많은 토(土)를 극하는 목(木)이 희신(喜神)이 된다.

그러나 년지신금(年支辛金)과 시간경금(時干庚金)이 있으니, 대운에서 목(木)이 들어와 많은 토(土)를 극하여, 임수(壬水)를 구해주려고 해도 금(金)이 목(木)을 극하여, 목(木)이 토(土)를 극하지 못하니 안타깝다. 년월간(年月干)에 계수(癸水)가 하나만 있어도 금(金)은 수(水)를 생하고, 수(水)는 목(木)을 생하여 목(木)의 힘을 더해주면, 목(木)은 많은 토(土)를 제거하여 임수(壬水)가 토(土)로부터 해방될 수 있는데, 사주가 너무 많이 깨졌다.

안타깝지만 금수가 희신(喜神)이니 많은 토(土)를 금(金)으로 설기시켜, 임수(壬水)를 간접적으로 도와주도록 유도할 수밖에 없다. 금(金)이 용신(用神)이니 화(火)가 금(金)을 극하지 못하게 수(水)로 막아야 하니 수(水)가 약신(藥神)이다.

음력 6월, 태양이 따갑게 내리쬐고 있는데 햇빛을 가릴 나무 한그루 없다. 천지는 말라붙어 풀 한포기 없고, 호수는 바닥까지 드러나 있으며, 깊은 산속 골짜기에는 샘물이 조금 있을 뿐 황량하기 그지없다. 빨치산을 토벌하려고 산불을 놓은 것도 아닐텐데, 도대체 이집 조상들은 뭘하느라고 이렇게 방치해 두었을까. 자손들은 뭘 먹고 살라고 산과 들을 이 모양으로 만들어 놓았을까.

이렇게 황폐한 집안에 태어나, 초년부터 부모의 사랑을 모르고 눈치밥을 먹으며 자라니, 항상 남을 경계하고 의심하며 피해의식 속에서 세상을 바르게 볼 줄 모른다. 임수일간(壬水日干)은 인내심이 있고 부지런하며 정직하고 인정이 많아, 조상이 조금만 가꾸어 놓았다면 열심히 씨를 뿌려 지금쯤은 알알이 열매가 여물어 가고 있으련만.

■성 격

부지런하고 인내심이 강하다. 정직하고 착하며 인정이 많다. 부모에게 받은 인자를 겸한다면 정직하고 성실하다. 융통성이 없지만 명예를 소중하게 생각한다.

■조상운

조상은 시간경금(時干庚金)이다. 경술(庚戌) 괴강이 있으니 군인, 경찰, 운동선수 등과 같은 직업과 관계있다. 년지(年支)는 조상궁으로 관귀학당(官貴學堂), 문곡귀인(文曲貴人)이 있으니 학자였다.

■부모운

아버지는 일지장간(日支藏干) 병화(丙火)다. 경신금(庚辛金)이 많아 어머니가 두 분이다. 월지(月支)는 부모궁으로 과숙살(寡宿殺)과 천살(天殺)이 있고, 화토(火土)가 기신(忌神)이라 부모덕이 없다.

■형제운

형제는 년지신금(年支辛金)과 장간임수(藏干壬水)다. 월지(月支)는 형제궁으로 흉살인 천살(天殺)과 과숙살(寡宿殺)이 있어 형제들은 잘 살지 못하지만, 수(水)가 희신(喜神)이라 형제덕이 있다.

■부부운

남편은 무기토(戊己土)다. 토(土)가 기신(忌神)이라 남편복이 없고, 관살혼잡(官殺混雜)에 암합(暗合)이 있으면 자식을 낳고 3년 안에 다른 남자와 도망간다고 하니 가정생활이 원만하기 어렵다.

■ 자식운

자식은 시간경금(時干庚金)인데 목(木)을 극하고, 년지신금(年支辛金)이 지지(支地)로 오는 목(木)을 극하여 자식은 많지 않다. 자식은 건강하지 못하며 말년에는 함께 살지 못한다.

■ 건강운

매우 신약(身弱)한데 토화(土火)가 강하여 신장, 방광, 저혈압 등이 염려되고, 토(土)가 병(病)이니 위장병이 따른다.

■ 직업운

금수(金水)가 희신(喜神)이라 식당이나 주점 등과 인연이 있다.

■ 재물운

일지(日支)에 재(財)가 있으니 경제적인 어려움은 없다.

■ 무오대운(戊午大運) 10세까지

무오대운(戊午大運)은 기신(忌神)에 해당하는 화토운(火土運)이지만, 천간무토(天干戊土)를 시간경금(時干庚金)이 설기하여 금생수(金生水)하니 나쁜 가운데서도 무난하게 지낸다.

■ 정사대운(丁巳大運) 11세~20세까지

정화(丁火)는 경금(庚金)을 극하고, 사화(巳火)는 년지신금(年支辛金)을 사신형(巳申刑)하여 어머니가 가출한다. 사운(巳運)에는 미토(未土)와 일지오화(日支午火)가 사오미방합(巳午未方合)되고, 년지(年支)를 극하여 경제적 고통이 심하다. 객지에서 경제활동을 시작하는 동시에 월지미토(月支未土)와 일지오화(日支午火)가 사오미방합(巳午未方合)되어, 남자가 일찍 생겨 동거생활을 할 가능성이 있다.

■ 병진대운(丙辰大運) 21세~30세까지

병진대운(丙辰大運)은 인묘진동방목운(寅卯辰東方木運)이다. 많은 토(土)를 제거하지는 못하지만 토(土)가 힘이 약해지니, 다소 생기를 찾아 본인의 뜻대로 경제활동을 한다.

둘째딸 사주

■ 장희진(여자) / 음력 1970년 9월 4일 축시생(丑時生)

    년　庚　戌 ▶ 괴강, 화개
    월　己　卯 ▶ 천을귀인, 태극귀인, 천주귀인, 문창귀인, 학당귀인,
    　　　　　　　도화, 공망
    일　癸　丑 ▶ 암록, 내록, 황은대사, 백호, 천살
    시　癸　丑 ▶ 암록, 내록, 황은대사, 백호, 천살

　　9　19　29　39　49　59
대　戊　丁　丙　乙　甲　癸
운　寅　丑　子　亥　戌　酉

　계수일간(癸水日干)이 묘월(卯月)에 태어나, 월지장간(月支藏干)에서 천간투출(天干透出)이 없으니 월지(月支)에서 격을 잡아 식신격(食神格)이다. 년지술토(年支戌土)에 통근(通根)한 경금(庚金)이 생하여 일지축토(日支丑土)에 통근(通根)하고, 시지계수(時支癸水)가 축토(丑土)에 통근(通根)하여 도와주니 신약(身弱)하지는 않다. 토(土)가 많아 병(病)이 되니 목(木)이 용신(用神)이다. 목(木)을 극하는 금(金)은 기신(忌神), 화(火)는 희신(喜神)이다. 수목화운(水木火運)은 길하고 금토운(金土運)은 흉하다.

■성 격

　공상이 많고 소심하며 소극적이다. 의타심과 잔꾀가 많고 응큼하지만 착하고 정에 약하다. 부모에게 받은 인자를 겸한다면 조용하고 희생정신이 있으며 음식솜씨가 좋다. 문화와 예술방면에 재능이 있다.

■조상운

　조상은 술중신금(戌中辛金)인데 괴강살에 앉아 있으니 군인, 경찰, 운동선수 등의 강한 직업과 관계있다. 조상궁인 년지(年支)에 경금인수(庚金印綬)와 정관무토(正官戊土)가 있으니 공무원이며 학문을 많이 했다.

■부모운

 아버지는 년지술중(年支戌中) 정화(丁火)다. 월간기토(月干己土) 편관(偏官)이 있고, 부모궁인 월지(月支)가 공망(空亡)되어 부모덕이 없다.

■형제운

 형제는 시간계수(時干癸水)와 축중계수(丑中癸水)다. 형제궁인 월지(月支)가 공망(空亡)되어 형제덕은 없다. 도화살(桃花殺)이 있으니 어머니에게 애정문제가 있고, 부모에게 받은 인자 때문에 형제들 또한 애정문제가 따른다.

■부부운

 남편은 일지편관(日支偏官)이다. 관(官)이 많아 기신(忌神)에 해당하니 군인, 경찰, 운동선수, 행상, 깡패 등과 관계있다. 일지(日支) 남편은 계수일간(癸水日干)을 극하고, 년간경금(年干庚金)은 계수일간(癸水日干)의 중앙을 가로막으며 월간(月干)에서 극한다. 또 계축일간(癸丑日干)과 시지계축(時支癸丑)은 년지술토(年支戌土)의 장간무토(藏干戊土), 축중계수(丑中癸水)와 쌍으로 무계합(戊癸合)되고, 년상술토(年上戌土)는 월지도화살(月支桃花殺)과 묘술합화(卯戌合火)되니, 형제들 모두 첩살이를 면하기 어렵다.

 계축백호살(癸丑白虎殺)과 음차살(陰差殺)은 남편과 이혼하거나, 교통사고로 사별하거나, 사업실패로 헤어지거나, 남편의 구타에 못 이겨 도망나온다. 해마다 운이 바뀌어 크고 작은 인자를 발동시키니,

사주팔자를 다시 만들지 않고는 이 인자를 업보로 갖고 가야 된다.

■ 자식운

자식은 월지묘목(月支卯木)이다. 조상의 피가 자손에게까지 전해져, 도화살(桃花殺)과 공망(空亡)이 있다. 말년에 자식은 희신(喜神)이 되어 다소 도움이 되지만, 공망(空亡)되어 크게 기대할 것은 못된다.

■ 건강운

화(火)가 약하니 심장이 약하고, 많은 토(土)가 수(水)를 극하니 위장병이 따르고, 계축백호살(癸丑白虎殺)이 있으니 교통사고 등을 조심해야 한다.

■ 직업운

식신격사주(食神格四柱)라 식당, 술집, 여관 등과 인연이 있다.

■ 재물운

식신생재격(食神生財格)인데 편재(偏財)가 지장간(支藏干)에 숨어 있으니, 열심히 저축하면 경제적인 어려움은 없다. 대운이 수운(水運)으로 흐르면 식상(食傷)을 생하니, 식당이나 주점 등으로 나가면 길하다.

사주를 받아적으면서 아주머니와 나는 함께 웃었다. 나는 그 어머니에 그 딸이라는 생각이 들었고, 본인은 자신들의 상황을 잘 알기 때문이었을 것이다. 일시(日時)에 도화살(桃花殺)과 홍염살(紅艶殺)이 있는데, 암합(暗合)되면 수치를 모를 정도라는 것을 다시 한번 깨달았다. 이처럼 사주의 인자 하나가 암시하는 것은 상상을 불허한다.

언제쯤 시집가겠습니까

■ 김지숙(여자) / 음력 1969년 2월 2일 인시생(寅時生)

년 己酉 ▶ 천의성, 장생, 원진
월 甲戌 ▶ 반안, 공망, 백호
일 甲子 ▶ 태극귀인, 귀문관살, 백호
시 丙寅 ▶ 천덕귀인, 월덕귀인, 고신, 급살, 공망

	1	17	27	37	47	57	67
대	乙	丙	丁	戊	己	庚	辛
운	亥	子	丑	寅	卯	辰	巳

갑목일간(甲木日干)이 술월(戌月)에 태어나, 월지장간(月支藏干)에 천간투출(天干透出)이 없으니 월지(月支)에서 격을 잡아 편재격(偏財格)이다. 편재격(偏財格)이라 월간갑목(月干甲木)이 용신(用神)이지만, 월간갑목(月干甲木)이 년간기토(年干己土)와 갑기합토(甲己合土)되어 용신(用神)으로 쓸 수 없다. 시지인목(時支寅木)을 용신(用神)으로 삼으니 목(木)을 생하는 수(水)는 희신(喜神), 목(木)을 극

하는 금(金)은 기신(忌神), 화(火)는 약신(藥神)이다.

술월(戌月)은 겨울로 넘어가는 입동이 눈 앞에 있고, 첫눈이 내리는 소설이 멀지 않은 늦은 가을이다. 시간병화(時干丙火)가 비닐하우스가 되어 따뜻하게 해주면 겨울을 무사히 넘길 수 있다. 그러나 때를 잃어 늦가을에 싹을 틔었으니 고목봉춘격(枯木逢春格)이다. 인묘진목운(寅卯辰木運)에 부귀해지는 사주다.

갑목(甲木) 조림이 잘된 과일나무가 술토(戌土) 큰 산과 기토(己土) 넓은 들을 덮고 있다. 갑목(甲木)은 시지인목(時支寅木)에 뿌리가 깊어 큰 수림임이 분명하다. 자수(子水)의 마르지 않는 물과 병화(丙火)의 일조량이 풍부하여 유금(酉金) 과일이 주렁주렁 열린다. 이 정도로도 충분히 그림이 좋으나 년주(年柱)가 경신(庚申)이나 무신(戊申)이었다면 더 바랄 것이 없겠다는 욕심을 가져본다.

일간갑목(日干甲木)이 지지자수(支地子水)에 앉아 문화, 예술, 학술 방면에 관심이 많다. 시상병화(時上丙火)와 목화통명(木火通明)하여 수재라는 소리를 들으나, 년상(年上)에 있는 유금정관(酉金正官)과 월지편재(月支偏財)를 월간갑목(月干甲木)이 갑기합(甲己合), 유술합(酉戌合)하니 천덕지합(天德地合)되어, 애써 가꾼 열매를 다 훔쳐가고 있다.

차라리 무신경신(戊申庚申)이라면 천간(天干)에서 극되고, 지지(支地)는 신자합(申子合)되어 월간갑목(月干甲木)을 가까이 하지 않고, 일지자수(日支子水)와 합되어 일지(日支)로 들어오면 일간(日干)을 사랑할텐데. 유금(酉金)은 작은 남자이므로 정에 약하다. 월간갑목(月干甲木)에 홀려서 일간(日干)을 자유파(子酉破)하니 안타깝다.

■성 격

 자존심이 강하고 강직하다. 창의력이 뛰어나고 옛것을 좋아한다. 온화하고 온순하지만 감정과 색정에 약하다. 부모에게 받은 인자를 겸한다면 부지런하고 재산관리와 중개역할을 잘 한다.

■조상운

 조상은 일지장간(日支藏干) 임수(壬水)다. 조상궁인 년지(年支)에 정재(正財)와 정관(正官)이 있으니 부귀했다.

■부모운

 아버지는 월지무토(月支戊土)다. 월지(月支)는 부모궁으로 갑목(甲木)이 편재(偏財)를 극하고, 공망(空亡)과 백호살(白虎殺)이 있으니 아버지를 일찍 잃으나 부모덕이 있다.

■형제운

 형제궁인 월지(月支)가 공망(空亡)되나, 형제가 희신(喜神)이라 형제의 도움이 있다.

■부부운

 남편은 년지유금(年支酉金)이다. 유금(酉金)은 월지술토(月支戌土)와 유술합(酉戌合)되고, 년간기토(年干己土), 월간갑목(月干甲木), 일간갑목(日干甲木)이 투합된다. 또 갑자일주(甲子日柱)가 목욕살(沐浴殺)인데 남편궁에 또 목욕살(沐浴殺)이 있으니, 결혼한 후에는 사회활동과 가정생활에 중용을 잃지 않도록 노력해야 한다.

■ **자식운**

자식은 시간병화(時干丙火)인데 장생궁(長生宮)에 있으니 잘 되며, 자식이 조후용신(調候用神)이라 말년에 자식덕이 있다.

■ **건강운**

오행(五行)이 골고루 있으니 건강에는 큰 문제가 없으나, 남편인 년지유금(年支酉金)과 일지자수(日支子水)가 귀문관살(鬼門關殺)에 해당하니 정신질환이 따른다.

■ **직업운**

지지(支地)에 있는 인수(印綬)가 시상(時上)의 병화식신(丙火食神)을 조후용신(調候用神)한다. 목화통명(木火通明)하고 수기발로(水氣發路)하여 문화, 예술, 학술방면에 재능이 있다. 병화(丙火)는 만물을 밝히는 태양이니 교육자로 나가면 길하다.

■ **재물운**

식신생재(食神生財)하여 부귀하지만, 동업이나 금전거래 등으로 사기를 당할 염려가 있으니 주의해야 한다.

■ **을해대운(乙亥大運) 7세~16세까지**

을해대운(乙亥大運)은 목(木)이 용신(用神)이고 해자축북방수운(亥

子丑北方水運)이다. 수운(水運)은 신약(身弱)한 갑목일간(甲木日干)과 용신(用神)을 생하기 때문에 충분히 재(財)를 감당할 수 있고, 시간병화(時干丙火)가 목기(木氣)를 설기하니 어릴 때부터 총명하다.

■ 병자대운(丙子大運) 17세~26세까지

병자대운(丙子大運)은 병화식신(丙火食神)과 자수(子水) 인수운(印綬運)이다. 수(水)로 생을 받은 목일간(木日干)이 병화(丙火)로 수기발로(水氣發路)한다. 수재라는 소리를 들으며 명문대를 졸업한다.

■ 정축대운(丁丑大運) 27세~36세까지

이 사람은 97년 양력 4월 경에 찾아와 언제쯤 결혼할 수 있냐고 물어왔다. 사주를 보니 정축대운(丁丑大運)에서 정축년(丁丑年)은 여자에게는 상관년(傷官年)이라, 남편을 극하는 나쁜 해이기 때문에 결혼을 해도 구설이 많이 따른다.

이 사주는 년지유금(年支酉金)과 정축년(丁丑年) 축토(丑土)가 유축합(酉丑合)되고, 일지(日支) 남편궁에 자축합(子丑合)되어 혼담이 있다. 정축년(丁丑年) 축토(丑土)는 정재(正財)인데, 이 정재(正財)가 월지유금(月支酉金) 남편과 유축합금(酉丑合金)되어 관(官)이 되며, 일지자수(日支子水) 어머니와 축토정재(丑土正財)가 합되어 토(土)가 되니, 중매장이가 들어 년지유금(年支酉金)을 당긴다. 남자는 경제적인 요구를 많이 한다. 아무튼 97년에 결혼하면 혼사비용이나 남자의 과거문제로 말썽이 생긴다.

3년 후 경진년(庚辰年)에 결혼운이 있다고 하니 똥값에 시집 갈 수
는 없다며 펄쩍뛴다. 올 정축년(丁丑年)에도 결혼을 할 수는 있으나
어려움이 많다고 일러주며, 대운이 좋아 부자로 잘 살 것이며 갑진생
(甲辰生)이나 무신생(戊申生), 무진일생(戊辰日生)이나 임신일생(壬
申日生)을 찾아보라고 했다. 부부는 대개 년상공망(年上空亡)이나
일주공망(日柱空亡)이 같은 경우가 많다. 관합(官合)을 원하니 무진
생(戊辰生)이나 임신생(壬申生)이 좋다고 한 것이다.
경진년(庚辰年)에 결혼할 것이라고 한 것은, 경진년(庚辰年)은 투합
된 갑기(甲己)를 경금(庚金)이 갑경극(甲庚剋)으로 풀어주고, 지지
진토(支地辰土)는 월상갑목(月上甲木)의 뿌리인 무토(戊土)를 진술
충(辰戌沖)하여 유술합(酉戌合)을 풀어주니, 유진합금(酉辰合金),
자진합(子辰合)되어 남편궁인 일지(日支)로 당겨오기 때문이다.

차라리 죽을 운이라면 좋겠습니다

■ 박창주(남자) / 음력 1974년 9월 17일 묘시생(卯時生)

년 甲寅 ▶ 지살

월 戊戌 ▶ 태극귀인, 학당귀인, 문창귀인, 괴강, 화개, 공망

일 戊辰 ▶ 태극귀인, 학당귀인, 문창귀인, 내록, 백호,
　　　　　홍염, 고신

시 乙卯 ▶ 도화

```
    3  13  23  33  43  53  63
대  己  庚  辛  壬  癸  甲  乙
운  巳  午  未  申  酉  戌  亥
```

　무토일간(戊土日干)이 술월(戌月)에 태어나, 월지장간(月支藏干)에
서 무토(戊土)가 천간투출(天干透出)했다. 같은 오행(五行)은 격을
잡지 않으므로 년간갑목(年干甲木)과 시간을목(時干乙木)으로 격을
잡아야 한다. 지지(支地)가 인묘진방합(寅卯辰方合)되어 강력해진
갑을목(甲乙木)이 투출(透出)하여 매우 신약(身弱)하고, 종(從)할 수

없으니 건록격(建祿格)이다. 매우 신왕(身旺)한 목(木)을 설기시켜 토(土)를 생하는 월지장간(月支藏干) 정화(丁火)가 용신(用神)이다. 화토운(火土運)은 길하고 목수금운(木水金運)은 흉하다.

이 사주는 강한 목토(木土)로 양분된다. 용신정화(用神丁火)는 지장간(支藏干)에 숨어 있어 매우 약하다. 목토(木土)를 유통시키지 못하여 왕한 두 세력이 극단적으로 싸우고 있다. 무술(戊戌) 괴강, 무진 괴강, 백호살(白虎殺), 강한 정편관(正偏官) 등이 있으니 군인, 경찰, 운동선수, 자유업 등으로 나가면 길하다. 이런 사주는 강한 직업에 종사해야 한다.

■ 성 격

대장부다운 기질에 통솔력이 있으며 정의감이 강하다. 호탕하고 자기주장이 강하며 덕망과 인정이 있다. 부모에게 받은 인자를 겸한다면 대인관계를 존중한다. 공명정대하며 자아와 경쟁의식이 강하다.

■ 조상운

조상은 월지장간(月支藏干) 병화(丙火)다. 조상궁인 년지(年支)에 편관(偏官)과 인수(印綬)가 왕하니 관료였으며, 년지(年支)가 장생궁(長生宮)에 해당하여 부귀했다.

■ 부모운

아버지는 일지장간(日支藏干) 계수(癸水)인데 백호살(白虎殺)이 있고, 부모궁인 월지(月支)에 괴강살, 태극귀인(太極貴人), 학당귀인

(學堂貴人), 문창귀인(文昌貴人)이 있으니 군인이나 경찰, 운동선수 등과 같은 강한 직업과 관계있다.

■ 형제운

형제성이 많으니 형제가 많다. 월지(月支)는 형제궁으로 태극귀인(太極貴人), 학당귀인(學堂貴人), 문창귀인(文昌貴人) 등의 길성(吉星)이 있고, 괴강살과 백호살(白虎殺)이 있으니 군인, 경찰, 운동선수, 자유업 등에 종사하며 자수성가한다. 형제성이 희신(喜神)에 해당하여 형제덕이 있다.

■ 부부운

아내는 일지장간(日支藏干) 계수(癸水)다. 재(財)가 희신(喜神)이지만, 처궁인 일지(日支)가 관대궁(冠帶宮)에 해당하여 처덕이 없다.

■ 자식운

자식은 년지갑목(年支甲木)과 시지을목(時支乙木)이다. 자식궁인 시지(時支)에 녹(祿)이 있으니 자식은 잘 되지만, 목(木)이 기신(忌神)이라 자식복이 없다.

■ 건강운

많은 목(木)에 극되어 부상, 피부병, 위장병 등이 따르지만 대체적으로 건강하다.

■ 직업운

건축업으로 나가면 길하다.

■ 재물운

재(財)가 지장간(支藏干)에 숨어 있으니 알뜰하고, 공무원이나 운동 선수 등으로 나가면 경제적인 어려움은 없다. 그러나 신약사주(身弱四柱)라 동업을 하면 사기를 당하거나 부진하여 어려움이 따른다.

■ 기사대운(己巳大運) 3세~12세까지

기사대운(己巳大運)은 신약(身弱)한 무토일간(戊土日干)에게 용신(用神)이 들어오는 운이니 대단히 좋다. 대운의 천간기토(天干己土)는 갑기합(甲己合), 을기극(乙己剋)하여 왕한 미(未)를 합살(合殺)하고 극으로 제거한다.

■ 경오대운(庚午大運) 13세~22세까지

경오대운(庚午大運)은 사오미남방화운(巳午未南方火運)이다. 천간 경금(天干庚金)이 갑경극(甲庚剋)하고 을경합(乙庚合)되어, 왕한 목(木)을 제거하고 합살(合殺)시키고, 년지인목(年支寅木)과 월지술토(月支戌土)가 대운오화(大運午火)와 인오술삼합(寅午戌三合)으로 화국(火局)을 이루어 강력하게 도와주니, 공부도 잘 하고 건강하다.

■ 신미대운(辛未大運) 23세~32세까지

신미대운(辛未大運)은 토운(土運)이 더 강하게 작용한다. 미토(未

土)는 시지묘목(時支卯木)과 묘목합목(卯木合木)하여 변하니 좋은 운으로 보기는 어렵다. 신금(辛金)이 을목(乙木)을 을신극(乙辛剋)하여 하나는 제거하지만, 년간갑목(年干甲木)은 제거하지 못한다. 대운의 지지미토(支地未土)는 묘미합목(卯未合木)하여, 모든 정기가 년간갑목(年干甲木)으로 몰리니 일간무토(日干戊土)가 매우 신약(身弱)해진다. 월지술토(月支戌土)에 의지하는데, 미토(未土)가 술미형(戌未刑)되니 뿌리가 흔들린다.

한숨을 푹푹쉬고 있는 젊은 친구에게 96년에 투기성 사업에 손을 댔다가 실패했으며, 97년 7월부터 빚독촉을 받지 않느냐고 물으니 차라리 죽고 싶다고 한다. 아무리 생각해도 해결할 방법이 없다며 죽을 운은 되느냐고 묻는다. 문제는 자신이 해결하는 것이 아니라 하늘이 하는 것이다. 마음이 바쁘다고 엉켜있는 실타래를 가위로 끊어버린다고 문제가 해결되는 것이 아니다. 빚이야 돈을 벌어서 갚으면 되는 것이다. 이 세상에 그만한 일로 자살한다면 살아남을 사람이 어디 있겠나.

무토일간(戊土日干)에게 병자년(丙子年)은 편인운(偏印運)이다. 대개 편인운(偏印運)에는 먹고 놀거나, 기회를 보거나, 훔치거나, 도둑을 맞거나, 잡기에 빠진다. 자수(子水)는 재(財)인데 일지진토(日支辰土)와 자진합수(子辰合水)되어 일지(日支)로 들어온다. 투기성 재물이 들어오는 것이다. 대운미토(大運未土)는 형제, 친구, 동업자 등을 나타낸다.

대운신금(大運辛金)이 을목(乙木)을 다스리며 갑목(甲木)을 다소 제지하는데, 병자년(丙子年) 편인(偏印)이 병신합수(丙辛合水)하자고 꾀여 상관(傷官)의 일을 방해하고, 병신합수(丙辛合水)하여 재(財)로 변한다. 신약(身弱)한 무토일간(戊土日干)은 신미대운(辛未大運)에서 형제의 도움이 필요한데, 월지술토(月支戌土)와 술미형(戌未刑)되고 묘미합목(卯未合木)되어 친구의 꼬임에 빠진 것이다.

본인은 말을 하지 않으나 카드나 오락, 경마, 화투 등으로 돈을 잃고 본전을 찾으려고 빚을 낸다. 정축년(丁丑年)은 대운과 정신극(丁辛剋), 축미충(丑未沖)되어 천극지충(天剋支沖)이고, 정축년(丁丑年) 축토(丑土)는 월지술토(月支戌土)와 축술형(丑戌刑)되고, 일지진토(日支辰土)와 축진파(丑辰破)되니 네 가지 충파(沖破)가 모두 있다.

다시 말해서 비견(比肩)과 겁재(劫財)가 모두 모여 치고박고 싸우는 형상이다. 대운(大運)과 세운(歲運)이 천극지충(天剋支沖)되어 빚독촉을 받는 것이다. 지금은 정축년(丁丑年) 정미월(丁未月)이니 이 사람에게는 진술(辰戌)과 년축(年丑)과 월미토(月未土)가 한 줄로 겹치는 시기이기 때문에 이런 일이 일어난 것이다, 대개 입춘절에 많이 일어난다. 무인년(戊寅年)은 년지갑목(年支甲木)을 갑극(甲剋)하여 관재구설이 있으며, 2000년 경진년(庚辰年)이 되어야 좋아진다.

뺑소니 차에 치이다

■ 하정규(남자) / 음력 1953년 10월 29일 진시생(辰時生)

```
년  癸巳 ▶ 문곡귀인, 학당귀인, 지살
월  癸亥 ▶ 천주귀인, 역마
일  庚寅 ▶ 문창귀인, 관귀학관, 내록, 급살
시  庚辰 ▶ 태극귀인, 홍만성, 황은대사, 괴강, 과숙, 천살


      9  19  29  39  49  59  69  79
대   壬  辛  庚  己  戊  丁  丙  乙
운   戌  酉  申  未  午  巳  辰  卯
```

경금일간(庚金日干)이 해월(亥月)에 태어나, 월지장간(月支藏干)에
서 천간투출(天干透出)이 없으나 월간계수(月干癸水)가 간지동(干支
同)으로 투출(透出)하여 상관격(傷官格)이다. 경금일간(庚金日干)에
게 년지사중(年支巳中) 무토(戊土), 해중무토(亥中戊土), 인중무토
(寅中戊土), 진중무토(辰中戊土)가 숨어 있고, 시간경금(時干庚金)
까지 받쳐주어 신강사주(身强四柱)다.

경금(庚金)은 화(火)로 제련해야 완제품이 된다. 년지사중(年支巳中) 병화(丙火)를 조후(調候)하여 용신(用神)을 삼으려고 하지만, 사해충(巳亥沖)되어 병화(丙火)가 손상을 입었으니 쓸 수 없으니, 일지인중(日支寅中) 병화(丙火)를 조후(調候)하여 용신(用神)으로 삼는다. 목(木)이 희신(喜神), 수(水)는 기신(忌神), 토(土)는 구신(救神)이다. 목화토운(木火土運)은 길하고 금수운(金水運)은 흉하다.

■성 격

배짱과 결단력과 정의감과 통솔력이 있다. 호탕하며 풍류적이다. 부모에게 받은 인자를 겸한다면 조용하고 희생적이다. 아랫사람은 아끼지만 윗사람과 관에는 반항적이다. 문화와 예술에 재능이 있다.

■조상운

조상은 시지장간(時支藏干) 무토(戊土)다. 년지(年支)는 조상궁으로 길성(吉星)인 문곡귀인(文曲貴人)과 학당귀인(學堂貴人)이 있으니 학자였다. 월지(月支)가 년지(年支)를 사해충(巳亥沖)하고, 년상(年上)에 계수상관(癸水傷官)이 있으니 잘 살지는 못했다.

■부모운

아버지는 일지장간(日支藏干) 을목(乙木)이다. 부모궁인 월지(月支)에 상관(傷官)이 투출(透出)하고, 월지해수(月支亥水)가 년지사화(年支巳火)와 사해충(巳亥沖)하고, 일지인목(日支寅木)과 파되고, 년지사화(年支巳火)와 인사형(寅巳刑)되므로 아버지는 잘 살지 못한

다. 년주(年柱)에 상관(傷官)이 있으면 빈가출생으로 한쪽 부모를 일
찍 잃거나 재혼하는 어머니를 따라가고, 월간(月干)에 상관(傷官)이
투출(透出)하면 형제들에게 버림을 받는다.

■형제운

 형제는 시간경금(時干庚金)이다. 형제궁인 월지(月支)를 해수(亥
水)가 사해충(巳亥沖)하고, 월간(月干)에 상관(傷官)이 투출(透出)
하고, 금(金)이 기신(忌神)이라 형제덕이 없다.

■부부운

 아내는 일지장간(日支藏干) 갑목(甲木)이다. 목(木)이 희신(喜神)이
며 처궁인 일지(日支)에 편재(偏財)가 있으니 처덕이 있다. 월지(月
支)와 인해합(寅亥合)되어 시부모를 잘 공경한다.

■자식운

 자식은 년지사중(年支巳中) 병화(丙火)와 일지인중(日支寅中) 병화
(丙火)다. 자식궁인 시지(時支)가 관대궁(冠帶宮)에 해당하여 말년
에 자식이 잘 된다. 년지사화(年支巳火)가 월지해수(月支亥水)와 사
해충(巳亥沖), 인사형(寅巳刑)되어 년월간(年月干) 계수(癸水)를 극
하니, 불구가 되거나 부모보다 먼저 가는 자식이 있다.

■건강운

 용신(用神)인 화(火)가 사해충(巳亥沖)되니, 심장이 약하고 교통사

고 등의 외상이 따른다.

■ 직업운

년월간(年月干)에 상관(傷官)이 투출(透出)하고, 지살(地殺)과 역마살(驛馬殺)과 편재(偏財)가 형충파(刑沖破)되었다. 금(金)은 철제품, 목(木)은 건축자재, 토(土)는 부동산에 해당하므로 건축업에 종사하면 길하다. 초년운이 좋아 공부를 많이하면 무역업, 관광업, 항공업 등과도 인연이 있다.

■ 재물운

신강(身强)한데 목(木)이 희신(喜神)이고, 대운에서 재물운이 따르니 열심히 노력하면 경제적으로 안정된다.

■ 임술대운(壬戌大運) 9세~18세까지

임술대운(壬戌大運)은 신유술서방금운(申酉戌西方金運)이며, 임수(壬水)는 기신(忌神)이다. 술토(戌土)는 시지진토(時支辰土)에 경금(庚金)이 통근(通根)하는데, 진술충(辰戌沖)되어 경금(庚金)의 뿌리가 흔들리므로 좋지 않다.

■ 신유대운(辛酉大運) 19세~28세까지

신유대운(辛酉大運)은 건축기술을 배워 사회에 진출한다. 무오년(戊午年)은 년월계수(年月癸水)를 무계합화(戊癸合火)하고, 처궁인 일지(日支)에 인목(寅木)이 인오합(寅午合)하여, 재관(財官)이 함께 들어와 결혼한다.

■ 경신대운(庚申大運) 29세~38세까지

경신대운(庚申大運)은 사주에 인사해(寅巳害)가 있는데, 신운(申運)이 오니 가정풍파가 따른다. 그러나 시지진토(時支辰土)에 형충파(刑沖破)가 없으니 무난하게 지낸다.

■ 기미대운(己未大運) 39세~48세까지

기미대운(己未大運)은 사오미남방화운(巳午未南方火運)이며, 용신운(用神運)이다. 사주에 병(病)인 계수(癸水)를 계기극(癸己剋)하여, 경금(庚金)은 어머니같은 운이 되어 경제적으로 안정된다.

이 사람은 97년 정축년(丁丑年) 정미월(丁未月)에 찾아왔다. 사주를 살펴보면서 선생께서는 지금 건축업을 하는데, 초년에는 고생을 많이 했으나 39세부터 운이 풀려 지금은 경제적인 기반을 잡았으며, 올해는 자녀의 건강에 문제가 생기거나 싸움으로 관재구설이 있겠다고 했더니, 아들이 뺑소니 차에 치여 죽었다면서 언제쯤 보상금이 나오겠냐고 묻는다. 운전수는 잡았냐고 물으니, 목격자가 있으니 곧 잡을 것이라며 보상금을 받지 못할까봐 걱정하는 눈치다.

기미대운(己未大運)은 년월간(年月干)의 계수상관(癸水傷官)을 계기극(癸己剋)한다. 정축년(丁丑年)은 경금일간(庚金日干)의 자식인 정화(丁火)가 계기극(癸己剋)되고, 다시 정계극(丁癸剋)되어 상관

(傷官)이 격하게 된다. 정축년(丁丑年)은 자식궁인 시지진토(時支辰
土)와 축진파(丑辰破)되고, 대운미토(大運未土)와 축미충(丑未沖)되
어 흉하다. 아무리 좋은 운도 형충파(刑沖破)되면 흉하다.

　무인년(戊寅年)은 편인년(偏印年)이고, 인목편재운(寅木偏財運)이
기 때문에 투기성 재물이 따른다. 갑인월(甲寅月)은 편재(偏財)가 동
하는 운인데, 월지사화(月支巳火)의 관성(官星) 자식과 인사형(寅巳
刑)되어, 자식이 형(刑)을 당한 편재(偏財) 돈이다. 내년 2월 경에나
보상금을 받게 될 것이다.

청춘은 이제부터

■ 이제순(여자) / 음력 1946년 8월 7일 오시생(午時生)

년 丙戌 ▶ 태극귀인, 화개, 백호
월 丙申 ▶ 천을귀인, 금여록, 역마, 공망
일 己卯 ▶ 문창귀인, 도화, 원진, 귀문관살
시 庚午

   8 18 28 38 48 58
대 乙 甲 癸 壬 辛 庚
운 未 午 巳 辰 卯 寅

기토일간(己土日干)이 신월(辛月)에 태어나, 월지장간(月支藏干)에서 경금(庚金)이 시간투출(時干透出)하여 상관격(傷官格)이다. 년월간(年月干) 병화(丙火)가 년지술토(年支戌土)와 시지오화(時支午火)에 통근(通根)하여, 일간기토(日干己土)를 생하니 신강사주(身强四柱)다. 그러나 여자는 신강(身强), 신약(身弱)을 따지기 전에 관(官)을 위주로 풀어야 한다. 일지묘목(日支卯木)이 용신(用神)이니 수

(水)가 희신(喜神)이며 통관용신(通關用神)을 겸한다. 금(金)은 기신(忌神), 화(火)는 구신(救神)과 약신(藥神)이다.

■성 격

사교적이고 싹싹하여 원한관계를 맺지 않는다. 마음이 약하고 소심하며 변덕이 심하다. 주관이 없으며 치사한 면도 있다. 부모에게 받은 인자를 겸한다면 반역정신이 농후하다. 기고만장하고 오만불손하며 남을 무시하기 때문에 오해와 비방을 부른다.

■조상운

조상은 시지장간(時支藏干) 기토(己土)다. 조상궁인 년지(年支)에 태극귀인(太極貴人)과 화개살(華蓋殺)이 있으니 고향을 지키며 살았고, 년지(年支)에 인수(印綬)가 있으니 학자이며 잘 살았다.

■부모운

아버지는 월지장간(月支藏干) 임수(壬水)다. 부모궁인 월지(月支)에 상관(傷官)과 공망(空亡)이 있으니 부모덕이 없고, 어머니성이 많으니 아버지는 처첩이 많다.

■형제운

형제성이 많으니 형제가 많다. 형제궁인 월지(月支)가 공망(空亡)되고, 토(土)가 기신(忌神)에 해당하여 형제덕이 없다.

■부부운

남편은 일지장간(日支藏干) 을목(乙木)인데, 목(木)이 용신(用神)이니 남편덕이 있다. 남편 을목(乙木)은 월지무토(月支戊土)와 묘술합(卯戌合)되고, 일지(日支)에 묘신귀문관살(卯申鬼門關殺), 원진살(怨嗔殺), 도화살(桃花殺)이 있으니 첩을 둔다. 일간기토(日干己土)도 도화살(桃花殺)이 있고, 일지장간(日支藏干) 갑목(甲木)과 갑기암합(甲己暗合)되니 부부가 각각 외정이 많다.

■자식운

자식은 월지장간(月支藏干) 신금(辛金)과 시간경금(時干庚金)이다. 시지(時支)는 자식궁으로 시지경금(時支庚金)이 목욕지(沐浴支)에 있고, 공망(空亡)되어 말년에는 자식덕이 없다. 자식 또한 부모의 인자를 물려받아 주색을 즐긴다.

■건강운

신왕사주(身旺四柱)라 건강에는 큰 문제가 없다. 그러나 월지(月支)에 목욕살(沐浴殺)과 일지(日支)에 도화살(桃花殺), 묘신귀문관살(卯申鬼門關殺), 원진살(怨嗔殺) 등의 흉살이 있으니 정신질환이나 도화병(桃花病)이 따르고, 자식에게 문제가 발생한다.

■직업운

상관격(傷官格)이 상관생재(傷官生財)했으니 식당, 여관, 주점 등과 인연이 많다.

■ 재물운

 상관생재격(傷官生財格)에 목욕살(沐浴殺)이 도화살(桃花殺)과 암합(暗合)되어 경제적인 어려움은 없지만, 역마살(驛馬殺)이 재(財)가 되어 사채놀이와 인연이 있다.

■ 을미대운(乙未大運) 8세~17세까지

 을미대운(乙未大運)에서 을목(乙木)이 용신운(用神運)이라 좋을 것 같으나, 시간경금(時干庚金)과 을경합금(乙庚合金)되어 상관(傷官)으로 변하고, 년지술토(年支戌土)를 대운미토(大運未土)가 술미형(戌未刑)하고, 일지묘목(日支卯木) 도화살(桃花殺)이 관성(官星)과 묘미합목(卯未合木)하여 매우 나쁘고, 일찍 이성에 눈을 뜬다.

■ 갑오대운(甲午大運) 18세~27세까지

 갑오대운(甲午大運)은 사오미남방화운(巳午未南方火運)이라 흉하다. 갑목(甲木)은 정관(正官)인 남자가 일간기토(日干己土)와 갑기합(甲己合)하고, 시간경금(時干庚金)과 극되어 일찍 학업을 포기하고 직장생활을 시작한다. 20세 전후에 결혼한다. 관(官)과 식상(食傷)이 압합(暗合)되어 일지(日支)로 들어오니, 결혼하기 전에 자식을 먼저 낳는다.

■ 계사대운(癸巳大運) 28세~37세까지

계사대운(癸巳大運)에서 계운(癸運) 5년은 상관생재(傷官生財)하여 경제적으로 안정되고, 사화(巳火)는 월지상관(月支傷官)과 사신형

(巳申刑)되어 변화가 많고, 사신합수(巳申合水)하여 의식주와 관계된 사업을 한다.

■ 임진대운(壬辰大運) 38세~47세까지

임진대운(壬辰大運)은 년월간(年月干)의 병화(丙火)와 년지무토(年支戊土)를 천극지충(天剋地沖)하고, 일지묘목(日支卯木)과 관(官)도화(火)가 대운진토(大運辰土)와 합되어 목(木)이 되니, 남편이 첩을 두어 가정풍파가 생긴다. 기토일간(己土日干)도 외정이 있다.

■ 신묘대운(辛卯大運) 48세~57세까지

신묘대운(辛卯大運)은 묘관(卯官), 도화살(桃花殺), 귀문관살(鬼門關殺)이 들어와 일지(日支)에 있는 도화살(桃花殺) 인자를 발동시키니, 수치를 모를 정도로 염문을 뿌린다.

남편사주

■ 박용규(남자) / 1940년 7월 21일 오시생(午時生)

년　庚辰 ▶ 암록, 화개, 괴강
월　壬午 ▶ 천을귀인, 문곡귀인, 백호, 공망
일　辛卯 ▶ 태극귀인, 교록, 천희신, 음차, 육해
시　甲午 ▶ 천을귀인, 천사성, 인옥, 공망

7　17　27　37　47　57
대　癸　甲　乙　丙　丁　戊
운　未　申　酉　戌　亥　子

　신금일간(辛金日干)이 오월(午月)에 태어나, 월지장간(月支藏干)에 천간투출(天干透出)이 없으니 월지(月支)에서 격을 잡아 편관격(偏官格)이다. 조후(調候)가 시급하니 월간임수(月干壬水)가 용신(用神)인 것 같으나, 일간신금(日干辛金)이 너무 신약(身弱)하여 년지진중(年支辰中) 무토(戊土)를 용신(用神)으로 삼는다. 토(土)가 용신(用神)이니 화(火)는 희신(喜神)이 되지 못한다. 강한 화(火)를 다스리는 수(水)가 조후용신(調候用神)이며 희신(喜神)이다. 수금토운(水金土運)은 길하고 목화운(木火運)은 흉하다.

■ 성 격

　날카롭고 냉정하여 맺고 끊는 것이 분명하며 자존심이 강하다. 잘난 척하지만 정에 약하다. 부모에게 받은 인자를 겸한다면 자만심이 강하고 이기적이며 감정이 격하다. 자신을 과시하기 좋아하며 반항심이 강하다.

■ 조상운

　조상은 월지장간(月支藏干) 기토(己土)다. 조상궁인 년지(年支)에 화개살(華蓋殺)과 괴강살과 희신(喜神)인 용신(用神)이 있으니 군인, 경찰, 운동선수, 관료 등과 관계있다. 장손으로 고향을 지키며 살았다.

■부모운

 아버지는 일지장간(日支藏干) 을목(乙木)이다. 부모궁인 월지(月支)에 천을귀인(天乙貴人), 문곡귀인(文曲貴人), 백호살(白虎殺)이 있으니 군인, 경찰, 운동선수, 관료 등과 관계있다. 월지(月支)가 공망(空亡)되어 부모덕이 없다.

■형제운

 형제는 년간신금(年干辛金)이다. 백호살(白虎殺)과 괴강살이 있으니 군인, 경찰, 운동선수, 관료, 자유업 등과 관계있다. 형제궁인 월지(月支)에 길성(吉星)인 태극귀인(太極貴人)과 천을귀인(天乙貴人)이 있으나, 공망(空亡)되어 잘 살지 못한다. 그러나 금(金)이 희신(喜神)이니 형제덕이 있다.

■아내운

 정편재(正偏財)가 혼잡되었으니 가정문제가 있음을 암시한다. 정재 갑목(正財甲木)이 사지(死支)에 있고, 편재을목(偏財乙木)은 일지묘목(日支卯木)과 건록(建祿)에 있으니, 첩이 본처를 몰아내고 정처노릇을 한다. 재(財)가 기신(忌神)에 해당하여 처덕이 없다.

■자식운

 자식궁인 시지(時支)가 녹왕지(祿旺支)에 해당하여 잘 되지만, 시지

(時支)가 공망(空亡)되고 화(火)가 기신(忌神)에 해당하여 자식덕이 없다.

■건강운

오행(五行)이 골고루 있으니 건강에는 큰 문제가 없다. 그러나 화(火)가 강하고 신금(辛金)이 약하니 기관지, 천식, 폐, 대장, 신장, 방광 등이 염려된다.

■직업운

편관격사주(偏官格四柱)라 군인, 경찰, 운동선수, 공무원 등과 인연이 있고, 무역회사, 교육자, 식당, 주점, 여관 등도 길하다.

■재물운

재관(財官)은 왕한데 일간(日干)이 약하니 재물운이 불리하다. 일지묘목(日支卯木) 편재(偏財)가 년간경금(年干庚金) 뿌리인 진토(辰土)와 묘진합(卯辰合)되니 금전거래, 보증, 동업을 조심해야 한다.

■계미대운(癸未大運) 7세~16세까지

계미대운(癸未大運)은 사오미남방화운(巳午未南方火運)이나, 미토(未土)는 토(土)의 작용이 더 강하다. 또 미토(未土) 월지오화(月支午火)와 사오미합화(巳午未合火), 일지묘목(日支卯木)과 묘미합목(卯未合木), 시지오화(時支午火)와 오미합화(午未合火)되어 화기(火氣)가 강하니 나쁘다.

■ 갑신대운(甲申大運) 17세~26세까지

 갑신대운(甲申大運)은 신유술서방금운(申酉戌西方金運)이라 길하다. 갑운(甲運) 5년은 재운(財運)인데 년간경금(年干庚金)과 갑경극(甲庚剋)되어 변화가 있으며, 신지살(申地殺)이 있으니 객지에 나가 경제활동을 하고 이 운에서 결혼한다.

■ 을유대운(乙酉大運) 27세~36세까지

 을유대운(乙酉大運)은 신묘(辛卯)와 천극지충(天剋地沖)되어 매우 나쁘다. 도화살(桃花殺)과 홍염살(紅艷殺)이 있으니 여자로 인한 손재와 사업실패가 따르고, 대운이 년간경진(年干庚辰)과 천덕지합(天德地合)되어 문서로 인한 손재가 따른다. 을유대운(乙酉大運)은 년간경금(年干庚金)과 천덕지합(天德地合)되어 도와주는 것으로 알기 쉬우나, 일간(日干)과 천극지충(天剋地沖)되어 사업실패가 따른다. 일지(日支)는 처궁인데 일간(日干)과 재(財)가 천극지충(天剋地沖)되니 아내와 이별한다.

■ 병술대운(丙戌大運) 37세~46세까지

 병술대운(丙戌大運)은 년주(年柱)를 천극지충(天剋地沖)하고, 일주(日柱)와는 천덕지합(天德地合)되니 재혼하여 직장과 주거를 타향으로 옮긴다. 병술대운(丙戌大運)은 년간경금(年干庚金)과 월간임수(月干壬水)와 병경극(丙庚剋)되고, 지지무토(地支戊土)는 년지진토(年支辰土)와 진술충(辰戌沖)되어 월간임수(月干壬水)의 뿌리를 극하고, 월시지(月時支) 오화(午火)와 오술합화(午戌合火)되어 길작용보다 흉작용이 많다.

■ 정해대운(丁亥大運) 47세~56세까지

　그동안은 신약(身弱)한 경금(庚金)이 강한 화(火) 때문에 고통이 많았지만, 정해대운(丁亥大運)은 해자축북방수운(亥子丑北方水運)이니 강한 화기(火氣)를 극하여 건강이 좋아진다. 식상운(食傷運)은 열심히 노력하면 작지만 이익이 따르고, 남의 도움도 크게 받는다.

■ 무자대운(戊子大運) 57세~66세까지

　무자대운(戊子大運)에서 무토운(戊土運) 5년은 신약(身弱)한 신금(辛金)을 생하여 좋지만, 자운(子運) 5년은 월지(月支)와 시지오화(時支午火)가 자오충(子午沖)되어, 본인은 물론 처자식에게도 나쁜 운이다.

　여자가 시상상관격(時上傷官格)인데 시지(時支)에 편인(偏印)이 있다. 여자에게 가장 나쁜 상관(傷官)과 편인(偏印)이 시지(時支)에 있으니, 자식을 낳고 남편과 멀어진다. 일지묘목(日支卯木) 남편이 월지상관(月支傷官)에게 극되어 무능하고, 말년에 시상상관(時上傷官)이 투출(透出)하여 백년해로가 어려운 것이다.
　더구나 일지묘목(日支卯木) 남편은 년지술토(年支戌土)와 합되고, 일지(日支)에 도화살(桃花殺)이 있어 일간(日干)도 외정을 즐긴다. 일지(日支)에 정부를 암합(暗合)으로 숨겨놓고, 대운까지 수운(水運)으로 흘러 생재관(生財官)하지 못한다. 더구나 남편과의 사이에 귀문관살(鬼門關殺)과 원진살(怨嗔殺)까지 작용하니 과부가 되는 것은 기정사실이다.

　15년이 지난 지금에 와서 일방적으로 이혼소송을 벌이는 것은, 관(官) 도화운(桃花運)이며 갑술년(甲戌年)이 천덕지합(天德地合)되어 애인이 생겼기 때문이다. 무인년(戊寅年)에는 년지술토(年支戌土)와 시지오화(時支午火)가 인오술삼합(寅午戌三合)되고, 시간경금(時干庚金)이 합된다. 부모와 자식들의 동의하에 인묘합(寅卯合)되어 일지(日支)로 들어오니 재혼할 것으로 보인다.

팔자땜

■ 문지선(여자) / 음력 1958년 2월 27일 유시생(酉時生)

년 戊戌 ▶ 내록, 괴강, 화개
월 辛酉 ▶ 육해
일 壬辰 ▶ 고신, 괴강, 공망
시 己酉 ▶ 육해

    1   11 21 31 41 51
대 庚 己 戊 丁 丙 乙
운 申 未 午 巳 辰 卯

임수일간(壬水日干)이 유월(酉月)에 태어나, 월지장간(月支藏干)에 신금(辛金)이 월간투출(月干透出)하여 인수격(印綬格)이다. 토금(土金)이 왕하니 극할 수 있는 목화(木火)를 용신(用神)으로 삼아야 한다. 목(木)은 일지진토(日支辰土)의 암장(暗藏)에 있어 미약하고, 일지진토(日支辰土)는 월지유금(月支酉金)과 유진합금(酉辰合金)으로 변한지 오래되었으니, 을목(乙木) 씨앗은 큰 바위 속에 있는 것과 같은 형상이다. 년지술토(年支戌土) 장간(藏干)에 정화(丁火)가 있으나, 이 역시 월시지(月時支) 유금(酉金)과 유술합금(酉戌合金)된지 오래되었다. 목화(木火) 씨앗이 큰 바위 밑에 깔려있으니, 임수(壬水)는 공장에서 흘러나온 폐수 때문에 썩고 있다.

■성 격

생각이 많고 속이 깊으며 이해심이 많다. 냉정하며 활동적이지만 정에 약하고 소심하며 조용하다. 부모에게 받은 인자를 겸한다면 인자하고 청고하며 온화하고 창의력이 있다. 조용하며 깨끗한 것을 좋아하고 고집이 있다.

■조상운

조상은 월지장간(月支藏干) 경금(庚金)이다. 조상궁인 년지(年支)에 편관(偏官)과 괴강살과 화개살(華蓋殺)이 있으니 군인, 경찰, 운동선수, 관료 등과 관계있고, 고향을 지키며 종교를 갖고 살았다.

■부모운

부모는 년지장간(年支藏干) 정화(丁火)다. 군인, 경찰, 운동선수, 관료, 학자 등과 관계있고 인자하다. 어머니성이 많으니 처첩이 많다.

■형제운

형제는 일지장간(日支藏干) 계수(癸水)다. 형제궁인 월지(月支)에 목욕살(沐浴殺)이 있어 주색을 즐기고, 묘고(墓庫)에 있어 무능하다.

월지(月支)에 괴강살과 양차살(陽差殺)이 있어 출가한 후 외가와 시가가 몰락한다. 금수(金水)가 기신(忌神)에 해당하여 형제덕이 없다.

■부부운

정편관(正偏官)이 투출(透出)하고, 년일지(年日支)에 관(官)을 깔고 앉아 있으며, 월시지(月時支)의 목욕살(沐浴殺)이 유술합(酉戌合), 유진합(酉辰合)되었다. 첫 남편은 무술(戊戌) 괴강에 앉아 있으니 군인, 경찰, 운동선수 등으로 일간(日干)을 구타하여 헤어졌고, 두번째 남편은 묘고(墓庫)에 있으니 사별했으며, 세번째 남자는 목욕살(沐浴殺)에 앉아 있으니 주색을 즐긴다.

■자식운

자식은 일지진중(日支辰中) 을목(乙木)이다. 지지(地支)가 모두 금(金)이라 극되어 싹도 한번 피워보지 못한다.

■건강운

임수(壬水)는 신장, 방광, 자궁 등을 나타내는데 토금(土金)이 많으니 상한다. 피가 탁하고 심장, 신장, 방광, 자궁 등이 약하며 화장실을 자주 들락거린다.

■직업운

신약(身弱)한데 목화(木火)가 희신(喜神)이고 임수(壬水)는 물이라 음식점, 주점, 여관업 등과 인연이 있다. 작은 을목(乙木)은 작은 불에 끓이고 굽는 고기집이나 주점 등을 말한다.

■ 재물운

식상(食傷)과 재(財)가 희신(喜神)에 해당하여, 재운(財運)과 식상운(食傷運)이 오면 재물운이 다소 따르지만, 관(官)과 인수(印綬)가 많아 극하니 금전관리에 신중을 기해야 한다.

■ 경신대운(庚申大運) 10세까지

경신대운(庚申大運)은 편인운(偏印運)이고, 월지(月支)가 목욕지(沐浴支)에 해당하여 어머니와 일찍 이별한다. 다른 사람 밑에서 성장하며 건강도 좋지 않다.

■ 기미대운(己未大運) 11세~20세까지

불우한 환경에서 성장하고, 일찍 사회생활을 하다가 남자를 만난다.

■ 무오대운(戊午大運) 21세~30세까지

20세 전에 만난 남자에게서 도망가지만, 다시 무오왕지(戊午旺支)에 있는 남자를 만난다. 다시 도망가기를 몇번 거듭하다가, 수운(水運)과 재운(財運)과 용신운(用神運)이 오면 안정된 생활을 한다.

■ 정사대운(丁巳大運) 31세~40세까지

정사대운(丁巳大運)은 가장 좋은 운이다. 월간(月干)에서 병(病)인 신금(辛金)을 정신극(丁辛剋)하니, 재물운이 좋아 경제적으로 안정

되고 남편의 사랑을 받는다. 그러나 식상(食傷)이 묘고(墓庫)에 있
고, 대운이 따라주지 않아 자식을 믿지 못한다.

■ 병진대운(丙辰大運) 41세~50세까지

 병진대운(丙辰大運)에서 병화운(丙火運) 5년은 잘 지내나, 진운(辰
運) 5년은 일지진토(日支辰土)와 진진자형(辰辰自刑)되고, 다시 관
(官)이 목욕살(沐浴殺)과 합되어 사주에 있는 인자를 발동시키니 가
정이 파한다.

남편사주

■ 문선권(남자) / 음력 1948년 9월 10일 진시생(辰時生)

    년 戊子 ▶ 장생
    월 甲寅 ▶ 태극귀인, 관귀학관, 고신, 역마
    일 庚辰 ▶ 괴강, 화개
    시 庚辰 ▶ 괴강, 화개

        3 13 23 33 43 53
    대 乙 丙 丁 戊 己 庚
    운 卯 辰 巳 午 未 申

경금일간(庚金日干)이 인월(寅月)에 태어나, 월지장간(月支藏干)에서 갑목(甲木)이 월간투출(月干透出)하여 편재격(偏財格)이다. 년간무토(年干戊土)가 일시지(日時支) 진토(辰土)에 통근(通根)하고, 경진(庚辰) 괴강일에 괴강시가 받쳐주고, 신강(身强)하므로 월지장간(月支藏干) 병화(丙火)를 용신(用神)으로 삼는다. 경금(庚金)은 수(水)로 식혀가며 화(火)로 제련하면 명품이 된다.

년지자수(年支子水)가 일시지(日時支) 진토(辰土)와 자진합수(子辰合水)되어 수(水)는 풍부하나, 병화(丙火)가 지장간(地藏干)에 숨어 있어 화(火)가 약한 편이다. 인월(寅月)은 아직 한기가 풀리지 않아 조후(調候)가 시급하니, 화(火)가 용신(用神)이며 목(木)은 희신(喜神)이다. 목화운(木火運)은 길하고 토금수운(土金水運)은 흉하다.

■ 성 격

대장부다운 기질에 배짱이 좋고 의협심과 결단력이 있다. 허풍이 심하고 상대를 누르려는 기질이 있다. 부모에게 받은 인자를 겸한다면 호탕하고 대범하며 통솔력과 융통성이 있다. 적극적이며 쾌활하고 풍류를 즐긴다.

■ 조상운

조상은 년간무토(年干戊土)인데 신왕(身旺)하며 재(財) 위에 있고, 조상궁인 년지(年支)에 장생(長生)이 있으니 부귀하며 처첩이 많다.

■부모운

 아버지는 월간갑목(月干甲木)이다. 월지(月支)는 부모궁으로 길성(吉星)인 태극귀인(太極貴人)과 관귀학관(官貴學官)이 있고, 건록(建祿)에 해당하니 군인, 경찰, 운동선수, 자유업 등과 관계있다. 년간(年干)에 편인(偏印)이 있으면 부모의 유업을 지키지 못하고 타향으로 나간다. 월간갑목(月干甲木) 아버지성이 년간무토(年干戊土)와 무갑극(戊甲剋)되고, 일시경금(庚金)과 갑경극(甲庚剋)되어 아버지를 일찍 잃는다. 어머니성이 많으니 어머니가 두 분이다.

■형제운

 형제는 시간경금(時干庚金)인데 괴강살에 있으니 군인, 경찰, 운동선수 등과 관계있다. 형제궁인 월지(月支)가 절지(絶支)에 있고, 금(金)이 기신(忌神)에 해당하여 형제덕이 없다.

■부부운

 아내는 월간갑목(月干甲木)인데 건록(建祿)에 앉아 있다. 처궁인 일지(日支)에 편인(偏印)이 있는데, 편인(偏印)은 재(財)를 생하는 식상(食傷)을 극하니, 어머니가 처궁에 앉아 들어오지 못하게 하는 형상이다. 또 일지(日支)에 괴강살과 화개살(華蓋殺)이 있으니 항상 허무하며 고독하다. 그러나 재관(財官)이 희신(喜神)이라 처덕이 있다.

■자식운

 자식은 월지장간(月支藏干) 병화(丙火)다. 병화(丙火)는 인목(寅木)

장생(長生)에 있고, 자식궁인 시지(時支)가 관대궁(冠帶宮)이라 잘 된다. 관(官)이 용신(用神)이라 자식덕이 있다.

■ 건강운

대체적으로 건강하지만 재역마(財驛馬)와 괴강살이 중첩되어 교통 사고 등의 외상이 따른다.

■ 직업운

경진(庚辰) 괴강일에 태어났으니 군인, 경찰, 운동선수, 공무원 등으로 나가면 길하다. 초년 대운이 나빠 공부를 하지 못했다면 지살재(地殺財)에 괴강일이라 운수업과 관계있다.

■ 재물운

일간(日干)이 강한데 재(財)와 식상(食傷)도 강하다. 열심히 노력하면 경제적인 어려움은 없다.

■ 을묘대운(乙卯大運) 3세~12세까지

을묘대운(乙卯大運)은 월지인목(月支寅木)과 일시지(日時支) 진토(辰土)와 인묘진방합목(寅卯辰方合木)되어 양자로 간다. 어쨌든 종재(從財)하여 잘 지낸다.

■ 병진대운(丙辰大運) 13세~22세까지

병진대운(丙辰大運)에서 병화운(丙火運) 5년은 용신운(用神運)이라 잘 지내지만, 진운(辰運)은 병경극(丙庚剋)되고, 일지진토(日支辰土)와 대운진토(大運辰土)가 진진자형(辰辰自刑)되어, 스스로 학업을 포기하고 부모곁을 떠나 사회활동을 시작한다.

■ 정사대운(丁巳大運) 23세~32세까지

 정사대운(丁巳大運)은 사오미남방화운(巳午未南方火運)이고 용신운(用神運)이라 좋다. 이 운에서 결혼하고 경제적인 기반을 잡는다.

■ 무오대운(戊午大運) 33세~42세까지

 천간투출(天干透出)한 갑목(甲木)이 무갑극(戊甲剋), 갑경극(甲庚剋)되는데 대운에서 또 무토(戊土)가 와서 무갑극(戊甲剋)되니, 정사대운(丁巳大運)과 무오대운(戊午大運)의 접목운에서 아내와 사별한다. 무오대운(戊午大運)에서 오운(午運)은 월지인목(月支寅木)과 인오합(寅午合)되어, 흉한 가운데 길하여 다시 결혼한다.

■ 기미대운(己未大運) 43세~52세까지

 기미대운(己未大運)은 사오미남방화운(巳午未南方火運)이지만 화기(火氣)가 30%, 토기(土氣)가 70% 정도 작용한다. 월간갑목(月干甲木)이 대운기토(大運己土)와 갑기합토(甲己合土)되어 다른 오행(五行)으로 변한다. 지지(地支)의 뿌리가 살아있어 아내가 토(土)로 변하여, 일간경금(日干庚金)을 생해주는 줄 알고 있으나 이미 아내는 50%는 변한 상태다. 그러나 화운(火運)이니 무난하게 잘 넘긴다.

■ 경신대운(庚申大運) 53세~62세까지

 월간갑인(月干甲寅)을 대운경신(大運庚申)이 천극지충(天剋地沖)하니, 아내가 집을 나가거나 사별한다. 대운에서 신금(辛金)이 와서 년지자수(年支子水)와 일시지(日時支) 진토(辰土)와 신자진삼합수국(申子辰三合水局)되어 월지갑인(月支甲寅)을 생한다. 다른 사람이 합된 것을 알고 갑목재(甲木財)는 경금(庚金)의 강한 힘을 설기하니 평지풍파가 일어난다.

 "아주머니는 부모덕이 없어 일찍부터 고생이 많았군요. 대운을 보니 열한살부터 고생이 시작된 것 같습니다."

 "예, 그래요. 열한살에 집을 나왔어요."

 "아주머니는 스무살이 되기 전부터 남자가 많았는데, 스물한살에 결혼을 한 것 같군요. 지금 사는 남편과는 재혼이고, 첫 남편과는 사별이나 이혼한 것으로 보입니다."

 "결혼한지 5년만에 교통사고로 사별하고, 지금 사는 남편은 10년 전에 만났어요."

 "자식이 없으니 자식복도 없겠습니다."

 "무슨 말씀이세요? 아들이 있는데요."

 "아들이 있다고요?"

 "아저씨가 데리고 온 아들이 하나 있어요."

 "제가 말하는 것은 아주머니가 낳은 자식을 말하는 겁니다."

 "그리고 94년부터 장사를 하는 것 같은데 잘 되지요?"

 " 예, 그전까지는 남의 집에서 일하다가 그때쯤 장사를 시작했어요."

"남편은 운전을 하는 것 같은데... 아주머니, 작년부터 남자가 새로 생겼죠? 그 남자 문제로 날 찾아 온거죠?"

"어떻게 하면 좋겠습니까?"

이 아주머니는 내년 41세부터 사오미남방화운(巳午未南方火運)에서 인묘진동방목운(寅卯辰東方木運)으로 운이 크게 변하여 가정적으로 큰 문제가 있게 생겼다.

"아무튼 41세에는 문제가 있겠으나 백년해로는 합니다."

"백년해로요? 정이 없어 도저히 못살겠는데요."

"애인이 생겨서 그런 것이 아니구요?"

결혼을 일찍 했다고 한 것은, 21세 무오대운(戊午大運)은 임수일간(壬水日干)에게 편관(偏官) 남자인데, 년상무술(年上戊戌) 남자와 오술합(午戌合)되었기 때문이다.

남편과 5년만에 사별했다고 한 것은, 일지(日支)가 묘고(墓庫)인데 년상무술(年上戊戌)과 진술충(辰戌沖)되고, 무술(戊戌)과 임진(壬辰)은 괴강으로 강한 철광석에 부딪히는 형상이라 교통사고 등을 나타내기 때문이다. 여자가 임진일주(壬辰日柱)이면 사별 등의 흉작용이 있어 백년해로가 어렵다.

자식이 없다고 한 것은, 자식이 일지진중(日支辰中) 장간을목(藏干乙木)인데 묘고(墓庫)에 있고, 유진합금(酉辰合金)되어 싹이 돋아나기 무섭게 을신극(乙辛剋)되니 자연유산된다. 대운에서도 초년에 목운(木運)이 오지 않는다.

94년부터 자신의 사업체를 가졌다고 한 것은, 94년은 갑술년(甲戌

年)으로 임진일주(壬辰日柱)에게는 식신(食神)이라 새로운 사업을 시작하는 운이고, 일지(日支)를 진술충(辰戌沖)하여 변화가 생기는데, 갑목(甲木)이 희신(喜神)에 해당하여 좋은 운이기 때문이다.

남편이 운전을 한다고 한 것은, 경진(庚辰)은 괴강살로 군인, 경찰, 운동선수 등과 같은 강한 직업과 관계있고, 지살재(地殺財)가 월지(月支)에 있으니 경진(庚辰)을 자동차로 보았기 때문이다.

96년에 남자가 생겼다고 한 것은, 96년은 일지진토(日支辰土)와 자진합(子辰合水)되고, 자수(子水)는 홍염살(紅艶殺)로 도화살(桃花殺)의 일종이다. 정축년(丁丑年)은 일간임수(日干壬水)와 정임합(丁壬合)으로 유정지합(有情之合)되니 본인이 정에 빠진다.

축토(丑土)는 정관(正官) 남편인데 정축년(丁丑年)에 들어온 남자를 본남편으로 생각하며 정이 들어, 일지진토(日支辰土)와 축진파(丑辰破)되니 지금 살고 있는 남자와 헤어지고 싶은 것이다. 일지편관(日支偏官)은 호랑이처럼 무서운 남편이니 방법이 없을까 해서 필자를 찾아온 것이다.

41세부터 운이 바뀐다고 한 것은, 대운이 바뀌면 자의든 타의든 많은 변화가 따른다. 병진대운(丙辰大運)은 진토(辰土) 남자가 일지(日支)에서 진진자형(辰辰自刑), 년지(年支)에서 진술충(辰戌沖)되어 유금(酉金) 목욕살(沐浴殺)과 합되니 큰 변화를 예고하고 있다. 남의 자식을10년 동안 키우며 집도 사고 땅도 샀다고 자랑하지만, 사주에 있는 인자를 벗어나지 못할 것이다.

믿을 수 없는 여자

■ 장민수(남자) / 음력 1963년 9월 18일 진시생(辰時生)

년 癸卯 ▶ 천을귀인, 태극귀인, 천희신, 장생
월 戊午 ▶ 육해
일 壬寅 ▶ 천주귀인, 문창귀인, 암록, 망신
시 甲辰 ▶ 반안, 공망

    7 17 27 37 47 57
대 丁 丙 乙 甲 癸 壬
운 巳 辰 卯 寅 丑 子

임수일간(壬水日干)이 오월(午月)에 태어나, 월지장간(月支藏干)에서 천간투출(天干透出)이 없으니 월지(月支)에서 격을 잡아 정재격(正財格)이다. 지지(地支)가 인묘진방합(寅卯辰方合)되고, 시간(時干)에 갑목(甲木)이 투출(透出)하여 식신격(食神格)이나, 월지(月支)와 합되지 않아 종아격(從我格)이 될 수 없다.

인묘진방합(寅卯辰方合)된 강력한 목(木)이 월지오화(月支午火)를 생하여 지지(地支)의 모든 기가 월지(月支)로 모이고, 임수일간(壬水日干)의 뿌리인 년간계수(年干癸水)는 월지무토(月支戊土)와 무계합화(戊癸合火)하여 화(火)로 변하니, 뿌리가 없어져 종재격(從財格)이다. 화(火)가 용신(用神)이니 목(木)은 희신(喜神), 수(水)는 기신(忌神), 토(土)는 구신(救神)이다. 목화토운(木火土運)은 길하고 금수운(金水運)은 흉하다.

■성 격

속이 깊고 생각이 많으며 온순하다. 착하고 인내심이 많으며 활동적이다. 문화, 예술, 학술방면에 재능이 있다. 부모에게 받은 인자를 겸한다면 돈을 많이 만지며 사람을 잘 다루고 잔꾀가 많다.

■조상운

조상은 나타나있지 않으나 경금(庚金)이다. 조상궁인 년지(年支)에 길성(吉星)인 천을귀인(天乙貴人), 태극귀인(太極貴人), 천희신(喜神), 장생(長生)이 있으니 학자이며 부귀했다. 그러나 년상(年上)에 겁재(刧財)와 상관(傷官)이 함께 있으니 이중인격자다. 사기꾼이나 협잡꾼으로 칼을 맞았거나 감옥살이를 했거나 단명했다.

■부모운

부모는 월지장간(月支藏干) 병화(丙火)다. 인묘진(寅卯辰)이 많은 목(木)의 생을 받아 잘 살며, 무토관(戊土官)이 투출(透出)하여 공무원과 관계있다.

■형제운

형제는 시지진중(時支辰中) 계수(癸水)다. 묘고(墓庫)에 있고 형제성이 많은 재(財)에 극되어 잘 살지 못하고, 형제가 기신(忌神)에 해당하여 형제덕이 없다. 종재격사주(從財格四柱)는 어릴 때 다른 사람 밑에서 자라거나, 양자나 데릴사위로 간다.

■아내운

아내는 월지장간(月支藏干) 정화(丁火)다. 처궁인 일지(日支)에 천주귀인(天廚貴人)과 문창귀인(文昌貴人)이 있으니 명문가의 딸로 공부를 많이 했고, 식신(食神)이 있으니 미인이다.

■자식운

자식은 월간무토(月干戊土)다. 자식궁인 시지(時支)가 관대궁(冠帶宮)이라 잘 되지만, 공망(空亡)되어 자식덕이 없다.

■건강운

종재격사주(從財格四柱)라 종(從)을 극하는 운이 아니면 건강하다. 축인오탕화살(丑寅午湯火殺)의 인자가 있는데 대운에서 또 오면 화상이나 약물사고가 따른다. 오화(午火)가 용신(用神)인데 운에서 수(水)가 와서 강한 화(火)를 충극(沖剋)하면 큰 화를 당한다.

■직업운

재(財)가 용신(用神)이라 금융, 세무, 공직 등으로 나가면 길하다.

■ 재물운

 종재격사주(從財格四柱)는 재(財)를 종(從)하여 본인은 잘 지내지만, 본가 가족에게는 불리하다. 아내인 재(財)가 강하니 공처가다.

■ 정사대운(丁巳大運) 7세~16세까지

 정사대운(丁巳大運)은 사오미남방화운(巳午未南方火運)이라 길하다. 사주에서 병(病)인 계수(癸水)를 월간무토(月干戊土)가 무계합(戊癸合)하여 종재격(從財格)으로 승격되는데, 대운정화(大運丁火)가 년간계수(年干癸水)와 정계극(丁癸剋)하여 합이 풀리니 파격이다. 정화운(丁火運)에서 가정문제가 발생하여 양자로 간다.

■ 병진대운(丙辰大運) 17세~26세까지

 병진대운(丙辰大運)은 인묘진동방목운(寅卯辰東方木運)이고, 목(木)은 재(財)를 생하는 희신운(喜神運)이다. 병진대운(丙辰大運)은 인묘진방합(寅卯辰方合)된 상태에서 다시 방합(方合)되니 진진자형(辰辰自刑)이 무력하다. 천간(天干)에 병화(丙火)가 투출(透出)하여 종(從)하여 공부를 잘 하며 무난하게 지낸다.

■ 을묘대운(乙卯大運) 27세~36세까지

 을묘대운(乙卯大運)은 재생관(財生官)하므로 길하다. 이 운에서 결혼하고 직장도 구하며 열심히 노력하여 안정된다.

 종재격사주(從財格四柱)이지만 진종(眞從)이 아니다. 사주에 병

(病)이 많아 승격과 파격을 넘나들고 있다. 먼저 년상계수(年上癸水)가 시지진토(時支辰土)에 통근(通根)하고 투출(透出)하는데, 계수(癸水)도 이미 무계합화(戊癸合火)되어 화(火)로 변한지 오래되었고, 시상진토(時上辰土) 역시 인묘진동빙목방합(寅卯辰東方木方合)으로 변한지 오래되었다.

사주에 병(病)이 하나도 없는 진종(眞從)과 비교하면 격이 떨어진다. 보석이 품질에 따라 가격의 차이가 있듯이 사주도 마찬가지다. 격을 논할 때는 승격과 파격을 따지지만, 우선 사주의 구성과 인자를 살펴보아야 한다.

월지오화(月支午火)와 임수일간(壬水日干)의 아내는 일지인목(日支寅木)과 인오합(寅午合)되고, 년간계수(年干癸水)와 지지(地支)로 합된다. 다시 말해서 양다리를 걸치고 있는 여자다.

아내가 병자년(丙子年)에 집을 나갔다고 보는 것은, 일간임수(日干壬水)와 병임극(丙壬剋)되고, 월지오화(月支午火)를 자오충(子午沖)했기 때문이다. 월지오화(月支午火) 아내는 88년 무진년(戊辰年)에 년간계수(年干癸水)와 무계합(戊癸合)되어, 이미 임수일간(壬水日干)을 만나기 전에 남자가 있었다. 년간계수(年干癸水)가 앞에 있기 때문이다. 월지오화(月支午火)는 경오년(庚午年)에 일지임수(日支壬水)와 인오합(寅午合)되어 일간임수(日干壬水)와 결혼한 것이며, 계유년(癸酉年)에 무계합(戊癸合)되니 이중생활을 하는 것이다.

병자년(丙子年)에 부부싸움이 크게 일어나 아내가 충을 받아 집을 나갔으며, 정축년(丁丑年)은 일간임수(日干壬水)와 정임합(丁壬合)되어 아내를 찾는다. 그러나 찾고보니 지지(地支)에 축인오탕화살

(丑寅午湯火殺)이 있다. 무인년(戊寅年)에는 아내가 무계합(戊癸合), 인오합(寅午合)되어 이중생활을 하며 관재구설이 따르고, 기묘년(己卯年)은 임수일간(壬水日干)에 기토탁임(己土濁壬)되고, 일간(日干)에도 도화살(桃花殺)이 들어 주색잡기에 빠질 가능성이 있다.

이무기

■ 오성수(남자) / 음력 1957년 8월 30일 사시생(巳時生)

년 丁酉 ▶ 장생
월 己酉 ▶ 장생
일 戊戌 ▶ 태극귀인, 괴강, 반안, 귀문관살
시 丁巳 ▶ 지살, 원진, 공망

　　5　15　25　35　45　55
대　戊　丁　丙　乙　甲　癸
운　申　未　午　巳　辰　卯

　무토일간(戊土日干)이 유월(酉月)에 태어나, 월지장간(月支藏干)에서 천간투출(天干透出)이 없으니 월지(月支)에서 격을 잡아 상관격(傷官格)이다. 지지(地支)가 유술합금(酉戌合金), 사유합금(巳酉合金)되어 신약(身弱)하니 시지정화(時支丁火)를 용신(用神)으로 삼아 상관용인격(傷官用印格)이다.

　상관격(傷官格)에 관(官)이 투출(透出)하지 않아 격이 깨끗하니 승격사주다. 상관격(傷官格)이 승격된 사주 중에 국회의원, 검찰, 경찰, 의사 등이 많다. 또 일주(日柱)에 괴강이 있어 군인, 경찰, 운동선수 등과 같이 강한 직업이 길하다. 화(火)가 용신(用神)이니 목(木)이 희신(喜神)이지만 상관격(傷官格)이 관(官)을 만나면 위화백단(違禍百斷)이다. 화토운(火土運)은 길하고 수목금운(水木金運)은 흉하다.

■성 격

성격이 급하고 주장이 강하며 허영심이 있다. 배짱이 좋고 재산관리와 중개능력이 뛰어나다. 부모의 인자를 겸한다면 반역정신이 강하고 오만불손하여 오해, 비방, 방해, 실추, 소송 등을 잘 일으킨다.

■조상운

조상은 시지장간(時支藏干) 병화(丙火)다. 조상궁인 년지(年支)에 장생(長生)이 있으니 잘 살았다.

■부모운

아버지는 사주에 나타나있지 않으나 어머니성이 많다. 년상(年上)에 정인(正印)과 상관(傷官)이 함께 있고, 월지(月支)에 겁재(劫財)와 상관(傷官)이 함께 있으니 자수성가한 집안이다. 금(金)이 용신(用神)이라 부모덕이 있다.

■형제운

형제는 월간기토(月干己土)다. 월지(月支)는 형제궁으로 장생궁(長

生宮)에 앉아 있어 형제들은 모두 잘 살며, 토(土)가 희신(喜神)에 해당하여 형제덕이 있다.

■부부운

아내는 나타나있지 않으나 계수(癸水)다. 처궁인 일지(日支)가 월간 기토(月干己土)의 뿌리인 유금(酉金)과 유술합(酉戌合)되고, 사술원진살(巳戌怨嗔殺)과 귀문관살(鬼門關殺)이 있으며, 수(水)가 기신(忌神)에 해당하여 처덕이 없다.

■자식운

자식은 나타나있지 않으나, 갑을목(甲乙木)에서 자식궁인 시지(時支)가 병지(病支)와 목욕지(沐浴支)에 해당하여, 자식이 병약하거나 주색을 즐긴다. 상관격사주(傷官格四柱)가 관(官)이 기신(忌神)이면 말년에 자식덕이 없다. 특히 원진살(怨嗔殺)과 귀문관살(鬼門關殺)이 있으니 자식으로 인하여 근심이 많다.

■건강운

비교적 건강하지만 유유자형(酉酉自刑)과 귀문관살(鬼門關殺)이 있으니, 정신질환과 위장병이 따르고 주색으로 인한 병을 얻을 염려가 있다.

■직업운

상관격(傷官格)이 격이 맑아 승격되었고, 유유자형(酉酉自刑)에 무술(戊戌) 괴강이 있으니 군인, 경찰, 국회의원, 검찰, 공무원, 의사 등과 인연이 있다.

■ 재물운

상관생재격(傷官生財格)이니 금전적인 어려움은 없다.

■ 무신대운(戊申大運) 5세~14세까지

무신대운(戊申大運)은 식신운(食神運)인데 식상(食傷)이 혼잡되어 나쁘다. 신유술방합(辛酉戌方合)되어 파격이라고 할 수는 없으나, 신약(身弱)한데 지지(地支)가 모두 사신합수(巳申合水), 신유술방합(辛酉戌方合)되어 금(金)이니 나쁘다. 이 운에서 부모에게 문제가 생겨 고난이 많다.

■ 정미대운(丁未大運) 15세~24세까지

정미대운(丁未大運)은 사오미남방화운(巳午未南方火運)이다. 무토일간(戊土日干)이 힘을 얻어 신강(身强)하니 수기발로(水氣發路)한다. 수재라 공부를 잘 하며 명문대 법학과에 입학한다.

■ 병오대운(丙午大運) 25세~34세까지

상관편인격(傷官偏印格)인데 병오대운(丙午大運)은 인수운(印綬運)이라 용신(用神)이 혼잡하다. 격이나 용신(用神)이 혼잡되면 두 마음이 생겨 한 가지 일에 몰두하지 못한다. 그러나 병화운(丙火運) 5년을 어렵게 지나 수운(水運)에서 사법고시에 합격한다.

■ 을사대운(乙巳大運) 35세~44세까지

 상관(傷官)이 관(官)을 만나면 위화백단(違禍百斷)이라 했듯이, 사회적으로 기반을 잡지 못하고 방황한다. 을목운(乙木運) 5년은 방황하지만 사운(巳運)부터는 활동할 수 있다.

 신금(辛金)이 상관격(傷官格)이면 관(官)이 조후용신(調候用神)이라 관운(官運)이 무난하다. 그러나 이 사주는 무토일간(戊土日干)이기 때문에 관운(官運)이 좋지 않아 실직이나 파직상태에 있다. 대운의 지지사화(地支巳火)는 인수(印綬)로 부모와 학문에 해당한다. 대운사화(巳火)가 사주에 있는 유금(酉金)과 사유합(巳酉合)되어 윗사람이나 부모형제의 도움으로 놀면서 지낸다.
 다음에 오는 갑진대운(甲辰大運)은 인묘진동방목운(寅卯辰東方木運)이니 더 나쁘다. 갑진대운(甲辰大運)은 무술일주(戊戌日柱)와 천극지충(天剋地沖), 월간기토(月干己土)와 갑기합(甲己合), 대운의 지지진토(地支辰土)는 유진합금(酉辰合金)되어 매우 나쁘다.

위자료는 얼마나 받겠습니까

■ 이민국(남자) / 음력 1962년 11월 13일 묘시생(卯時生)

년 壬 寅 ▶ 문곡귀인, 학당귀인

월 丙 午 ▶ 내록, 월덕귀인, 양차, 장생, 공망

일 丙 戌 ▶ 월덕귀인, 백호, 화개

시 辛 卯 ▶ 태극귀인, 천희신, 도화


```
    7  17  27  37  47  57
대  丁  戊  己  庚  辛  壬
운  未  申  酉  戌  亥  子
```

병화일간(丙火日干)이 오월(午月)에 태어나, 월지장간(月支藏干)에서 병화(丙火)가 월간투출(月干透出)했다. 같은 오행(五行)은 격을 잡지 않으니 시간투출(時干透出)한 신금(辛金)이 일지술토(日支戌土)에 통근(通根)하여, 격을 잡아 정재격(正財格)이나 금(金)이 격과 용신(用神)을 겸하여 가정재격(假正財格)이다.

혹자는 병화일간(丙火日干)이 지지(地支)에서 인오술삼합화국(寅午

戌三合火局)되고, 일지술토(日支戌土)와 시지묘목(時支卯木)이 묘술합화(卯戌合火)되었으니, 년간임수(年干壬水)와 시간신금(時干辛金)이 가살(假殺)이 되어 전왕격(全旺格)이라고 할 것이다.

그러나 월간병화(月干丙火)와 시간신금(時干辛金)이 병신합수(丙辛合水)되고, 일지술토(日支戌土)가 인오술삼합화국(寅午戌三合火局)이 되었어도 지장간(地藏干)에 신금(辛金) 뿌리가 있으니 전왕격(全旺格)이 아니다. 가살(假殺)이지만 시상신금(時上辛金)이 용신(用神)이니 가정재격(假正財格)이다. 토(土)는 희신(喜神), 화(火)는 기신(忌神), 수(水)는 구신(救神)이다. 토금수운(土金水運)은 길하고 목화운(木火運)은 흉하다.

■성 격

성급하고 허풍스럽지만 뒤끝은 없다. 호언장담을 잘 하며 포부가 크고 허영심이 있으며 낙천적이다. 부모의 인자를 겸한다면 강인한 의지와 배짱과 의협심과 통솔력이 있고, 독립심과 자존심이 강하다.

■조상운

조상은 년지장간(年支藏干) 갑목(甲木)이다. 년지(年支)는 조상궁으로 갑목(甲木)은 지지(地支)에서 건록(建祿)에 해당하고, 문곡귀인(文曲貴人)과 학당귀인(學堂貴人)이 있으니 부귀했다.

■부모운

아버지는 시간신금(時干辛金)이다. 정편인(正偏印)이 있고, 신금(辛

金)은 병신합(丙辛合)되고, 도화살(桃花殺)에 해당하여 주색을 즐긴다. 부모궁인 월지(月支)에 장생(長生)이 있으니 잘 살지만, 월상(月上)이 공망(空亡)되어 부모덕이 없다. 자수성가할 명이다.

■형제운

형제는 많은데, 월지(月支)는 형제궁으로 병오왕지(丙午旺支)에 있어 형제들은 모두 자수성가하고, 시상신금(時上辛金)과 병신합(丙辛合)되어 주색을 즐긴다. 화(火)가 기신(忌神)이고, 월지(月支)가 공망(空亡)되어 형제덕이 없다.

■부부운

아내는 시간신금(時干辛金)이다. 월간병화(月干丙火)와 병신합(丙辛合)되고, 시지도화(時支桃花)에 앉아 있으니 현숙하지 못하다. 일간병화(日干丙火)도 지장간(地藏干)에서 신금(辛金)과 암합(暗合)되고, 시도화재(時桃花財)와 합되어 가정적이지 못하다.

■자식운

자식은 년간임수(年干壬水)다. 자식궁인 시지(時支)에 도화살(桃花殺)이 있으니 주색을 즐기지만, 관(官)이 희신(喜神)이라 자식덕이 있다.

■건강운

수금(水金)이 약하니 신장, 방광, 기관지, 폐, 장 등이 염려된다.

■ 직업운

신금(辛金)이 용신(用神)이니 무역업으로 나가면 길하다.

■ 재물운

일지(日支)에 통근(通根)한 신금(辛金)이 시간투출(時干透出)하여, 재물운은 좋지만 금전거래나 동업은 삼가해야 한다.

■ 정미대운(丁未大運) 7세～16세까지

정미대운(丁未大運)은 사오미남방화운(巳午未南方火運)이다. 정화(丁火)가 정재격(正財格)인 신금(辛金)을 정신극(丁辛剋)하여 흉운이다. 지지미토(地支未土)는 일지(日支)를 술미형(戌未刑)하니 부모의 문제로 고난이 많다.

■ 무신대운(戊申大運) 17세～26세까지

무신대운(戊申大運)은 인오술삼합화국(寅午戌三合火局)을 인신충(寅申沖)하여 매우 살왕한 화기(火氣)를 한풀 꺾고, 왕한 병화(丙火)를 무토(戊土)가 설기시켜 시간신금(時干辛金)을 생하니, 신금(辛金)은 대운신금(大運申金)에 강하게 뿌리를 내려 매우 좋다. 년주(年柱)가 천극지충(天剋地沖)되어 타향에 나가 공부하지만, 대운이 잘 흘러주어 공부를 잘 한다.

■ 기유대운(己酉大運) 27세～36세까지

기유대운(己酉大運)은 용신운(用神運)이다. 대운유금(大運酉金)이 일지술토(日支戌土)와 유술합(酉戌合)되어 이 운에서 결혼하고 사업도 잘 된다. 기토(己土)는 강한 병화(丙火)를 설기시켜, 시간신금(時干辛金)을 생하니 대길하다.

■ 경술대운(庚戌大運) 37세~46세까지

경술대운(庚戌大運)은 신유술서방금운(申酉戌西方金運)이라 좋다고 생각하겠지만, 일간병화(日干丙火)와 병경극(丙庚剋)되고, 지지술토(地支戌土)는 인오술삼합화국(寅午戌三合火局)을 이루니, 재(財)가 극을 당하여 아내와 헤어지고, 편재(偏財)가 극을 받아 재산상의 손해가 많다. 대운술토(大運戌土)는 시지묘목(時支卯木) 목욕살(沐浴殺)과 도화살(桃花殺)이 합되어, 남에게 아내를 빼앗기고 임자있는 여자와 삼각관계에 빠진다.

부인사주

■ 이숙자(여자) / 음력 1963년 8월 12일 유시생(酉時生)

    년　癸卯 ▶ 천희신, 장생
    월　戊午 ▶ 태극귀인, 천주귀인, 문창귀인, 학당귀인,
                육해, 공망, 도화
    일　乙酉 ▶ 교록, 홍만성, 황은대사, 인옥
    시　乙酉 ▶ 교록, 홍만성, 황은대사, 인옥

9 19 29 39 49 59
대 己 庚 辛 壬 癸 甲
운 未 申 酉 戌 亥 子

을목일간(乙木日干)이 오월(午月)에 태어나, 월지장간(月支藏干)에
서 천간투출(天干透出)이 없으니 월지(月支)에서 격을 잡아 식신격
(食神格)이다. 을목일간(乙木日干)이 화왕절(火旺節)에 태어나, 조
후(調候)가 시급하니 년상계수(年上癸水)를 조후용신(調候用神)으
로 삼는데, 월간무토(月干戊土)가 무계합(戊癸合)되어 병(病)이 된
다. 부득이 년지묘목(年支卯木)을 용신(用神)으로 삼을 수밖에 없다.
수(水)가 희신(喜神), 금(金)이 기신(忌神), 화(火)가 구신(救神)이
다. 수목운(水木運)은 길하고 화토금운(火土金運)은 흉하다.

■ 성 격

온순하고 깔끔하며 단정하다. 치밀하고 세심하지만 의지력이 약하
다. 부모에게 받은 인자를 겸한다면 비밀이 없고 낙천적이며 적극적
이다. 겸손하고 성실하며 문화, 예술, 학술방면에 재능이 있다.

■ 조상운

조상은 년간계수(年干癸水)인데 장생궁(長生宮)에 있으니 부귀했으
나, 무계합(戊癸合)되니 주색파다.

■ 부모운

아버지는 월지장간(月支藏干) 기토(己土)다. 월지(月支)는 부모궁으로 무오왕기토(戊午旺己土)는 오화(午火)에서 건록(建祿)에 해당하고, 길성(吉星)인 태극귀인(太極貴人), 천주귀인(天廚貴人), 문창귀인(文昌貴人), 학당귀인(學堂貴人) 등이 있으니 교육자이며 부귀하다. 아버지 역시 무계합(戊癸合)되어 주색을 즐긴다.

■ 형제운

형제는 시간을목(時干乙木)과 년지묘목(年支卯木)이다. 월지(月支)는 형제궁으로 태극귀인(太極貴人), 천주귀인(天廚貴人), 문창귀인(文昌貴人), 학당귀인(學堂貴人)이 있고, 장생궁(長生宮)에 있어 부귀하다. 월지(月支)는 일시지(日時支)의 장간경금(藏干庚金)과 암합(暗合)되어 주색을 즐긴다. 목(木)이 희신(喜神)이라 형제덕이 있다.

■ 부부운

일시지(日時支) 유금(酉金)이 유유자형(酉酉自刑)되니 군인, 경찰, 운동선수 등과 같은 강한 직업과 관계있다. 일지장간(日支藏干)이 시지(時支) 장간경금(藏干庚金)과 암합(暗合)되어 두 마음이며, 남편도 여기저기 재(財)가 많아 두 마음이다. 금(金)이 기신(忌神)에 해당하여 남편복이 없다.

■ 자식운

자식은 월지장간(月支藏干) 병화(丙火)다. 자식궁인 시지(時支)에

길성(吉星)인 태극귀인(太極貴人), 천주귀인(天廚貴人), 문창귀인
(文昌貴人), 학당귀인(學堂貴人)이 있으니 공부를 잘 하고 성공한다.
시지(時支)가 장생궁(長生宮)과 사지(死支)에 해당하여 아들은 잘
되나 딸은 문제가 있다. 일시지(日時支)가 형되어 말년에 자식과 함
께 살지 못한다.

■ 건강운
 신약사주(身弱四柱)라 신경이 예민하며, 수(水)가 부족하니 신장,
방광, 저혈압 등이 염려된다. 자오묘유(子午卯酉)는 도화살(桃花殺)
에 해당하므로 도화병(桃花病)을 조심해야 한다.

■ 직업운
 수(水)가 부족하므로 무역이나 문화, 예술, 학술, 의식주와 관계있는
직업으로 나가면 길하다.

■ 재물운
 식신격(食神格)이라 경제적인 어려움은 없으나, 신약(身弱)하여 많
은 재물을 감당하기는 어렵다. 신왕(身旺)한 운이 오면 안정된다.

■ 기미대운(己未大運) 9세~18세까지
 기미대운(己未大運)은 신약(身弱)한 을목일간(乙木日干)을 많이 설
기시키지만 좋은 운이다. 사주에 계수(癸水)가 무계합(戊癸合)되어
일간(日干)을 돕지 못하는데, 대운기토(大運己土)가 계기극(癸己剋)

하여 합을 풀어주니 신왕(身旺)해진다. 미토(未土)는 년지묘목(年支卯木)과 묘미합목(卯未合木), 오미합화(午未合火)하여 을목(乙木)의 뿌리를 극하는 유금(酉金)의 생을 받은 계수(癸水)가 일간(日干)을 생한다. 년지묘목(年支卯木)의 생을 받아 공부를 잘 한다.

■ 경신대운(庚申大運) 19세~28세까지

경금(庚金)과 일간(日干)이 을경합(乙庚合)되고, 지지신금(地支申金)과 일지유금(日支酉金)이 신유합(申酉合)되니, 일찍 이성을 알아 결혼한다. 월지식신격(月支食神格)이라 결혼한 후에도 사회활동을 하며, 생활이 안정되고 많은 사람들의 관심을 받는다.

■ 신유대운(辛酉大運) 29세~38세까지

신유대운(辛酉大運)은 일간을목(日干乙木)과 을신극(乙辛剋)되어 유유자형(酉酉自刑)의 인자를 발동시키고, 자오묘유(子午卯酉)는 도화살(桃花殺)이 발동되어 대흉하다. 일지(日支) 남편궁에서 형(刑)과 을신극(乙辛剋)되는데, 대운의 유중경금(酉中庚金)과 암합(暗合)되어 주색을 즐긴다. 화왕절(火旺節)에 태어난 연약한 꽃이 수기(水氣)가 부족하여 끈기가 없으며, 밝고 화려한 것을 좋아하여 일찍부터 바람이 난다.

남자는 시간신금(時干辛金)이 일간(日干)과 합되고, 월간병화(月干丙火)와도 합되니 아내가 다른 사람과 투합되어 정결하지 못하다. 또 신금(辛金) 부인은 지지(地支)에 도화살(桃花殺)을 깔고 앉아 있어,

목욕지(沐浴支)가 되니 수치를 모를 정도로 바람을 피운다. 종교와 고독을 나타내는 화개살(華蓋殺)이 있기 때문에 항상 허무주의에 빠진다. 일지장간(日支藏干) 신금(辛金)과 암합(暗合)되고, 병신합(丙辛合)되어 끼가 다분하다.

시지(時支) 도화살(桃花殺)과 목욕살(沐浴殺)이 묘술합(卯戌合)으로 천덕지합(天德地合)되니, 그 남편에 그 마누라다. 결혼한 사람은 아내가 남의 남편에게 정을 주고, 미혼자는 남의 부인과 합된다. 남자도 시지(時支)에 목욕살(沐浴殺), 도화살(桃花殺), 천덕지합(天德地合)이 있으니 수치를 모를 정도로 주색잡기에 빠진다.

여자 사주를 보면 오월(午月)에 태어난 을목(乙木)이 수(水)가 부족하여 끈기가 없다. 을목(乙木)은 일년초로 개나리나 진달래처럼 일찍 피고 일찍 지는 꽃이라, 항상 밝고 명랑하며 낙천적이다. 월지오화(月支午火)는 도화살(桃花殺)이고, 자오묘유(子午卯酉)는 사패살(四敗殺) 중에 하나인 도화살(桃花殺)이다. 일지(日支)는 남편궁인데 을목(乙木)이 유금(酉金)에 앉아 뿌리를 내리지 못하니, 바위 위에 핀 꽃이다.

을목(乙木)은 일지(日支) 장간경금(藏干庚金)과 을경합(乙庚合)되어 몰래 애인을 두며, 시간을목(時干乙木)도 유금(酉金) 위에 앉아 있으니 을목일간(乙木日干)과 비슷한 처지에 있는 두 가정이 서로 암합(暗合)된다. 내 남편은 다른 여자와 합되고, 나는 남의 남편과 암합(暗合)되어 네 사람이 각각 몸따로 마음따로다. 이것도 부족하여 년지묘목(年支卯木)도 을경합(乙庚合)되어 들어오니 완전히 콩가루 집안이다.

누가 누구를 탓할 수가 없다. 재수없는 사람이 위자료를 주어야 할 형편이다. 남자에게 병자년(丙子年)은 시간신금(時干辛金)이 월일간(月日干) 병화(丙火)와 투합되어 들어오니, 시간신금(時干辛金) 부인이 바람이 나거나, 병화일간(丙火日干)이 돈과 여자문제로 복잡해진다.

 여자에게 년지병화(年支丙火)는 상관년(傷官年)이고, 상관(傷官)은 정관(正官)인 남편을 극한다. 년지자수(年支子水)는 사패살(四敗殺)인 목욕살(沐浴殺)과 도화살(桃花殺)이고, 자오묘유(子午卯酉)와 형충파해(刑沖破害)가 모두 일어나 가정에 풍파가 생긴다. 병자년(丙子年)은 대운(大運辛金)과 병신합(丙辛合)되니, 안으로는 평지풍파가 일어나고 밖으로는 남자를 만난다.

 남자에게 정축년(丁丑年)은 겁재년(劫財年)이니 재(財)를 극하고, 시간신금(時干辛金)과 정신극(丁辛剋), 일지(日支) 처궁과 축술형(丑戌刑)되어 부부간에 흉한 해다. 부인에게는 식신년(食神年)이고, 축토(丑土)는 편재(偏財)이니 투기성 재물이나 불로소득을 의미한다. 이미 대운신유(大運辛酉)가 을신극(乙辛剋)되고, 유유자형(酉酉自刑)되는데 년주(年柱)에서 다시 정신극(丁辛剋)되어 불길하다.

 남자의 경우 92년부터 재운(財運)에 해당한다. 93년 계유년(癸酉年)에 일지술토(日支戌土)와 유술합(酉戌合)되어 여자관계가 있으며, 서로가 이혼할 이유만 찾고 있다. 정축년(丁丑年) 정미월(丁未月)부터 본격적으로 이혼문제가 거론되어 신해월(辛亥月) 쯤에 헤어질 것으로 보인다.

팔자탓

■ 박민철(남자) / 음력 1960년 7월 10일 미시생(未時生)

년 庚子 ▶ 내록, 홍염, 장생
월 戊子 ▶ 내록, 홍염, 장생
일 壬申 ▶ 관귀학관, 문창귀인, 학당귀인, 월덕귀인,
　　　　　황은대사, 지살
시 丁未

```
   9   19   29   39   49   59
대  己   庚   辛   壬   癸   甲
운  丑   寅   卯   辰   巳   午
```

임수일간(壬水日干)이 자월(子月)에 태어나, 월지장간(月支藏干)에서 천간투출(天干透出)이 없다. 월지(月支)에서 격을 잡아야 하지만 같은 오행(五行)은 사용하지 않으니 시지(時支)에 통근(通根)하고 투출(透出)한 시간정화(時干丁火)로 격을 잡아 정재격(正財格)이다. 화(火)가 용신(用神)이니 목(木)은 희신(喜神), 수(水)는 기신(忌

神), 토(土)는 구신(救神)이다. 목화토운(木火土運)은 길하고 금수운(金水運)은 흉하다.

■성 격

속이 깊고 이해심과 포용력이 있다. 냉철하고 기민하며 활발하다. 부모에게 받은 인자를 겸한다면 강인한 의지력과 배짱과 의협심과 통솔력이 있으며 자존심이 강하다.

■조상운

조상은 년간경금(年干庚金)이다. 조상궁인 년지(年支)에 있는 장생(長生)이 일지신금(日支辛金)에 통근(通根)하고, 일지(日支)에 관귀학관(官貴學官), 문창귀인(文昌貴人), 학당귀인(學堂貴人), 월덕귀인(月德貴人) 등의 길성(吉星)이 있으니 학자이며 부귀했다.

■부모운

아버지는 시간정화(時干丁火)다. 정화(丁火)는 정미관대궁(丁未冠帶宮)에 앉아 있고, 부모궁인 월지(月支)에 장생(長生)이 있으니 부귀하다. 년간(年干)과 일지(日支)에 편인(偏印)이 있으니 할머니와 어머니가 두 분이며, 어릴 때 다른 사람 손에서 자란다.

■형제운

형제는 월지장간(月支藏干) 임계수(壬癸水)다. 월지(月支)는 형제궁으로 장생(長生)이 있고, 사주에 많이 있는 형제성이 월지(月支)에

통근(通根)하여 모두 잘 살지만, 수(水)가 기신(忌神)이라 형제덕은
없다.

■ 부부운

아내는 시간정화(時干丁火)다. 정화(丁火)는 관대궁(冠帶宮)에 앉
아 있고, 처궁인 일지(日支)에 관귀학관(官貴學官), 문창귀인(文昌貴
人), 월덕귀인(月德貴人) 등의 길성(吉星)이 있으니 학문을 많이한
명문가 여성이다. 화(火)가 기신(忌神)이라 처덕이 있다.

■ 자식운

자식은 월간무토(月干戊土)와 시지미토(時支未土)다. 시지장간(時
支藏干) 기토(己土)가 관대궁(冠帶宮)에 앉아 있고, 시지(時支)는 자
식궁으로 화생토(火生土)하여 모두 잘 된다. 토(土)가 희신(喜神)이
니 자식덕이 있다.

■ 건강운

목(木)이 약하니 간이 나쁘고, 년상경금(年上庚金)과 일지신금(日支
辛金)이 있으니 어릴 때 젖이 부족하고, 위장병이 있지만 차차 건강
해진다. 일찍부터 객지생활을 하며 자수성가한다.

■ 직업운

재관인(財官印)이 모두 투출(透出)하여 좋으나, 임수일간(壬水日
干)이 신왕(身旺)한데 재관(財官)이 약간 약한 것이 아쉽다. 신왕(身

旺)한데 대운이 인묘진동방목운(寅卯辰東方木運)으로 잘 흘러주고,
사주에서 약한 목(木)이 대운에서 들어오니 수기발로(水氣發路)하여
통관용신(通關用神)과 조후용신(調候用神)을 겸하고, 일지편인(日支
偏印)은 철이나 외국어 등을 나타내므로 외국어 교수가 된 것이다.

■ 재물운

 사주의 구성이 좋은데 재관(財官)이 희신(喜神)이고, 대운 또한 인
묘진동방목운(寅卯辰東方木運)으로 흘러주니 재물운이 강하다.

■ 기축대운(己丑大運) 9세~18세까지

 기축대운(己丑大運)은 해자축북방수운(亥子丑北方水運)이고, 토
(土)는 희신(喜神)이라 나쁜 가운데서도 무난하게 지낸다. 년간경금
(年干庚金)과 일지신금(日支辛金)이 있으니, 초년에는 부모의 변화
로 정신적인 고통을 받는다.

■ 경인대운(庚寅大運) 19세~28세까지

 일지(日支)에 있는 지살(地殺)과 대운의 역마살이 인신충(寅申沖)
되니 일찍부터 객지생활을 한다. 대운이 인묘진동방목운(寅卯辰東方
木運)으로 흘러 외국에서 공부했다.

■ 신묘대운(辛卯大運) 29세~38세까지

 신묘대운(辛卯大運)은 시간정화(時干丁火)와 정신극(丁辛剋)되어
나쁘지만, 지지미토(地支未土)와 대운묘목(大運卯木)이 묘미합(卯未

合)되어 이 운에서 결혼하고 자식을 낳는다. 신운(辛運) 5년은 다소 나쁘지만 신금(辛金)이 묘목(卯木) 위에 있으니, 절지(絶支)와 가살 (假殺)에 해당하여 큰 영향은 미치지 않으니 무난하게 지낸다.

■ 임진대운(壬辰大運) 39세~48세까지

 임진대운(壬辰大運)은 사주에서 정임합(丁壬合)으로 유정지합(有情 之合)되니 정에 약하고, 부모에게 받은 인자가 발동한다. 대운진토 (大運辰土)는 자수(子水)와 일지신금(日支辛金)이 신자진삼합(申子 辰三合)되어 수국(水局)을 이루니, 수(水)가 많아져 주색에 빠진다.

부인사주

■ 최정희(여자) / 음력 1968년 2월 13일 미시생(未時生)

    년 戊 申 ▶ 천을귀인, 금여록, 홍만, 지살
    월 己 未 ▶ 태극귀인, 암록, 내록, 과숙, 천살, 공망
    일 己 丑 ▶ 태극귀인, 반안
    시 辛 未 ▶ 태극귀인, 암록, 내록, 과숙, 천살, 공망

        4 14 24 34 44 54
    대 戊 丁 丙 乙 甲 癸
    운 午 巳 辰 卯 寅 丑

기토일간(己土日干)이 미월(未月)에 태어나, 토(土)가 많은데 극하는 목(木)이 없으니 가색격(稼穡格)이다. 시간신금(時干辛金)이 년지신금(年支辛金)과 일지축토(日支丑土)에 통근(通根)하고 투출(透出)하여 승격되었다. 가색격(稼穡格)이므로 화토금운(火土金運)은 길하고 수목운(水木運)은 흉하다.

■ 성 격

온화하고 착실하고 검소하다. 상냥하고 친절하고 성실하다. 소심하고 마음이 약하며 속마음을 드러내지 않는다. 부모에게 받은 인자를 겸한다면 강인한 의지력과 배짱과 의협심과 통솔력이 있으며 자존심도 강하다.

■ 조상운

조상은 월지장간(月支藏干) 정화(丁火)다. 년지(年支)는 조상궁으로 겁재(劫財)와 상관(傷官)이 투출(透出)하고, 처궁이 시간투출(時干透出)하여 평범하며 할머니가 두 분이다.

■ 부모운

아버지는 일지장간(日支藏干) 계수(癸水)다. 부모궁인 월지(月支)가 관대궁(冠帶宮)에 해당하여 부귀하다.

■ 형제운

형제가 많은데 형제궁인 월지(月支)가 관대궁(冠帶宮)에 해당하니 모두 부귀하다. 토(土)가 희신(喜神)이라 형제덕이 있다.

■부부운

 남편은 월지장간(月支藏干) 을목(乙木)이다. 월지미토(月支未土)는 목(木)의 묘고(墓庫)인데 남편이 묘고(墓庫)에 있으니 무능하다. 남편 사주로 보면 처가 많고 주색에 빠진다. 기토일간(己土日干)의 용신(用神)은 식신(食神)이니 자식에게만 신경을 쓰다가 남편과 멀어진다. 시지(時支)에 과숙살(寡宿殺)과 공망(空亡)이 있어 외롭게 지낸다. 일지축토(日支丑土)와 시지미토(時支未土)가 축미충(丑未沖)되어 백년해로가 어렵다.

■자식운

 자식은 년지장간(年支藏干) 경금(庚金), 시간신금(時干辛金), 일지장간(日支藏干) 신금(辛金)이다. 자식궁인 시지(時支)에 신금(辛金)이 투출(透出)하여 말년에 자식들은 잘 되며, 식상(食傷)이 용신(用神)이라 자식복이 있다.

■건강운

 많은 토(土)가 목수(木水)를 극하니 간, 신장, 방광, 저혈압 등이 염려된다.

■직업운

 전왕격사주(全旺格四柱)가 매우 신왕(身旺)하고 용신식신(用神食

神)이 설기하니 총명하다. 문화, 예술, 학술방면에 재능이 있고 교육자와 관계있다. 식신생재(食神生財)하여 무역업도 길하다. 많은 토(土)를 설기해야 하니 결혼한 후에도 사회활동을 한다.

■ 재물운
일간(日干)과 식신(食神)이 왕하니 사회활동을 하여 경제적인 어려움은 없고, 재(財)를 지장간(地藏干)에 장축(藏蓄)하여 알뜰하다.

■ 무오대운(戊午大運) 4세~13세까지
무오대운(戊午大運)은 사오미남방화운(巳午未南方火運)이다. 용신(用神)인 금(金)을 극하여 좋은 운은 아니나, 천간무토(天干戊土)가 시간신금(時干辛金)을 생하니 총명하며 공부를 잘 한다.

■ 정사대운(丁巳大運) 14세~23세까지
정사대운(丁巳大運)은 용신(用神)인 금(金)을 정신극(丁辛剋)하고, 년지신금(年支辛金)을 사신형(巳申刑)하여 나쁠 것 같으나, 기토(己土)가 유통시키니 흉한 가운데 길하여 타향에 나가 공부한다.

■ 병진대운(丙辰大運) 24세~33세까지
병진대운(丙辰大運)은 인묘진동방목운(寅卯辰東方木運)이다. 토(土)를 극하고 관운(官運)이 지장간(地藏干)에 약하게 있어 흉하다. 병진대운(丙辰大運)은 시간신금(時干辛金)과 병신합수(丙辛合水)되어 사회활동을 하며, 진중을목(辰中乙木)이 들어와 결혼한다. 진토

(辰土)는 토(土)의 작용이 강하지만 수고(水庫)에 해당하여 반길반
흉하다.

■ 을묘대운(乙卯大運) 34세~43세까지

 을묘대운(乙卯大運)은 용신(用神)과 정신극(丁辛剋)되고, 일간(日
干)과 을기극(乙己剋)되고, 대운의 지지묘목(地支卯木)은 월간(月
干)과 시간미토(時干未土)와 묘미합목(卯未合木)되어, 남편과 별거
하거나 이혼한다.

 90년에 결혼한 것 같은데 지금 다른 여자를 사귀고 있으며 이혼을
생각하고 있느냐고 물으니, 자기네 부부 궁합이 좋으냐고 묻는다. 지
금까지 궁합이 좋으니 산 것이며, 다른 여자가 생겨 마음이 변한 것
이 아닌가. 내년 2월에는 부인과 이혼이든 별거든 결판이 날 것 같
다. 지금 만나고 있는 여자의 사주를 보자고 하니 잘 모른다며 일어
난다.

 남자는 임수일간(壬水日干)에 수(水)가 왕하니 토(土)가 필요한데,
여자는 기토일간(己土日干)에 토(土)가 많다. 매우 신왕(身旺)한 임
수(壬水)를 막을 수 있을 것 같아 두 사람은 결혼할 수 있었다. 여자
는 식신생재격(食神生財格)에 토(土)가 많고 금수(金水)가 약하여,
본능적으로 금수(金水)가 많은 남편을 만난 것이다. 남자는 말년에
정임합(丁壬合)되어 애정문제가 있으며, 여자는 시간(時干)에 식신
(食神)이 있으니 남편보다 자식에게 더 신경을 쓴다. 남자에게 비겁

(比劫)이 많으면 정재(正財)를 극하여 애정행각이 있고, 여자에게 비
겁(比劫)이 많으면 남편의 여자가 많다.

남자에게 병자년(丙子年)은 편재(偏財)가 일지(日支)로 합되어 들
어오니 애인이 생기며, 여자는 일지(日支) 남편궁이 자축합(子丑合)
되고, 년간무신(年干戊申)과 신자합(申子合)되니, 남편이 년간무토
(年干戊土), 일간기토(日干己土)와 동시에 정을 나누는 것이다.

정축년(丁丑年)은 남자에게는 애인관계로 있던 사람이 정실부인으
로 들어오는 해이고, 여자에게는 편인(偏印)인 정화(丁火)가 신금용
신(辛金用神)을 정신극(丁辛剋)하여, 신왕(身旺)한 기토(己土)를 설
기하지 못하니 답답한 해다. 일지축토(日支丑土)는 월시지미토(月時
支未土)와 축미충(丑未沖)되어 사주의 인자를 발동시킨다.

무인년(戊寅年)은 남자에게는 임신일간(壬申日干)과 천극지충(天剋
地沖)되니, 부인과 법적인 문제와 주거이동이 따르고, 여자는 년지
(年支)를 충하니 타향으로 거처를 옮기게 된다.

조심하시오

■ 곽민수(남자) / 음력 1965년 2월 24일 해시생(亥時生)

년 乙巳 ▶ 천주귀인, 관귀학관, 문창귀인, 지살
월 丙戌 ▶ 천덕귀인, 월덕귀인, 반안, 공망
일 甲子 ▶ 태극귀인, 홍만성, 육해
시 乙亥 ▶ 문곡귀인, 학당귀인, 암록, 천희신, 황은대사,
　　　　　역마, 공망

　　　10　20　30　40　50　60
대　乙　甲　癸　壬　辛　庚
운　酉　申　未　午　巳　辰

　갑목일간(甲木日干)이 술월(戌月)에 태어나, 월지장간(月支藏干)에서 천간투출(天干透出)이 없으니 월지(月支)에서 격을 잡아 편재격(偏財格)이다. 해자수(亥子水)가 지지(地支)를 생하고, 년시간(年時干)에 을목(乙木)이 있어 신강(身强)하고, 월간병화(月干丙火)가 년지사화(年支巳火)와 월지술토(月支戌土)에 통근(通根)하고 투출(透

出)하니, 목화통명(木火通明)하여 영리하다.

■성 격

군자다운 성격에 강직하고 자존심이 강하다. 담백하고 온순하며 창의력이 있고, 영리하며 표현력이 뛰어나다. 부모에게 받은 인자를 겸한다면 봉사정신이 투철하며 신용이 있고 금융능력이 뛰어나다.

■조상운

조상은 시지장간(時支藏干) 임수(壬水)다. 조상궁인 년지(年支)에 천주귀인(天廚貴人), 관귀학관(官貴學官), 문창귀인(文昌貴人) 등의 길성(吉星)이 있으니 학자이며 부귀했다.

■부모운

아버지는 월지장간(月支藏干) 무토(戊土)다. 부모궁인 월지(月支)에 식신(食神)과 길성(吉星)인 천덕귀인(天德貴人)과 월덕귀인(月德貴人)이 있으니 부귀하다. 정편인(正偏印)이 있으니 어머니가 두 분이다.

■형제운

형제는 년시간(年時干) 을목(乙木)이며, 지살(地殺)과 역마살(驛馬殺)이 있으니 타향으로 나간다. 형제궁인 월지(月支)가 공망(空亡)되어 형제덕이 없다.

■부부운

아내는 월지장간(月支藏干) 무토(戊土)다. 편재격(偏財格)인데 일간(日干)이 왕하고 월간(月干)도 식신생재(食神生財)하여, 재물을 충분히 감당할 수 있으니 처덕이 있다.

■자식운

자식은 월지장간(月支藏干) 신금(辛金)인데, 재고(財庫) 속에 있으니 아내의 극진한 사랑을 받으며 잘 된다. 자식궁인 시지(時支)에 문곡귀인(文曲貴人)과 학당귀인(學堂貴人)이 있으니 공부도 잘 한다.

■건강운

오행(五行)이 골고루 있으니 대체적으로 건강하다. 재(財)가 지장간(地藏干)에 많이 숨어 있고, 일주(日柱)가 목욕지(沐浴支)에 해당하여 주색을 즐긴다.

■직업운

편재격사주(偏財格四柱)라 금융이나 무역계통으로 나가면 길하다.

■재물운

월지(月支) 지장간(地藏干)에 재(財)가 숨어 있으니 알뜰하여 재물운이 있다. 자존심이 강하고 편재격(偏財格)이라 투기성 사업으로 재미를 보지만 돈을 가볍게 여겨 낭비한다. 특히 주색으로 탕진한다.

■ 을유대운(乙酉大運) 10세~19세까지

을유대운(乙酉大運)은 사주에 금(金)이 들어오면 오행(五行)이 골고루 갖춰진다. 금(金)은 수(水)를 생하는 동시에 잡목을 잘 다듬으니 흉한 가운데 길하다. 목일주(木日柱)인데 병화(丙火)가 투출(透出)했으니 총명하며 공부를 잘 한다.

■ 갑신대운(甲申大運) 20세~29세까지

갑신대운(甲申大運)도 일지자수(日支子水)와 신자합(申子合)되어 일간(日干)을 생하고, 갑목(甲木)도 잘 다듬어주니 좋다. 이 운에서 결혼하고 명예와 장래성 있는 직장에 취직하여 생활이 안정된다.

■ 계미대운(癸未大運) 30세~39세까지

계미대운(癸未大運)은 사오미남방화운(巳午未南方火運)이고 용신운(用神運)이라 재능을 충분히 발휘한다.

정축년(丁丑年)은 축토재(丑土財)가 해자축방합(亥子丑方合)되어 일지(日支)로 들어온다. 월지편재(月支偏財)가 아내인데 정축년(丁丑年) 재(財)가 일지(日支)와 합되니, 다른 여자가 처궁으로 들어오고 동업으로 재물이 생긴다. 정축년(丁丑年) 재(財)는 일지(日支)에 있는 목욕살(沐浴殺)과 합되고, 시지을해(時支乙亥)와 합되니 두 남자가 한 여자를 두고 싸우거나 금전문제로 싸우는 형상이다. 또 정축년(丁丑年)은 대운계미(大運癸未)와 천극지충(天剋地沖)되니, 정축년(丁丑年)에 생긴 돈과 여자를 잘못 처리하면 명예훼손이 따른다.

　계미대운(癸未大運)은 병화(丙火)의 조후용신(調候用神)에서 보면 안개구름이라 병화(丙火) 태양의 빛을 흐리게 하고, 월지술토(月支戌土)와 대운미토(大運未土)가 술미형(戌未刑)되는데, 정축년(丁丑年)은 상관년(傷官年)이라 구설수가 있다. 직장에서 생각하지 않은 돈이나 여자가 생기는 운인데, 말썽이 생길 수 있으니 조심하라고 하니 이미 여자가 생겼다고 한다.

따로국밥

■ 한정호(남자) / 음력 1950년 12월 14일 술시생(戌時生)

년 庚寅 ▶ 문곡귀인, 학당귀인, 황은대사, 홍염, 지살
월 庚辰 ▶ 내록, 고신, 괴강
일 丙子 ▶ 교록, 양차, 백호
시 戊戌 ▶ 백호, 화개, 괴강

　 8　18　28　38　48　58
대 辛　壬　癸　甲　乙　丙
운 巳　午　未　申　酉　戌

　병화일간(丙火日干)이 진월(辰月)에 태어나, 월지장간(月支藏干)에서 무토(戊土)가 시간투출(時干透出)하여 식신격(食神格)이다. 토금수(土金水)가 많아 일간병화(日干丙火)를 설기하고 극하여 신약(身弱)하니, 년지장간(年支藏干) 갑목(甲木)이 용신(用神)이다. 병화일간(丙火日干)이 진월(辰月)이면 관대궁(冠帶宮)이라, 병화(丙火)가 통근(通根)하여 신왕(身旺)하다고 볼 수 있으나, 진월(辰月)은 목

(木)보다 토(土)가 더 강하고, 년상인목(年上寅木)과 월지진토(月支
辰土) 사이에 묘목(卯木)이 빠져, 이빨 빠진 방합(方合)은 안되니 진
토(辰土)를 토(土)로 본다. 이빨 빠진 공격사주(拱格四柱)는 없는 것
을 원하는 마음은 간절하므로 대운에서 와서 길작용을 하면 좋다.

■성 격

 명랑하고 쾌활하며 적극적이고 표현력이 좋다. 화려한 것을 좋아하
며 포부가 크다. 단정하고 수려하지만 허영심이 있다. 부모에게 받은
인자를 겸한다면 조용하고 희생적이며 검소하고 낙천적이다. 문화,
예술, 학술방면에 재능이 있다.

■조상운

 조상은 년지장간(年支藏干) 갑목(甲木)이다. 조상궁인 년지(年支)
에 문곡귀인(文曲貴人)과 학당귀인(學堂貴人)이 있으니 부귀했다.

■부모운

 아버지는 월간경금(月干庚金)인데 경진(庚辰) 괴강이 있으니 군인,
경찰, 운동선수, 관료 등과 관계있다. 부모궁인 월지(月支)에 편재
(偏財)와 식신(食神)이 함께 있으니 부귀하다.

■형제운

 형제는 년지장간(年支藏干) 병화(丙火)인데 장생궁(長生宮)에 있
고, 형제궁인 월지(月支)가 관대궁(冠帶宮)에 해당하여 모두 부귀하

다. 화(火)가 희신(喜神)에 해당하여 형제덕이 있다.

■부부운

아내는 시지장간(時支藏干) 신금(辛金)이다. 병자일주(丙子日柱)는 미남미녀와 인연이 많다. 재(財)가 많으니 처첩이 많고, 금(金)이 기신(忌神)에 해당하여 처덕이 있다.

■자식운

자식은 일지장간(日支藏干) 임계수(壬癸水)다. 자식궁인 시지(時支)에 괴강이 있으니 군인, 경찰, 운동선수, 관료 등과 관계있으며, 시지(時支)가 관대궁(冠帶宮)에 해당하여 잘 된다. 수(水)가 희신(喜神)이니 자식덕이 있다.

■신사대운(辛巳大運) 8세~17세까지

신사대운(辛巳大運)은 신약(身弱)한 병화일간(丙火日干)에게 뿌리가 되어주니 좋다. 공부를 잘 하고 부모가 경제적으로 안정되어 잘 지낸다.

■임오대운(壬午大運) 18세~27세까지

임오대운(壬午大運)은 일주(日柱)와 천극지충(天剋地沖)되어 객지에 나가 공부한다. 대운오화(午火)는 년지인목(年支寅木)과 시지술토(時支戌土)를 인오술삼합(寅午戌三合)하여 병화일간(丙火日干)이 강해진다. 변화가 많지만 대길하다.

■ 계미대운(癸未大運) 28세~37세까지

계미대운(癸未大運)은 사오미남방화운(巳午未南方火運)이라 토(土)의 작용이 강하다. 대운계수(大運癸水)는 시간무토(時干戊土)와 무계합화(戊癸合火)되어 일간(日干)을 돕고, 식신(食神)과 정관(正官)이 합되어 명예를 얻는다. 그러나 미토(未土)가 정화일간(丁火日干)을 많이 설기시키니 어려움도 많이 따른다.

■ 갑신대운(甲申大運) 38세~47세까지

갑신대운(甲申大運)은 신유술서방금운(申酉戌西方金運)이다. 갑목(甲木)은 년지인목(年支寅木)에 통근(通根)하여 일간병화(日干丙火)를 도와주어 좋을 것 같으나, 접목운이고 년주(年柱)를 천극지충(天剋地沖)하여 부모의 건강이 나빠지며 고향을 떠나고, 월간경금(月干庚金)과 갑경극(甲庚剋)되니 부부사이가 원만하지 못하다. 대운신금(大運申金)은 월지진토(月支辰土)와 일지자수(日支子水)를 신자진삼합(申子辰三合)하여 수국(水局)을 이루어, 병화일간(丙火日干)을 극하니 어려운 처지에 놓인다.

■ 을유대운(乙酉大運) 48세~57세까지

을유대운(乙酉大運)의 을목(乙木)이 년지(年支)에 통근(通根)하여 일간병화(日干丙火)를 도와줄 것 같으나, 년월간(年月干)의 경금(庚金)과 을경합금(乙庚合金)되어 문서와 금전으로 인한 고통을 당한다. 대운의 지지유금(地支酉金)은 월지진토(月支辰土)를 유진합금(酉辰合金)하고, 시지술토(時支戌土)와 유술합금(酉戌合金)하여, 돈과 여자문제로 고통이 크다. 초년 대운이 좋아 크게 출세할 것 같으나, 대운이 전체적으로 좋지 않아 안타깝다.

■ 병술대운(丙戌大運) 58세~67세까지

병술대운(丙戌大運)은 신유술서방금운(申酉戌西方金運)이다. 술토(戌土)는 토(土)의 작용이 더 크고, 년주(年柱)를 병경극(丙庚剋)하고, 월주(月柱)를 천극지충(天剋地沖)하여 매우 나쁘다. 해자축북방수운(亥子丑北方水運)과 접목운이라 흉한데, 경진(庚辰) 괴강과 무술(戊戌) 괴강이 대운의 병술백호살(丙戌白虎殺)과 천극지충(天剋地沖)되니 교통사고 등을 조심해야 한다.

부인사주

■ 정문숙(여자) / 음력 1952년 12월 26일 유시생(酉時生)

```
년  壬 辰 ▶ 내록, 화개
월  癸 卯 ▶ 태극귀인, 육해
일  丙 辰 ▶ 화개
시  丁 酉 ▶ 천을귀인, 태극귀인, 도화
```

```
      2  12  22  32  42  52  62
대   壬  辛  庚  己  戊  丁  丙
운   寅  丑  子  亥  戌  酉  申
```

병화일간(丙火日干)이 묘월(卯月)에 태어나, 월지장간(月支藏干)에서 천간투출(天干透出)이 없으니 월지(月支)에서 격을 잡아 정인격(正印格)이다. 극과 설기하는 오행(五行)이 많아 신약사주(身弱四柱)로 변하여 월지묘목(月支卯木)과 인수(印綬)가 용신(用神)이다. 목(木)이 용신(用神)이니 수(水)는 희신(喜神), 금(金)은 기신(忌神), 화(火)는 구신(救神)이다. 수목화운(水木火運)은 길하고 토금운(土金運)은 흉하다.

■성 격

명랑하고 쾌활하며 적극적이고 표현력이 좋다. 포부가 크고 단정하며 수려하다. 화려한 것을 좋아하고 허영심이 있으며 호언장담을 잘한다. 부모에게 받은 인자를 겸한다면 지적이며 명예를 중요하게 생각한다. 온후하고 자비심이 있으며 학문과 예술에 재능이 있다.

■조상운

조상은 월지장간(月支藏干) 갑목(甲木)이다. 조상궁인 년지(年支)에 괴강살이 있으니 군인, 경찰, 운동선수, 관료 등과 관계있으며 부귀했다.

■부모운

아버지는 시지장간(時支藏干) 경금(庚金)이다. 월간(月干)에 정관(正官)과 정인(正印)이 있으니 공무원이며 부귀하다.

■형제운

 형제는 시간정화(時干丁火)다. 정화유금(丁火酉金)은 장생(長生)에
해당하고, 형제궁인 월지(月支)에 인수(印綬)와 길성(吉星)인 태극
귀인(太極貴人)이 있으니 부귀하다. 화(火)가 희신(喜神)이라 형제
덕이 있다. 그러나 시지(時支)에 도화살(桃花殺)이 있고, 경신금(庚
辛金)이 재(財)를 장축(藏蓄)하여 주색에 빠진다.

■부부운

 관살혼잡(官殺混雜)인데 시주(時柱)에 도화살(桃花殺)이 있다. 월
주(月柱)에 있는 도화살(桃花殺)은 울 안에 핀 꽃이라 먼저 꺾는 사
람이 임자다. 수(水)가 희신(喜神)에 해당하여 남편복이 있으나, 본
인이 남편을 극하여 고통이 많다. 여자가 관살혼잡(官殺混雜)인데 암
합(暗合)이 있으면 결혼한 후 3년 안에 자식을 버리고 도망간다.

■자식운

 자식은 일지장간(日支藏干) 무토(戊土)다. 자식궁인 시지(時支)에
천을귀인(天乙貴人)과 태극귀인(太極貴人)이 있으니 잘 되나, 도화
살(桃花殺)이 있으니 주색으로 파가할 염려가 있다.

■건강운

 오행(五行)이 골고루 있으니 대체적으로 건강하다. 일지(日支)에 진
토식신(辰土食神)이 있으니 본인은 물론 남편과 자식이 모두 미인이
다. 도화살(桃花殺)이 월지묘목(月支卯木)을 묘유충(卯酉沖)하니 주

색으로 인하여 간이 나빠진다.

■직업운

병화(丙火)는 만물을 밝히는 태양을 상징하고, 인수(印綬)는 문화와 예술과 학문을 의미하므로 교육자로 나가면 길하다.

■재물운

일간(日干)이 건왕하고 관대궁(冠帶宮)에 있으니 활동이 왕성하고, 시지장간(時支藏干)에 재(財)를 장축(藏蓄)하고 있으니 경제적으로 안정된다. 그러나 시간정화(時干丁火)가 유금(酉金) 위에 있으니 금전관리에 신경을 써야 한다.

■임인대운(壬寅大運) 2세~11세까지

임인대운(壬寅大運)은 인묘진동방목운(寅卯辰東方木運)이다. 병화일간(丙火日干)이 월령(月令)했으나 사주에 극하고 설기하는 오행(五行)이 많아 신약(身弱)하다. 혹자는 묘진합목(卯辰合木)인데 무슨 소리냐고 하겠지만, 진토(辰土)는 시지유금(時支酉金)과 유진합금(酉辰合金)되어 목(木)으로 보기는 어렵다. 묘진합(卯辰合)은 방합(方合)이자 반합(半合)이기 때문에 진토(辰土)는 묘목(卯木)이 되는 것이 아니라 약간의 힘이 합해지는 것 뿐이다.

대운인목(大運寅木)은 월지묘목(月支卯木)과 년일지진토(年日支辰土)와 인묘진동방목운(寅卯辰東方木運)으로 삼합(三合)되어 목운(木運)으로 본다. 유진합(酉辰合)과 같은 지지반합(地支半合)을 두 사람이나 두 가정의 합으로 본다면, 삼합(三合)은 세 사람의 합이나 더 크게는 온 국민이 단결하는 것으로 볼 수도 있으니 단순하게 생각하면 안된다. 이런 차이로 본다면 진토(辰土)는 목(木)이니, 신약(身弱)한 병화일간(丙火日干)이 강력한 목(木)의 생을 받아 공부를 잘한다. 초년운이 매우 좋다.

■ 신축대운(辛丑大運) 12세～21세까지

　신축대운(辛丑大運)은 해자축북방수운(亥子丑北方水運)이다. 축토(丑土)는 수(水)보다 토(土)의 작용이 더 강하여, 시지유금(時支酉金)과 유축합(酉丑合)되어 금(金)의 작용으로 변하니 어려움이 따른다. 그러나 사주에 오행(五行)이 골고루 있으니 어려움 속에서도 공부를 계속하며 무난하게 지낸다.

■ 경자대운(庚子大運) 22세～31세까지

　경자대운(庚子大運)에서 경금운(庚金運) 5년은 다소 어려움이 따르나, 천간경금(天干庚金)이 지지자수(地支子水)를 생하고, 자수(子水)는 수생목생화(水生木生火)하여 희신(喜神)에 해당하니 길하다. 일지진토(日支辰土)가 남편궁에서 자진합(子辰合水)되어 이 운에서 결혼하고 남편의 사랑을 많이 받는다.

■ 기해대운(己亥大運) 32세～41세까지

　기해대운(己亥大運)은 월간계수(月干癸水) 남편과 계기극(癸己剋)되니 부부사이가 나빠진다. 해중임수운(亥中壬水運)이라 많이 돌아다니며 많은 남자들을 사귄다.

■ 무술대운(戊戌大運) 42세~51세까지

무술대운(戊戌大運)은 신유술서방금운(申酉戌西方金運)이다. 년주(年柱)를 천극지충(天剋地沖)하니 고향을 떠나고, 임진(壬辰) 괴강과 무술(戊戌) 괴강이 천극지충(天剋地沖)되니 매우 흉하다. 무술대운(戊戌大運)은 월지(月支)와 천덕지합(天德地合)되어 남편과 정부 사이에서 변화가 많은 생활을 한다. 일지(日支)가 진술충(辰戌沖)되고, 시상(時上) 도화살이 유금(酉金)과 유술합(酉戌合)되니, 돈과 남자의 극치를 이룬다.

■ 정유대운(丁酉大運) 52세~61세까지

정유대운(丁酉大運)은 도화살(桃花殺)이라 수치를 모를 정도로 바람을 피운다.

남편이 미남이라고 한 것은, 남편이 병자일주(丙子日柱)이기 때문이다. 병자일주(丙子日柱)는 본인이 미남이거나 미인과 인연이 많다. 여자가 병진일주(丙辰日柱)이고 남편궁인 일지(日支)가 식신(食神)이다.

이 집안을 따로국밥이라고 한 것은, 남자의 일간(日干)에서 보면 경금(庚金)이 년월(年月)에 쌍으로 투출(透出)하고, 시지술토(時支戌土)와 장간경금(藏干庚金)이 고(庫)에 숨어 일간병화(日干丙火)와 암합(暗合)되는데, 일지자수(日支子水)와 유정지합(有情之合)되고,

일지장간(日支藏干) 계수(癸水)와 시지장간(時支藏干) 무토(戊土)가 무계합(戊癸合)되어 일지(日支)로 당기며, 년지장간(年支藏干) 무토(戊土)와는 무계합(戊癸合)되어 은밀하게 인연을 맺는다.

여자 사주를 보면 남편궁인 일지(日支)가 시지(時支) 도화살(桃花殺)과 유진합(酉辰合)되고, 월간계수(月干癸水)와 시간정화(時干丁火)를 지지묘목(地支卯木)과 일지진토(日支辰土)가 묘진합(卯辰合)하고 다시 유진합(酉辰合)하여, 몰래 중간 다리를 놓아 연결하고 있다. 그 중간 다리가 남편궁이다.

여자의 바람끼를 남편 사주에서 찾아보면, 시지장간(時支藏干) 신금(辛金)이 병자일주(丙子日柱)의 아내인데, 신금(辛金)은 년지장간(年支藏干) 병화(丙火)와 병신암합(丙辛暗合)되고, 처궁인 일지(日支)는 장간임수(藏干壬水)와 시지장간(時支藏干) 정화(丁火)와 유정지합(有情之合)으로 정임합(丁壬合)되고 있다.

여자 사주에는 일간병화(日干丙火)가 일지(日支)에 년지장간(年支藏干) 계수(癸水)를 숨겨놓고, 년월간(年月干)의 정편관(正偏官)이 투출(透出)하여 관살혼잡(官殺混雜)되고, 시지(時支) 도화살(桃花殺)이 일지(日支)에 합되었다. 시간정화(時干丁火)는 월간계수(月干癸水)와 암합(暗合)되고, 년간임수(年干壬水)와 정임합(丁壬合)되고, 일간병화(日干丙火)는 도화살(桃花殺)과 합되고, 도화살(桃花殺)을 깔고 앉아 있는 친구와 합되어 끼많은 사람끼리 어울린다.

남편이 이혼을 해주지 않는다고 한 것은, 남자 일지(日支)는 처궁으로 병자일주(丙子日柱) 자수(子水)와 정축년(丁丑年) 축토(丑土)가 자축합(子丑合)되고, 정축년(丁丑年)은 남자에게 겁재운(劫財運)이라 재(財)를 극하지만, 천간(天干)에 신금(辛金)이 투출(透出)하지 않으니 극하지 않기 때문이다.

 96년 병자년(丙子年)은 남자에게 복음살(複陰殺)이 있어 여자문제로 고통이 있으나 자식 때문에 참고 살았다. 98년은 여자는 년주(年柱)가 무임극(戊壬剋)되어 변동수가 있고, 무인년(戊寅年)의 인목(寅木) 또한 지살년(地殺年)이니 변동수가 있다. 년간진토(年干辰土), 월지묘목(月支卯木), 일지진토(日支辰土)가 인묘진방합(寅卯辰方合)되지 않은 상태로 두 사람과 동시에 인연을 맺으니, 이혼하지 않은 상태로 집을 나간다. 신약(身弱)하던 병화(丙火)가 인묘진방합(寅卯辰方合)으로 목(木)의 힘이 되어 배짱이 커지는 것이다.

모델사주

■ 이순애(여자) / 음력 1974년 7월 27일 진시생(辰時生)

년　甲寅　▶ 태극귀인, 관귀학관, 황은대사, 지살
월　戊辰　▶ 괴강, 고신, 백호
일　庚辰　▶ 괴강, 고신,
시　庚辰　▶ 괴강, 고신

```
     1   11  21  31  41  51
대   丁   丙   乙   甲   癸   壬
운   卯   寅   丑   子   亥   戌
```

　경금일간(庚金日干)이 진월(辰月)에 태어나, 월지장간(月支藏干)에서 무토(戊土)가 월간투출(月干透出)하여 편인격(偏印格)이다. 경금(庚金)은 제련하지 않은 원광석이다. 이 사주는 3월에 태어나 습토(濕土)에 묻혀 녹슨 상태다. 년간갑목(年干甲木)이 녹지(祿支)에 뿌리를 강하게 내려 투출(透出)하니, 목극토(木剋土)로 흙을 제거하여 인중병화(寅中丙火)로 제련하고, 계수(癸水)로 식혀 철제품을 만들

어야 한다. 목(木)이 용신(用神)이니 수(水)는 희신(喜神), 금(金)은
기신(忌神), 화(火)는 구신(救神)이다. 수목화운(水木火運)은 길하고
토금운(土金運)은 흉하다.

■성 격

 의리와 결단력이 있지만 상대방을 누르려는 기질이 강하다. 배짱과
허풍스런 면이 있다. 부모에게 받은 인자를 겸한다면 대인관계가 원
만하고 눈치가 빠르며 인기가 있다. 끈기가 부족하고 매사 한쪽으로
치우치며 부정적인 면이 강하다.

■조상운

 조상은 월간무토(月干戊土)인데 관대궁(冠帶宮)에 앉아 있고, 조상
궁인 년지(年支)에 태극귀인(太極貴人)과 관귀학관(官貴學官)이 있
으니 학자이며 부귀했다.

■부모운

 아버지는 갑목(甲木)인데 건록(建祿)에 있고, 부모궁인 월지(月支)
에 태극귀인(太極貴人)과 관귀학관(官貴學官) 있으니 학자이며 부귀
하다. 그러나 편인(偏印)이 많으니 처첩이 많다.

■형제운

 형제는 시간경금(時干庚金)이다. 경금(庚金)은 괴강살이라 군인, 경
찰, 운동선수 등과 같이 강한 직업과 관계있다. 금(金)이 기신(忌神)

에 해당하여 형제덕이 없다.

■ 부부운

남편은 년지장간(年支藏干) 병화(丙火)인데 인중(寅中)에 장생(長生)되고, 남편궁인 일지(日支)에 태극귀인(太極貴人)과 관귀학관(官貴學官)이 있으니 학자다. 일지(日支)에 괴강살이 있으니 군인, 경찰, 운동선수 등과 관계있다.

■ 자식운

자식은 일지장간(日支藏干) 계수(癸水)인데 묘고(墓庫)에 있으니, 자식이 귀하거나 건강이 나쁘다. 자식궁인 시지(時支)에 편인(偏印)이 많으니 말년에 자식과 함께 살기 어렵다.

■ 건강운

토(土)가 많아 수(水)를 극하니 신장, 방광, 위장, 심장 등이 약하다. 일주(日柱)에서 괴강살과 백호살(白虎殺)이 진진자형(辰辰自刑)되니 교통사고 등을 조심해야 한다.

■ 직업운

목(木)이 용신(用神)이니 건축, 의상, 금융계통 등으로 나가면 좋다.

■ 재물운

편재(偏財)가 지지(地支)에 통근(通根)하고 강하게 투출(透出)하여 부모덕이 있다. 투기성 사업에 종사하면 재물운이 강하지만, 편인(偏印)이 많으니 금전거래를 조심해야 한다.

■ 정묘대운(丁卯大運) 10세까지

　정묘대운(丁卯大運)은 인묘진동방목운(寅卯辰東方木運)이며 용신운(用神運)이라 대길하다. 년상인목(年上寅木)과 월일시지(月日時支) 진토(辰土)와 인묘진방합(寅卯辰方合)되어 목(木)으로 변하니, 갑목용신(甲木用神)이 강력해져 토(土)를 제거하고, 대운정화(大運丁火)를 강력한 목(木)이 생하여 경금(庚金)을 제련하니 총명하다.

■ 병인대운(丙寅大運) 11세~20세까지

　병인대운(丙寅大運)의 인목(寅木)은 지지진토(地支辰土)를 극하고, 병화(丙火)는 갑목(甲木)의 생을 받아 경금(庚金)을 다스리니, 좋은 환경에서 성장하며 공부도 잘 한다. 경금(庚金)에게 초년 목화운(木火運)이 일찍 들어와 목(木)으로 토(土)를 제거하고, 화(火)로 제련하여 예쁘게 성장한다.

■ 을축대운(乙丑大運) 21세~30세까지

　을축대운(乙丑大運)은 해자축북방수운(亥子丑北方水運)이다. 축토(丑土)는 수(水)보다 토(土)가 더 강하므로 토(土)로 본다. 을축대운(乙丑大運)은 지지진토(地支辰土)와 축진파(丑辰破)되고, 경금(庚金)에겐 토운(土運)이 흉운이며, 을목(乙木)이 시간경금(時干庚金)과 함께 을경합금(乙庚合金)하여 금(金)으로 변하니, 운이 나빠져 학업을 포기하고 을목재(乙木財)를 벌기 위해 사회활동을 시작한다. 해자축북방수운(亥子丑北方水運)은 식신(食神)과 상관(傷官)이며 경제활동을 의미한다. 아름다운 꿈이 무너지는 안타까운 시련기다.

■ 갑자대운(甲子大運) 31세~40세까지

시련 속에서도 열심히 노력하여 사회경험을 쌓으며 재물을 모은다.

■ 계해대운(癸亥大運) 41세~50세까지

월간(月干)의 술토(戌土)와 계수(癸水)가 무계합(戊癸合)되고, 년지(年支)의 인목(寅木)과 해수(亥水)가 인해합목(寅亥合木)되니, 열심히 모은 돈을 술토(戌土)에게 사기 당한다. 술토(戌土)는 도둑이나 사기꾼으로 식신(食神)인 경제활동을 못하게 술계합화(戌癸合火)하여 남자로 변한다. 지지인목(地支寅木)과 임해합(壬亥合)되는 나의 재물을 먹어치운다.

■ 임술대운(壬戌大運) 51세~60세까지

임술대운(壬戌大運)은 월간무토(月干戊土)와 무임극(戊壬剋)되고, 지지진토(地支辰土)와 진술충(辰戌沖)되니, 교통사고 등으로 명을 다하는 매우 흉한 대운이다.

"아가씨는 얼굴도 예쁘고 눈치도 빠르니, 백화점 의상코너같은 곳에서 일하면, 인기가 많아 장사도 잘 하고 남자도 만나겠소. 그러나 직장생활을 하지 않으면 부부운이 좋지 않을 것 같소."

"무슨 말씀이세요? 전 모델이예요."

이미 답이 틀렸다. 지금부터 모델과 옷장사의 유사점을 궁색하게 짜집기를 해서 이해시켜야 한다. 이 아가씨는 자신이 대단한 스타인 줄 아는데 점원으로 취급 당하는 것 같아 기분 나쁜 모양이다.

"아가씨, 어릴 때 할머니나 어머니가 두 분이었거나, 아니면 할머니나 다른 사람 손에서 자란 것 같고, 위장이 약하겠네요. 그리고 고등학교를 졸업하고 바로 사회생활을 시작했으며, 얼마 전 청혼을 받았으나 결혼할 생각이 없든가 헤어져야 할 입장이지요?"

"네. 고등학교를 졸업하자마자 스물한살부터 모델생활을 시작했어요. 작년에 남자를 만났는데 결혼하자고 하지만 생각이 없어요."

"아가씨는 투기성이 있고, 돈을 쉽게 벌고 쉽게 쓰는 기질이 있어 많이 벌어야 하는데, 앞으로 5년은 정신적으로나 경제적으로 어려움이 많습니다."

"네? 지금도 힘들어 죽겠는데 앞으로 5년이나 더 운이 나쁘다고요? 그럼, 모델로 성공하지 못한다는 말인데, 그래요?"

"시집이나 가세요. 내년에는 도움을 받는 운인데..... 그러나 마음이 콩밭에 있으니 어쩌겠소. 제가 볼 때는 도와주는 남자가 있는데......"

"결혼할 생각이 없는데 그 남자가 저를 도와주겠어요?"

"아무튼 내년에는 남자의 도움이 있고, 아가씨는 자기주장이 강하여 결혼생활이 원만하기는 어렵겠소. 그리고 남편이 돈을 못벌어 오면, 직장을 가질 가능성이 있는데 옷과 관련된 일을 하겠소."

"그럼 언제쯤 결혼하고 운도 좋아질까요?"

"서른한살은 되어야겠소. 그때부터는 좋아지니 잘 살거요."

얼굴이 예쁜 것은 금일간(金日干)이 년지장간(年支藏干) 병화(丙火)가 장생궁(長生宮)에 있어 병화(丙火) 뿌리가 있는데, 대운에서 병정화(丁火)가 일찍 들어와 경금(庚金)을 제련하고, 진중계(辰中癸)의 작은 옹달샘이 많아 물이 충분하니 약하나마 도금했기 때문이다. 만일 병화임수(丙火壬水)가 천간투출(天干透出)했다면 미스코리아도 될 수 있었다.

옷장사를 하면 잘 될 것이라고 한 것은, 갑목(甲木)이 용신(用神)이기 때문이다. 갑목(甲木)은 섬유질인 옷, 책, 가구, 건물 등을 나타내고 편재(偏財)가 되어 열심히 노력하지 않고 벌어들이는 투기성 재물이기 때문에 한탕주의가 강하다.

인기가 있다고 한 것은 월지편인격(月支偏印格)이기 때문이다. 편인(偏印)은 인기, 눈치, 편업, 외국어, 끈기부족 고독, 허무 등을 나타낸다.

직장에서 남자를 만난다고 한 것은, 인중병화(寅中丙火)가 장간(藏干)에 숨어 있는데, 목(木)이 편재(偏財)이므로 돈을 벌기 위해 직장에 나가게 되고, 그곳에 병화(丙火)가 있다. 병화(丙火)는 편관(偏官) 남자다.

어릴 때 어머니가 두 분이거나 남에게 양육되었으며 건강이 나쁘다고 한 것은, 월지편인격(月支偏印格)인데 편인(偏印)이 많기 때문이다. 정인(正印)은 친어머니이고 편인(偏印)은 이모, 계모, 양모 등을 나타낸다. 사주에 인수(印綬)가 많은 것은 아버지에게 여자가 많다는 뜻이다. 편인(偏印)은 음식인 식신(食神)을 극하니 어머니의 사랑과 젖이 부족하다.

이 사주는 20세까지는 목화운(木火運)과 용신운(用神運)이라 가정에 문제가 있어도 공부를 할 수 있었다. 그러나 21세 해자축북방수운(亥子丑北方水運)은 사주에 토(土)가 많은데, 축토(丑土)가 토(土)를 더하여 경금(庚金)이 빛을 잃고, 을목(乙木) 또한 시간경금(時干庚金)과 을경합금(乙庚合金)되어 나쁘다.

식신운(食神運)은 문화, 예술, 학술이나 의식주와 관계된 경제활동으로 볼 수 있다. 열심히 노력하면 재(財)를 생하여 길하다. 그러나 을축대운(乙丑大運)은 축중장간(丑中藏干) 해수(亥水)이니 경제활동이 약하고, 을목(乙木)은 시간경금(時干庚金)과 투합되니 작은 돈을 벌어 나누어 가져야 하므로 고통이 따를 수밖에 없다. 축토(丑土)는 월일시지(月日時支)의 진토(辰土)를 축진파(丑辰破)하니, 고향의 뿌리가 파되어 객지로 분주하게 돌아다닌다. 년지편재(年支偏財)는 지살(地殺)이라 객지에서 벌어들이는 돈이다.

이 사주가 모델이 되어 이웃 저옷을 번갈아 입는 것은, 년간갑목(年干甲木)은 사치스러운 투기성 옷이고, 월간편인격(月干偏印格)은 인기를 나타내기 때문이다. 년상갑목(年上甲木)을 무갑극(戊甲剋)하고 갑경극(甲庚剋)하며, 일지진토(日支辰土)와 대운축토(大運丑土)가 축진파(丑辰破)하며 을경투합(乙庚透合)되니, 극충파(剋沖破)가 일어날 때마다 진중을목(辰中乙木) 작은 옷을 갈아 입는 것이다.

한탕주의가 강하다고 한 것은, 갑목(甲木)은 편재(偏財)이고, 편재(偏財)는 투기성 사업으로 불로소득, 부동산투기, 매점매석과 같은 재물을 의미하고, 편인(偏印)은 눈치, 기회포착, 끈기부족 등을 나타내므로 열심히 경제활동을 하지 않고 도박, 주색잡기, 인기업, 도둑

등을 의미하기 때문이다.

앞으로 5년은 고생이 많겠다고 한 것은, 을축대운(乙丑大運)에서 축토운(丑土運) 5년이 남아있기 때문이다. 그리고 내년에 남의 도움이 있다고 한 것은, 무인년(戊寅年)은 무토편인(戊土偏印)이니 먹고 논다고 볼 수 있으며 조건부 도움이다. 인목(寅木)은 편재(偏財)로 노력하지 않고 벌어들이는 돈이다. 지살(地殺)이라 거주지 이동 등을 의미한다. 년간갑목(年干甲木)을 년주무토(年柱戊土)가 무갑극(戊甲剋)하므로 타향으로 이동하는 것이다.

경제적인 도움을 주는 사람이 남자라고 한 것은, 인목(寅木) 돈을 도와주는 그 속에 병화(丙火)가 숨어 있는데 병화(丙火)는 남자다. 을묘년(乙卯年)은 인묘진방합(寅卯辰方合)으로 큰 돈과 함께 병화(丙火)가 일지(日支) 남편궁으로 자연스럽게 들어와 시간경금(時干庚金)과 합되니, 임자있는 남자가 돈으로 유혹하여 첩이 된다.

남편의 수입이 마음에 차지 않아 경제활동을 한다고 한 것은, 사주에 음(陰)이 없으니 낮만 있고 밤이 없는 형상이다. 그런데 경금일간(庚金日干)은 신왕(身旺)하여 무엇으로든 답답함을 설기시켜야 한다. 그것이 식신(食神)과 상관(傷官)이다. 식신(食神)과 상관(傷官)은 문화, 예술, 학술, 경제활동 등을 나타내기 때문이다.

이 사주는 매우 신왕(身旺)한데 남편은 지장간(地藏干) 병화(丙火)이니 미약하여 남편복이 없다. 지지삼합(地支三合)은 천간투출(天干透出)한 것으로 비유할 수 있는데, 지지삼합(地支三合)은 땅 속에서 자라는 칡뿌리, 토란, 무우, 감자 등과 같다. 경금일간(庚金日干)의 남편은 마마보이나 공처가 또는 여자가 벌어온 돈을 두더지 같이 파먹고 있는 형상이다. 남편이 있으면 나의 재물을 파먹고, 남편이 없으면 내가 남의 첩이 된다.

 31세에 결혼한다고 한 것은, 96년 병자년(丙子年)에 이미 남자가 들어와 있다. 병화(丙火)는 남자이고 그 남자는 지지(地支) 남편궁에 자진합(子辰合水)으로 들어와 있다. 그러나 시간경금(時干庚金)과 투합되니, 이 남자는 두 사람과 합되어 두 사람을 동시에 사귀거나 유부남이다. 정축년(丁丑年)까지 교제하다가 남편궁인 일지(日支)가 축진파(丑辰破)되어 헤어지려고 하는 것이며, 무인년(戊寅年)에 경제적인 어려움이 따르니 그나마 첩생활도 할 수 없겠다.

 이 사주는 남의 도움으로 살지 않으면 남을 먹여 살리는 묘한 사주다. 정식결혼은 갑자대운(甲子大運) 31세에 일지진토(日支辰土)와 자진합(子辰合水)되어 재운(財運)과 식신(食神)이 왕할 때 하리라고 본다. 을축대운(乙丑大運)은 남에게 속고 이용 당하여 경제적인 어려움이 따른다.

연상의 여인

■ 이금호(남자) / 음력 1943년 6월 22일 진시생(辰時生)

    년 癸 未 ▶ 홍만성, 천의성, 화개
    월 庚 申 ▶ 관귀학관, 문곡귀인, 학당귀인, 고신, 급살, 공망
    일 壬 戌 ▶ 내록, 월덕귀인, 낙정관살, 백호, 괴강, 양차, 천살
    시 甲 辰 ▶ 과숙, 괴강, 양차, 반안

      8   18   28   38   48   58   68   78
    대 己   戊   丁   丙   乙   甲   癸   壬
    운 未   午   巳   辰   卯   寅   丑   子

 임수일간(壬水日干)이 신월(申月)에 태어나, 월지장간(月支藏干)에
서 경금(庚金)이 월간투출(月干透出)하여 편인격(偏印格)이다. 지지
(地支)에 토(土)가 많아 임수(壬水)의 탁기를 설기하니, 갑목(甲木)
이 용신(用神)이며 식신용신(食神用神)이다. 목(木)이 용신(用神)이
니 금(金)은 기신(忌神), 화(火)는 구신(救神)이다. 수목화운(水木火
運)은 길하고 금토운(金土運)은 흉하다.

■성 격

생각이 많고 속이 깊으며 창의력이 있다. 냉정하나 이해심이 있고 정에 약하다. 소심하며 조용하다. 부모에게 받은 인자를 겸한다면 눈치가 빠르고 인내심이 부족하다. 매사에 한쪽으로 치우치고 부정적이라 대인관계가 원만하지 못하지만 인기는 있다.

■조상운

조상은 월간경금(月干庚金)이다. 경금(庚金)은 건록(建祿)에 앉아 있고, 조상궁인 년지(年支)에 길성(吉星)인 관귀학관(官貴學官), 문곡귀인(文曲貴人), 학당귀인(學堂貴人) 등이 있으니 학자다. 또 년지(年支)에 겁재(劫財)가 투출(透出)하고 정관(正官)이 있으니 관료였으나 부유하지는 못했다.

■부모운

아버지는 일지장간(日支藏干) 정화(丁火)다. 부모궁인 월지(月支)에 임술(壬戌) 괴강이 있으니 군인, 경찰, 운동선수 등과 관계있다. 또 월지(月支)에 편인(偏印)이 강하고, 사주에 정편인(正偏印)이 혼잡되었으니 부모가 두 분이다. 년간겁재(年干劫財)와 월간편인(月干偏印)이 투출(透出)하여 부모덕이 없다.

■형제운

형제는 년간계수(年干癸水), 월지장간(月支藏干) 임수(壬水), 지지장간(地支藏干) 계수(癸水) 등이다. 형제궁인 월지(月支)가 장생(長

生)이라 모두 잘 살지만, 이복형제라 형제덕은 없다.

■부부운

 아내는 일지장간(日支藏干) 정화(丁火)다. 정화(丁火)는 일지술토(日支戌土)에 있는데 임수일간(壬水日干)을 극하니, 아내가 연상이거나 남편보다 생활력이 강하다. 화(火)가 희신(喜神)에 해당하여 처덕이 있으며, 공처가나 애처가다.

■자식운

 자식은 시지장간(時支藏干) 무토(戊土)다. 토(土)가 많으니 자식이 많다. 자식궁인 시지(時支)에 무토(戊土)가 관대궁(冠帶宮)에 해당하여 모두 잘 된다. 그러나 일시지(日時支)가 진술충(辰戌沖)되어 말년에는 함께 살지 못하고, 토(土)가 기신(忌神)이라 자식덕이 없다.

■건강운

 건왕한데 대운이 화목운(木運)으로 흐르니, 오행(五行)이 중화되어 대체적으로 건강하다.

■직업운

 임술(壬戌) 괴강인데 월주(月柱)에 있는 경신금(庚申金)이 지살(地殺)과 역마살(驛馬殺)이고, 갑진백호살(甲辰白虎殺)이 진술충(辰戌沖)되어 자동차와 인연이 있다. 갑목(甲木)이 용신(用神)이니 건축이나 실내장식 등과도 인연이 있다.

■ 재물운

 화(火)가 희신(喜神)이고, 년지장간(年支藏干)에 정재(正財)를 장축
(藏蓄)하고, 일지장간(日支藏干)에 재(財)를 장축(藏蓄)하고 있으니
자린고비다. 대운이 화목운(木運)으로 흘러 경제적으로 안정된다.

■ 기미대운(己未大運) 8세~17세까지

 기미대운(己未大運)은 사오미남방화운(巳午未南方火運)이나, 미토
(未土)는 토기(土氣)가 더 강하므로 토(土)로 본다. 대운기토(大運己
土)는 용신(用神)인 시간갑목(時干甲木)을 갑기합토(甲己合土)로 수
기(水氣)를 설기하지 못하게 하니 운이 막혀 답답하다. 토(土)가 많
아 신약사주(身弱四柱)로 변한 것이라고 생각할지 모르지만, 월지
(月支)부터 시지(時支)까지 임수일간(壬水日干)이 통근(通根)하고
월령(月令)했으니 신왕사주(身旺四柱)다. 큰 호수에 중금속이 가득
차 있는 느낌이다.

 년상계수(年上癸水) 대신 병화(丙火)가 투출(透出)하여 경금(庚金)
을 병경극(丙庚剋)해준다면 말 그대로 호수의 태양인데, 화(火)가 약
하여 경금(庚金)을 다스리지 못하니 지지(地支)에 있는 토(土)가 병
(病)이 된다. 병화(丙火)가 경금(庚金)을 다스려주면 토(土)는 희신
(喜神)이고 수(水)는 기신(忌神)이지만, 용신갑목(用神甲木)이 년지
장간(年支藏干) 을목(乙木)에 약하게 통근(通根)하여 수(水)가 희신
(喜神)이다. 큰 호수에 탁한 물이 썩고 있으니 갑목(甲木)으로 뚝을
터주어야 하기 때문이다.

 원칙적으로는 화(火)로 경금(庚金)을 다스려야 하지만, 지장간(地藏

干)에 있는 불씨로 어떻게 경금(庚金)을 다스리며 녹물을 막을 수 있 겠는가. 이 사주는 초년에 공부를 하지 못했고, 대운이 사오미남방화 운(巳午未南方火運)으로 흐르니, 경신금(庚辛金)과 갑목용신(甲木用 神)과 화(火)가 희신(喜神)이라 건축, 인테리어, 조명 등으로 나가면 길하다.

■ 무오대운(戊午大運) 18세~27세까지

 무오대운(戊午大運)의 무토(戊土)는 시간(時干)의 용신갑목(用神甲 木)을 무갑극(戊甲剋)하여, 용신(用神)임을 망각하고 싸우니 좋지 않 다. 그러나 지지오화(地支午火)가 일지술토(日支戌土)와 오술합화 (午戌合火)되어 월지신금(月支申金)을 다소 극하고, 대운은 년상계 미(年上癸未)와 무계합화(戊癸合火), 오미합화(午未合火)하여 화 (火)가 더 강하니 흉한 가운데 길하다. 18세부터 사귀어 오던 여자와 오운(午運)에서 결혼한다. 열심히 노력하여 사회에 진출하며 처덕이 있다.

■ 정사대운(丁巳大運) 28세부터 37세까지

 정사대운(丁巳大運)은 일간임수(日干壬水)와 정임합(丁壬合)으로 유정지합(有情之合)되니, 경제적으로는 안정을 취하나 여성편력이 대단하다. 임수일간(壬水日干)은 년지장간(年支藏干) 정화(丁火)와 정임합(丁壬合)되고, 일지장간(日支藏干) 정화(丁火)와 암합(暗合) 된다. 일지장간(日支藏干)이 암합(暗合)되면 대개가 숨겨논 애인이 있는 경우가 많은데, 임수(壬水)가 탁한 물이니 가능성이 더 높다.

■ 병진대운(丙辰大運) 38세~47세까지

 병진대운(丙辰大運)은 인묘진동방목운(寅卯辰東方木運)이나, 진토(辰土)는 토기(土氣)가 더 강하므로 토(土)로 본다. 병진대운(丙辰大運)은 일간임수(日干壬水)와 천극지충(天剋地沖)되어 가정문제가 많이 따르지만, 월간경금(月干庚金)을 극하니 격이 맑아진다. 병화(丙火)가 대운에서 들어와 천간투출(天干透出)한 경금(庚金)을 병경극(丙庚剋)하니 좋다.

 시간갑목(時干甲木)을 경금(庚金)이 갑경극(甲庚剋)하니 파격되어 용신갑목(用神甲木)이 제대로 활동하지 못하는데, 병화(丙火)가 경금(庚金)을 극하여 경제활동이 순조로진다. 집도 장만하고 안정된 생활을 한다. 그러나 사주에 있는 인자 때문에 가정적인 불화는 항상 따른다.

■ 을묘대운(乙卯大運) 48세~57세까지

 을묘대운(乙卯大運)은 년지미토(年支未土)와 묘미합목(卯未合木)되고, 시지진토(時支辰土)와 묘진합(卯辰合)되고, 일지술토(日支戌土)와 묘술합화(卯戌合火)되어 좋을 것 같다. 그러나 대운을목(乙木)이 월간경금(月干庚金)과 을경합금(乙庚合金)되어 금(金)으로 변하니, 다시 임수일간(壬水日干)이 탁해진다. 남자가 지지(地支)에 합이 많으면 여성편력이 심하다.

■ 갑인대운(甲寅大運) 58세~67세까지

 갑인대운(甲寅大運)은 용신운(用神運)이라 좋은 것 같으나, 월간경신(月干庚申)과 천극지충(天剋地沖)되어 경제활동을 하지 못하고, 잡기 등으로 지낸다.

■ 계축대운(癸丑大運) 68세~77세까지

계축대운(癸丑大運)은 해자축북방수운(亥子丑北方水運)이나, 축토(丑土)는 토(土)의 작용이 더 강하므로 토(土)로 본다. 축토(丑土)는 사주에 있는 미토(未土), 진토(辰土), 술토(戌土)와 함께 진술축미사충파(辰戌丑未四沖破)가 일어나 나쁘다. 진술축미사충파(辰戌丑未四沖破)는 지지(地支)가 모두 흔들려 교통사고, 간경화, 심장병, 위장병 등으로 고생하며 명예에도 지장이 있다.

"선생님께서는 여자문제로 온 것 같은데, 작년부터 연상의 여자를 만나고 있는 것 같군요."

"어째서 제가 연상의 여자와 만난다고 보십니까?"

"예, 선생님은 임수일간(壬水日干)인데, 처궁인 일지(日支)에 술토(戌土)가 있습니다. 이 술토(戌土)는 무토(戊土)를 의미하는데, 무토(戊土)는 늦가을의 토(土)이니 어린싹이 아니라 이미 열매를 맺은 늙은 토(土)를 말합니다. 그러니 나이가 많은 여자로 보는 것입니다."

이 양반, 큰 소리로 껄껄대고 웃으며 여자 사주를 봐달라고 한다.

여자사주

■ 정말자(여자) / 음력 1931년 1월 21일 진시생(辰時生)

년 辛 未 ▶ 암록, 내록, 황은대사, 음차, 홍염, 화개
월 辛 丑 ▶ 백호, 음차, 고신
일 丁 丑 ▶ 백호, 음차, 고신
시 甲 辰 ▶ 과숙, 반안

      6 16 26 36 46 56 66 76
대 壬 癸 甲 乙 丙 丁 戊 己
운 寅 卯 辰 巳 午 未 申 酉

정화일간(丁火日干)이 축월(丑月)에 태어나, 월지장간(月支藏干)에서 신금(辛金)이 월간투출(月干透出)하여 잡기편재격(偏財格)이다. 토금(土金)이 많아 일간정화(日干丁火)를 생하는 시간갑목(時干甲木)이 용신(用神)이며 인수격(印綬格)이다. 목(木)이 용신(用神)이니 수(水)는 희신(喜神), 금(金)은 기신(忌神), 화(火)는 구신(救神)이다. 수목화운(水木火運)은 길하고 금토운(金土運)은 흉하다.

■성 격

느긋하면서도 급하고 예리하다. 얌전하고 착하며 조용하다. 깨끗하지만 비현실적이며 까다롭다. 부모에게 받은 인자를 겸한다면 희생

적이며 착하고 아랫사람을 아낀다. 문화, 예술, 학술방면에 재능이
있다.

■조상운

 조상은 년지장간(年支藏干) 을목(乙木)이다. 조상궁인 년지(年支)
에 편재(偏財)와 식신(食神)이 있으니 부귀했다.

■부모운

 아버지는 월간신금(月干辛金)이다. 부모궁인 월지(月支)에 편재(偏
財)와 식신(食神)이 있으니 부귀하다.

■형제운

 형제는 년지장간(年支藏干) 정화(丁火)다. 정화(丁火)는 년지미토
(年支未土)에서 관대궁(冠帶宮)에 해당하고, 형제궁인 월지(月支)에
편재(偏財)와 식신(食神)이 함께 있으니 형제들은 모두 부귀하며, 화
(火)가 희신(喜神)에 해당하여 형제덕이 있다.

■부부운

 남편은 일지장간(日支藏干) 계수(癸水)다. 남편궁인 일지(日支)에
축토(丑土)가 관대(冠帶)에 해당하므로 명문가 출신이나, 계수(癸
水)가 일지장간(日支藏干) 묘고(墓庫)에 있으니 무능하다. 일지(日
支)에 백호살(白虎殺), 축미충(丑未沖), 축진파(丑辰破)가 있어 교통
사고 등으로 일찍 사별하지만, 수(水)가 희신(喜神)에 해당하여 남편

복이 있다.

■ 자식운

자식은 지지(地支)에 있는 축토(丑土), 미토(未土), 진토(辰土)와 장간(藏干) 무기토(己土)다. 자식궁인 시지(時支)의 진토(辰土)가 관대(冠帶)에 해당하여 잘 된다. 자식이 백호살(白虎殺)에 해당하고, 일시지(日時支)가 축진파(丑辰破)되어 말년에는 자식과 함께 살지 못한다. 토(土)가 기신(忌神)이라 자식덕이 없을 것 같으나, 시간(時干)에 용신(用神)이 있으니 자식의 도움을 많이 받는다.

■ 건강운

승격사주인데 시상(時上) 갑목용신(甲木用神)이 건왕하고, 대운이 동남방(東南方)으로 흘러 초년부터 말년까지 건강하게 잘 산다. 용신갑목(用神甲木)이 약하면 간이 나쁘고, 일간정화(日干丁火)가 약하면 심장병이 따른다.

■ 직업운

승격사주이고 대운이 잘 흐르니 직업을 갖는데, 목(木)이 용신(用神)이니 옷과 관계있다. 편재(偏財), 식상(食傷), 일간(日干)이 건왕하여 투기성 사업과도 인연이 있고 부동산이 많다.

■ 재물운

승격사주인데 초년부터 운이 잘 흘러 재물이 많다. 자식에게까지 많은 유산을 남긴다.

■ 임인대운(壬寅大運) 6세~15세까지

임인대운(壬寅大運)은 사주에서 목(木)이 용신(用神)인데, 인묘진동방목운(寅卯辰東方木運)이고 용신운(用神運)이다. 인수용신(印綬用神)의 뿌리가 초년부터 들어와 총명하며 칭찬을 많이 듣는다.

■ 계묘대운(癸卯大運) 16세~25세까지

계묘대운(癸卯大運)은 용신운(用神運)과 남편운이다. 명문대를 졸업한 후 일찍 결혼하여 잘 지낸다.

■ 갑진대운(甲辰大運) 26세~35세까지

갑진대운(甲辰大運)은 인묘진동방목운(寅卯辰東方木運)이나, 진토(辰土)는 토(土)의 작용이 더 강하므로 토(土)로 본다. 용신운(用神運)이라 대길할 것 같으나, 용신갑진(用神甲辰)이 복음살(複蔭殺)과 백호살(白虎殺)이고, 일지(日支)의 정축백호살(丁丑白虎殺)과 축진파(丑辰破)되니, 갑진대운(甲辰大運) 접목운에서 남편과 사별한다.

■ 을사대운(乙巳大運) 36세~45세까지

을사대운(乙巳大運)은 사오미남방화운(巳午未南方火運)이며, 비견(比肩)과 겁재운(劫財運)이다. 을목(乙木)은 정화일간(丁火日干)에게 편인(偏印)이니 먹고 놀며 투기성 사업에 손을 댄다. 을목(乙木)은 년월간(年月干)에 있는 신금편재(辛金偏財)와 을신극(乙辛剋)되고, 사화(巳火)는 역마살(驛馬殺)이니 자금을 이용하여 재물을 많이 모은다.

■병오대운(丙午大運) 46세~55세까지

병오대운(丙午大運)은 년월간(年月干)의 신금(辛金)과 병화(丙火)가 병신합수(丙辛合水), 오미합화(午未合火)하여 투기성 사업으로 돈을 많이 벌어 많은 남자들과 어울린다. 남편궁인 일지(日支)에 합이 없으니 외정이 따른다.

■정미대운(丁未大運) 56세~65세까지

정미대운(丁未大運)은 사오미남방화운(巳午未南方火運)이나, 미토(未土)는 토(土)의 작용이 더 강하므로 토(土)로 본다. 정미대운(丁未大運)은 정신극(丁辛剋)되고, 신축(辛丑)과 천극지충(天剋地沖)되고, 정축일간(丁丑日干)과 축미충(丑未沖)되어 나쁘지만 용신(用神)이 건왕하여 무난하게 지낸다. 정미대운(丁未大運)은 신축(辛丑)과 신미(辛未)가 천극지충(天剋地沖)되니 자식들로 인하여 많은 재물을 잃는다.

■무신대운(戊申大運) 66세~75세까지

무신대운(戊申大運)에서는 용신(用神)인 갑목(甲木)을 무갑극(戊甲剋)하고, 신금(申金)은 신유술서방금운(申酉戌西方金運)이며 용신(用神)을 극하는 운이라 나쁘다. 85세까지 장수한다.

"이 여자, 남자관계가 복잡하지요?"

"예, 그렇다고 볼 수 있습니다. 92년에 만난 사람과 94년 10월 경에 헤어졌지만, 완전히 끝났다고 볼 수는 없습니다. 그 남자에게 돈을 많이 주었거나 빼앗겼습니다. 선생님과는 96년에 만난 것 같은데, 지금은 선생님밖에 없습니다. 지금, 이 여자분을 의심하는 마음이 있어 저를 찾아왔듯이, 이 여자분은 선생님의 의심 때문에 힘들어 하는 해입니다. 그리고 이 여자분에게는 지난 7월부터 돈을 달라고 하는 사람이 있는데, 선생님도 그 중에 한 사람인 것 같습니다. 내년 2월 쯤에나 재산이 조금씩 움직여 8월까지는 손해가 많겠습니다."

"그래요, 92년에 젊은 총각을 만났는데, 결혼하겠다고 해서 94년에 헤어졌어요. 그 젊은이가 돈을 많이 가져갔다는 말을 들은 적이 있어요. 그리고 지난 7월부터 자식들이 땅을 팔자고 졸라, 내년에는 모두 팔아 나눠주겠다고 하더군요. 그집 형제들은 모두 부자예요. 누구는 복이 많아 잘 살고 누구는 복이 없어 이렇게 고생만 하니……"

"애인이 부자이니 좋지, 뭘 그러십니까."

년월간(年月干) 편재(偏財)가 월지(月支)에 통근(通根)하여 건왕하고, 일간(日干) 또한 갑목(甲木)이 받쳐주어 지지(地支)에 토(土)가 왕하니 부동산이 많다. 대운이 초년부터 잘 흐르니 알부자다. 정화일간(丁火日干) 남편은 묘고(墓庫)에 있고, 백호살(白虎殺)이 있는데, 갑진백호살(甲辰白虎殺)과 축미충(丑未沖)되어 남편의 명이 짧다.

식상(食傷)이 많으니 자식이 많고 성욕이 강하다. 표면으로 드러난 남자는 없으나 지장간(地藏干)에 남자가 여기저기 숨어 있으니 남자가 많음을 알 수 있다. 여자가 식상(食傷)이 4개 이상이면 화류계로 나간다고 했듯이, 이 사람도 승격사주가 아니었다면 화류계로 빠질 수도 있다.

남자가 모두 지장간(地藏干)에 있으니 무능하며, 남자 계수(癸水)는 지장간(地藏干)에서 신금(辛金)의 생을 받으니 편재(偏財)를 파먹고 있다. 사주에 축미충(丑未沖)과 축진파(丑辰破) 인자가 있어, 대운이나 년상(年上)에서 충파(沖破)되면 사주에 있는 인자를 발동시켜 많은 변화를 겪는다.

92년에 남자를 만난 것은, 92년은 임신년(壬申年)인데 임수(壬水)는 남자이며 정임합(丁壬合)으로 유정지합(有情之合)되었기 때문이다. 임수(壬水)는 지지신금(地支申金)의 생을 받는데, 임수(壬水)에서 신금(申金)은 편인(偏印)이니 남의 도움을 받는 것이다. 즉, 어머니의 도움으로 편인(偏印)은 무위도식, 눈치, 투기성 사업, 잡기 등을 나타내고, 임수(壬水)는 장생지(長生支)에 있어 많은 힘을 수반한 사람이다.

정화일간(丁火日干)의 신금(辛金)은 정재(正財)로 정당한 재물이다. 정임합(丁壬合)은 유정지합(有情之合)이고, 유정지합(有情之合)은 도화살(桃花殺)인 색정지합이라, 67세나 된 노인이 젊은 총각과 합된 것이다. 사주쟁이 노릇하면서 이런 사주는 처음이다.

94년 10월에 헤어진 것은, 진술축미사충파(辰戌丑未四沖破)가 모두 들어와 장간계수(藏干癸水)가 모두 깨지니 빠져나간 것이다.

을해년(乙亥年)에는 나의 재물인 신금(辛金)을 을신극(乙辛剋)하여 움직인다. 그 움직이는 을목(乙木)을 일간정화(日干丁火)에서 보면 편인(偏印) 도둑이다. 을목(乙木) 밑에는 해수(亥水)가 따라 들어오는데 남자다. 남자가 돈을 빼앗거나 사기를 치거나 하여 아무튼 돈을 가져간다. 이번에 만난 이 양반도 임수일간(壬水日干)인데, 병자년(丙子年)은 편재(偏財)이고, 자수(子水)는 비겁(比劫)이므로 겁탈한다고 볼 수 있다.

병화(丙火)는 여자나 불로소득을 나타내는데, 지지자수(地支子水)는 월지신금(月支申金) 편인(偏印)과 시지진토(時支辰土) 편관(偏官)과 함께 신자진삼합(申子辰三合)되어, 수국(水局)을 이루어 일간 임수(日干壬水)가 매우 신왕(身旺)해지니 병화편재(丙火偏財)를 겁탈한다.

정축년(丁丑年)은 임수일간(壬水日干)에게 정재(正財)로 정실부인이나 재물인데, 그 정재(正財)의 지지축중(地支丑中)에 계수(癸水)가 숨어 있다. 그래서 이 사람은 축토(丑土) 지장간(地藏干)에 남자가 숨어 있는 것 같으니 찾아달라는 것이다.

지금은 이 양반과 다정하게 지내고 있지만 여자 입장에서는 꿩대신 닭이다. 아닌게 아니라 해중(亥中)에 계수(癸水)가 숨어 있는데, 축미충(丑未沖), 축진파(丑辰破)되어 숨어들어 온 과거 남자도 깨진 그릇사이로 냄새를 풍기고 있다. 이 여자는 축중계수(丑中癸水)가 깨진 틈으로 새지는 않을까, 꿩대신 만나고 있는 닭이 눈치채지는 않을까 하여 마음을 조일 수밖에 없다. 그래서 땅을 팔아 여기저기 조금씩 나눠주며 달래보자는 것이다.

정축년(丁丑年)은 신금편재(辛金偏財)를 정신극(丁辛剋)하여 편재(偏財)의 돈이 움직인다. 그러나 정화(丁火)는 비견(比肩)으로 나의 형제 등으로 볼 수 있다. 축토(丑土)는 신금(辛金)의 뿌리를 마자 뽑

아 천극지충(天剋地沖)된다. 그 축중(丑中)에는 계수(癸水) 남자가
숨어서 뿌리를 뽑으니 옛날 애인과 현재 애인이다. 축토(丑土)는 식
신(食神)인 자식이니 자식이 우선이고, 남자는 축토장간(丑土藏干)
에 숨어 함께 공조한다.

 무인년(戊寅年)은 이미 사주에 있는 갑목용신(甲木用神)을 대운무
신(大運戊申)이 무갑극(戊甲剋)하고 있는데, 다시 가세하여 갑목용
신(甲木用神)을 극하니 일간정화(日干丁火)는 의지할 곳이 없다. 대
운무신(大運戊申)이 인신충(寅申沖)하며 의지할 수 없도록 강요하
니, 일간정화(日干丁火)는 많은 재산을 여기저기 나눠주고 의지할 곳
이 없다. 한편으로는 자식들이 재산싸움을 한다고도 볼 수 있는데,
무인년(戊寅年) 기묘(己卯)는 자식이므로 자식의 도움으로 살아간
다. 무인년(戊寅年)은 상관년(傷官年)이니 딸 자식에게 의지한다.

찾기 쉬운 명당

신비한 동양철학 44

풍수지리의 모든 것 !

이 책은 가능하면 쉽게 풀려고 노력했고, 실전에 도움이 되도록 했다. 특히 풍수지리에서 방향측정에 필수인 패철(佩鐵)사용과 나경(羅經) 9층을 각 층별로 간추려 설명했다. 그리고 이 책에 수록된 도설, 즉 오성도, 명산도, 명당 형세도 내거수 명당도, 지각(枝脚)형세도, 용의 과협출맥도, 사대혈형(穴形) 와겸유돌(窩鉗乳突) 형세도 등은 국립중앙도서관에 소장된 문헌자료인 만산도단, 만산영도, 이석당 은민산도의 원본을 참조했다.

· 호산 윤재우 저

명리입문

신비한 동양철학 41

명리학의 필독서 !

이 책은 자연의 기후변화에 의한 운명법 외에 명리학도들이 궁금해 했던 인생의 제반사들에 대해서도 상세하게 기술했다. 따라서 초보자부터 심도있게 공부한 사람들까지 세심히 읽고 숙독해야 하는 책이다. 특히 격국이나 용신뿐 아니라 십신에 대한 자세한 설명, 조후용신에 대한 보충설명, 인간의 제반사에 대해서는 독보적인 해설이 들어 있다. 초보자들에게는 더할 수 없이 훌륭한 길잡이가 될 것이다.

· 동하 정지호 편역

사주대성

신비한 동양철학 33

초보에서 완성까지

이 책은 과거 현재 미래를 모두 알 수 있는 비결을 실었다. 그러나 모두 터득한다는 것은 어려울 것이다.역학은 수천 년간 동방의 석학들에 의해 갈고 닦은 철학이요 학문이며, 정신문화로서 영과학적인 상수문화로서 자랑할만한 위대한 학문이다.

· 도관 박흥식 저

해몽정본

신비한 동양철학 36

꿈의 모든 것 !

막상 꿈해몽을 하려고 하면 내가 꾼 꿈을 어디다 대입시켜야 할지 모를 경우가 많았을 것이다. 그러나 이 책은 찾기 쉽고, 명료하며, 최대한으로 많은 갖가지 예를 들었으니 꿈해몽을 하는데 어려움이 없을 것이다.

· 청암 박재현 저

조화원약 평주

신비한 동양철학 35

명리학의 정통교본!

이 책은 자평진전, 난강망, 명리정종, 적천수 등과 함께 명리학의 교본에 해당하는 것으로 중국 청나라 때 나온 난강망이라는 책을 서낙오 선생께서 설명을 붙인 것이다. 기존의 많은 책들이 격국과 용신으로 감정하는 것과는 달리 십간십이지와 음양오행을 각각 자연의 이치와 춘하추동의 사계절의 흐름에 대입하여 인간의 길흉화복을 알 수 있게 했다.

· 동하 정지호 편역

龍의 穴·풍수지리 실기 100선

신비한 동양철학 30

실전에서 실감나게 적용하는 풍수지리의 길잡이!

이 책은 풍수지리 문헌인 조선조 고무엽(古務葉) 태구승(泰九升) 부집필(父輯筆)로 된 만두산법(巒頭山法), 채성우의 명산론(明山論), 금랑경(錦囊經) 등을 알기 쉬운 주제로 간추려 풍수지리의 길잡이가 되고자 했다. 그리고 인간의 뿌리와 한 사람의 고유한 이름의 중요성을 풍수지리와 연관하여 살펴보아야 하기 때문에 씨족의 시조와 본관, 작명론(作名論)을 같이 편집했다.

· 호산 윤재우 저

천직·사주팔자로 찾은 나의 직업

신비한 동양철학 34

역경없이 탄탄하게 성공할 수 있는 방법!

잘 되겠지 하는 막연한 생각으로 의욕만 갖고 도전하는 것과 나에게 맞는 직종은 무엇이고 때는 언제인가를 알고 도전하는 것은 근본적으로 다르고, 결과 또한 다르다. 더구나 요즈음은 I.M.F.시대라 하여 모든 사람들이 정신까지 위축되어 생기를 잃어가고 있다. 이런 때 의욕만으로 팔자에도 없는 사업을 시작했다고 하자, 결과는 불을 보듯 뻔하다. 그러므로 이런 때일수록 침착과 냉정을 찾아 내 그릇부터 알고, 생활에 대처하는 지혜로움을 발휘해야 한다.

· 백우 김봉준 저

통변술해법

신비한 동양철학 ㉑

가닥가닥 풀어내는 역학의 비법!

이 책은 역학에 대해 다 알면서도 밖으로 표출되지 않아 어려움을 겪는 사람들을 위한 실습서다. 특히 틀에 박힌 교과서적인 역술의 고정관념에서 벗어나, 한차원 높게 공부할 수 있도록 원리통달을 설명하는데 중점을 두었다. 실명감정과 이론강의라는 두 단락으로 나누어 역학의 진리를 설명했기 때문에 누구나 쉽게 이해할 수 있다. 역학계의 대가 김봉준 선생의 역서 「알기쉬운 해설·말하는 역학」의 후편이다.

· 백우 김봉준 저

주역육효 해설방법上·下

신비한 동양철학 38

한 번만 읽으면 주역을 활용할 수 있는 책!

이 책은 주역을 해설한 것으로, 될 수 있는 한 여러 가지 사설을 덧붙이지 않고 주역을 공부하고 활용하는데 필요한 요건만을 기록했다. 따라서 주역의 근원이나 하도낙서, 음양오행에 대해서도 많은 설명을 자제했다. 다만 누구나 이 책을 한 번 읽어서 주역을 이해하고 활용할 수 있도록 하는데 중점을 두었다.

· 원공선사 저

사주명리학의 핵심

신비한 동양철학 ⑲

맥을 잡아야 모든 것이 보인다!

이 책은 잡다한 설명을 배제하고 명리학자들에게 도움이 될 비법만을 모아 엮었기 때문에 초심자가 이해하기에는 다소 어려운 부분도 있겠지만 기초를 튼튼히 한 다음 정독한다면 충분히 이해할 것이다. 신살만 늘어놓으며 감정하는 사이비가 되지말기를 바란다.

· 도관 박흥식 저

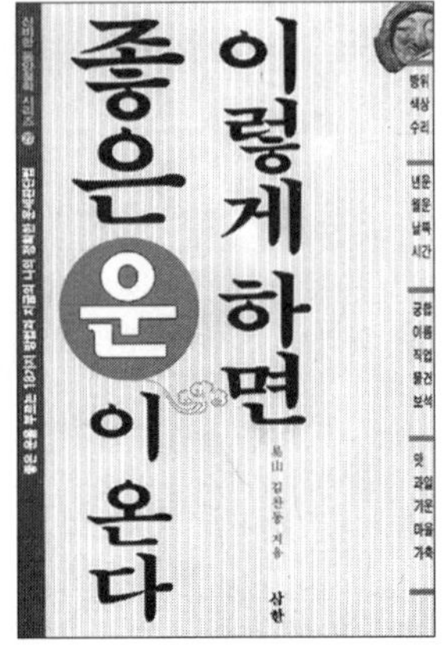

이렇게 하면 좋은 운이 온다

한 가정에 한 권씩 놓아두고 볼만한 책!

좋은 운을 부르는 방법은 방위·색상·수리·년운·월운·날짜·시간·궁합·이름·직업·물건·보석·맛·과일·기운·마을·가축·성격 등을 정확하게 파악하여 자신에게 길한 것은 취하고 흉한 것은 피하면 된다. 간혹 예외인 경우가 있지만 극소수에 불과하고 대부분은 적중하기 때문에 좋은 효과를 본다. 이 책의 저자는 신학대학을 졸업하고 역학계에 입문했다는 특별한 이력을 갖고 있기 때문에 더 많은 화제가 되고 있다.

· 역산 김찬동 저

말하는 역학

신수를 묻는 사람 앞에서 말문이 술술 열린다!

이 책은 그토록 어렵다는 사주통변술을 이해하기 쉽고 흥미롭게 고담과 덕담을 곁들여 사실적인 인물을 궁금해 하는 사람에게 생동감있게 통변하고 있다. 길흉작용을 어떻게 표현하느냐에 따라 상담자의 정곡을 찔러 핵심을 끄집어내고 여기에 대한 정답을 내려주는 것이 통변술이다. 역학계의 대가 김봉준 선생의 역작이다.

· 백우 김봉준 저

술술 읽다보면 통달하는 사주학

신비한 동양철학 ㉗

술술 읽다보면 나도 어느새 도사 !

당신은 당신 마음대로 모든 일이 이루어지던가. 지금까지 누구의 명령을 받지 않고 내 맘대로 살아왔다고, 운명 따위는 믿지도 않고 매달리지 않는다고, 이렇게 말하는 사람들이 많다. 그러나 그것은 우주법칙을 모르기 때문에 하는 소리다.

· 조철현 저

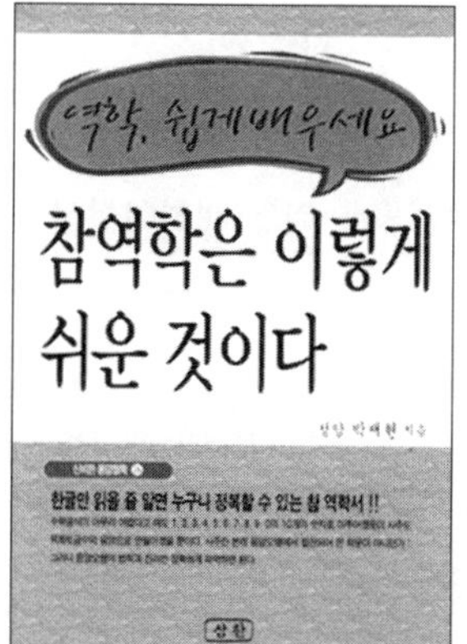

참역학은 이렇게 쉬운 것이다

신비한 동양철학 ㉔

음양오행의 이론으로 이루어진 참역학서 !

수학공식이 아무리 어렵다고 해도 1, 2, 3, 4, 5, 6, 7, 8, 9, 0의 10개의 숫자로 이루어졌듯이, 사주도 음양과 목, 화, 토, 금, 수의 오행으로 이루어졌을 뿐이다. 그러니 용신과 격국이라는 무거운 짐을 벗어버리고 음양오행의 법칙과 진리만 정확하게 파악하면 된다. 사주는 단지 음양오행의 변화일 뿐이고, 용신과 격국은 사주를 감정하는 한가지 방법에 지나지 않는다.

· 청암 박재현 저

나의 천운 운세찾기

신비한 동양철학 ⑫

놀랍다는 몽골정통 토정비결 !

이 책은 역학계의 대가 김봉준 선생이 놀랍다는 몽공토정비결을 연구 ·분석하여 우리의 인습 및 체질에 맞게 엮은 것이다. 운의 흐름을 알리고자 호운과 쇠운을 강조했으며, 현재의 나를 조명해보고 판단할 수 있도록 했다. 모쪼록 생활서나 안내서로 활용하기 바란다.

· 백우 김봉준 저

쉽게푼 역학

신비한 동양철학 ❷

쉽게 배워서 적용할 수 있는 생활역학서 !

이 책에서는 좀더 많은 사람들이 역학의 근본인 우주의 오묘한 진리와 법칙을 깨달아 보다 나은 삶을 영위하는데 도움이 될 수 있도록 가장 쉬운 언어와 가장 쉬운 방법으로 풀이했다. 역학계의 대가 김봉준 선생의 역작이다.

· 백우 김봉준 저

역산성명학

신비한 동양철학 ㉕

이름은 제2의 자신이다 !

이름에는 각각 고유의 뜻과 기운이 있어서 그 기운이 성격을 만들고 그 성격이 운명을 만든다. 나쁜 이름은 부르면 부를수록 불행을 부르고 좋은 이름은 부르면 부를수록 행복을 부른다. 만일 이름이 거지 같다면 아무리 운세를 잘 만나도 밥을 좀더 많이 얻어 먹을 수 있을 뿐이다. 이 책의 저자는 신학대학을 졸업하고 역학계에 입문했다는 특별한 이력을 갖고 있기 때문에 더 많은 화제가 되고 있다.

· 역산 김찬동 저

작명해명

신비한 동양철학 ㉖

누구나 쉽게 배워서 활용할 수 있는 체계적인 작명법 !

일반적인 성명학으로는 알 수 없는 한자이름, 한글이름, 영문이름, 예명, 회사명, 상호, 상품명 등의 작명방법을 여러 사례를 들어 체계적으로 분석하여 누구나 쉽게 배워서 활용할 수 있도록 서술했다.

· 도관 박홍식 저

관상오행

신비한 동양철학 ⑳

한국인의 특성에 맞는 관상법 !

좋은 관상인 것 같으나 실제로는 나쁘거나 좋은 관상이 아닌데도 잘 사는 사람이 왕왕있어 관상법 연구에 흥미를 잃는 경우가 있다. 이것은 중국의 관상법만을 익히고, 우리의 독특한 환경적인 특징을 소홀히 다루었기 때문이다. 이에 우리 한국인에게 알맞는 관상법을 연구하여 누구나 관상을 쉽게 알아보고 해석할 수 있도록 자세하게 풀어놓았다.

· 송파 정상기 저

물상활용비법

신비한 동양철학 31

물상을 활용하여 오행의 흐름을 파악한다 !

이 책은 물상을 통하여 오행의 흐름을 파악하고, 운명을 감정하는 방법을 연구한 책이다. 추명학의 해법을 연구하고 운명을 추리하여 오행에서 분류되는 물질의 운명 줄거리를 물상의 기물로 나들이 하는 활용법을 주제로 했다. 팔자풀이 및 운명해설에 관한 명리감정법의 체계를 세우는데 목적을 두고 초점을 맞추었다.

· 해주 이학성 저

운세십진법 · 本大路

신비한 동양철학 ❶

운명을 알고 대처하는 것은 현대인의 지혜다 !

타고난 운명은 분명히 있다. 그러니 자신의 운명을 알고 대처한다면 비록 운명을 바꿀 수는 없지만 충분히 향상시킬 수 있다. 이것이 사주학을 알아야 하는 이유다. 이 책에서는 자신이 타고난 숙명과 앞으로 펼쳐질 운명행로를 찾을 수 있도록 운명의 기초를 초연하게 설명하고 있다.

· 백우 김봉준 저

국운 · 나라의 운세

신비한 동양철학 ㉒

역으로 풀어본 우리나라의 운명과 방향 !

아무리 서구사상의 파고가 높다하기로 오천년을 한결같이 가꾸며 살아온 백두의 혼이 와르르 무너지는 지경에 왔어도 누구하나 입을 열어 말하는 사람이 없으니 답답하다. IMF라는 특수한 상황에서 불확실한 내일에 대한 해답을 이 책은 명쾌하게 제시하고 있다.

· 백우 김봉준

원토정비결

신비한 동양철학 53

반쪽으로만 전해오는 토정비결의 완전한 해설판

지금 시중에 나와 있는 토정비결에 대한 책들을 보면 옛날부터 내려오는 완전한 비결이 아니라 반쪽의 책이다. 그러나 반쪽이라고 말하는 사람이 없다. 그것은 주역의 원리를 모르기 때문이다. 따라서 늦은 감이 없지 않으나 앞으로의 수많은 세월을 생각하면서 완전한 해설본을 내놓기로 한 것이다.

· 원공선사 저

내가 보고 내가 바꾸는 DIY사주

신비한 동양철학 40

내가 보고 내가 바꾸는 사주비결 !

이 책은 기존의 책들과는 달리 한 사람의 사주를 체계적으로 도표화시켜 한 눈에 파악할 수 있고, DIY라는 책 제목에서 말하듯이 개운하는 방법을 제시하고 있다. 초심자는 물론 전문가도 자신의 이론을 새롭게 재조명해 볼 수 있는 케이스 스터디 북이다.

· 석오 전 광 지음

남사고의 마지막 예언

신비한 동양철학 29

이 책으로 격암유록에 대한 논란이 끝나기 바란다

감히 이 책을 21세기의 성경이라고 말한다. 〈격암유록〉은 섭리가 우리민족에게 준 위대한 복음서이며, 선물이며, 꿈이며, 인류의 희망이다. 이 책에서는 〈격암유록〉이 전하고자 하는 바를 주제별로 정리하여 문답식으로 풀어갔다. 이 책으로 〈격암유록〉에 대한 논란은 끝나기 바란다.

· 석정 박순용 저

진짜부적 가짜부적

신비한 동양철학 7

부적의 실체와 정확한 제작방법

인쇄부적에서 가짜부적에 이르기까지 많게는 몇백만원에 팔리고 있다는 보도를 종종 듣는다. 그러나 부적은 정확한 제작방법에 따라 자신의 용도에 맞게 스스로 만들어 사용하면 훨씬 더 좋은 효과를 얻을 수 있다. 이 책은 중국에서 정통부적을 연구한 국내유일의 동양오술학자가 밝힌 부적의 실체와 정확한 제작방법을 소개하고 있다.

· 오상익 저

한눈에 보는 손금

신비한 동양철학 52

논리정연하며 바로미터적인 지침서

이 책은 수상학의 연원을 초월해서 동서합일의 이론으로 집필했다. 그야말로 완벽하리만치 논리정연한 수상학을 정리한 것이다. 그래서 운명적, 철학적, 동양적, 심리학적인 면을 예증과 방편에 이르기까지 아주 상세하게 기술했다. 이 책은 수상학이라기 보다 한 인간의 바로미터적인 지침서 역할을 해줄 것이다. 독자 여러분의 꾸준한 연구와 더불어 인생성공의 지침서가 될 수 있을 것이다.

· 정도명 저

만세력 | 사륙배판 · 신국판
사륙판 · 포켓판

신비한 동양철학 45

찾기 쉬운 만세력

이 책은 완벽한 만세력으로 만세력 보는 방법을 자세하게 설명했다. 그리고 역학에 대한 기본적인 내용과 결혼하기 좋은 나이 · 좋은 날 · 좋은 시간, 아들 · 딸 태아감별법, 이사하기 좋은 날 · 좋은 방향 등을 부록으로 실었다.

· 백우 김봉준 저

오행상극설과 진화론

신비한 동양철학 5

인간과 인생을 떠난 천리란 있을 수 없다

과학이 현대를 설정하여 설명하고 있으나 원리는 동양철학에도 있기에 그 양면을 밝히고자 노력했다. 우주에서 일어나는 모든 일을 과학으로 설명될 수는 없다. 비과학적이라고 하기보다는 과학이 따라오지 못한다고 설명하는 것이 더 솔직하고 옳은 표현일 것이다. 특히 과학분야에 종사하는 신의사가 저술했다는데 더 큰 화제가 되고 있다.

· 김태진 저

사주학의 활용법

신비한 동양철학 17

가장 실질적인 역학서

우리가 생소한 지방을 여행할 때 제대로 된 지도가 있다면 편리하고 큰 도움이 되듯이 역학이란 이와같은 인생의 길잡이다. 예측불허의 인생을 살아가는데 올바른 안내자나 그 무엇이 있다면 그 이상 마음 든든하고 큰 재산은 없을 것이다.

· 학선 류래웅 저

진짜궁합 가짜궁합

신비한 동양철학 8

남녀궁합의 새로운 충격

중국에서 연구한 국내유일의 동양오술학자가 우리나라 역술가들의 궁합법이 잘못되었다는 것을 학술적으로 분석·비평하고, 전적과 사례연구를 통하여 궁합의 실체와 타당성을 분석했다. 합리적인 「자미두수궁합법」과 「남녀궁합」 및 출생시간을 몰라 궁합을 못보는 사람들을 위하여 「지문으로 보는 궁합법」 등을 공개한다.

· 오상익 저

좋은꿈 나쁜꿈

신비한 동양철학 15

그날과 앞날의 모든 답이 여기 있다

개꿈이란 없다. 꿈은 반드시 미래를 예언한다. 이 책은 프로이드의 정신분석학적인 입장이 아닌 미래판단의 근거에 입각한 예언적인 해몽학이다. 여러 형태의 꿈을 체계적으로 정리했으니 올바른 해몽법으로 앞날을 지혜롭게 대처해 보자. 모쪼록 각 가정에서 한 권씩 두고 이용하면 생활하는데 많은 도움이 될 것이다.

· 학선 류래웅 저

완벽 만세력

신비한 동양철학 58

착각하기 쉬운 썸머타임 2도 인쇄

시중에 많은 종류의 만세력이 나와있지만 이 책은 단순한 만세력이 아니라 완벽한 만세경전으로 만세력 보는 법 등을 실었기 때문에 처음 대하는 사람이라도 쉽게 볼 수 있도록 편집되었다. 또한 부록편에는 사주명리학, 신살종합해설, 결혼과 이사택일 및 이사방향, 길흉보는 법, 우주천기와 한국의 역사 등을 수록했다.

· 백우 김봉준 저

周易·토정비결

신비한 동양철학 40

토정비결의 놀라운 비결

지금 시중에 나와 있는 토정비결에 대한 책들을 보면 옛날부터 내려오는 완전한 비결이 아니라 반쪽의 책이다. 그러나 반쪽이라고 말하는 사람이 없다. 그것은 주역의 원리를 모르기 때문이다. 따라서 늦은 감이 없지 않으나 앞으로의 수많은 세월을 생각하면서 완전한 해설본을 내놓기로 했다.

· 원공선사 저

현장 지리풍수

신비한 동양철학 48

현장감을 살린 지리풍수법

풍수를 업으로 삼는 사람들이 진(眞)과 가(假)를 분별할 줄 모르면서 24산의 포태사묘의 법을 익히고는 많은 법을 알았다고 자부하며 뽐내고 있다. 그리고는 재물에 눈이 어두워 불길한 산을 길하다 하고, 선하지 못한 물(水)을 선하다 하면서 죄를 범하고 있다. 이는 분수 밖의 것을 망녕되게 바라기 때문이다. 마음 가짐을 바로하고 고대 원전에 공력을 바치면서 산간을 실사하며 적공을 쏟으면 정교롭고 세밀한 경지를 얻을 수 있을 것이다.

· 전항수 · 주관장 편저

완벽 사주와 관상

신비한 동양철학 55

사주와 관상의 핵심을 한 권에

자연과 인간, 음양(陰陽)오행과 인간, 사계와 절후, 인상(人相)과 자연, 신(神)들의 이야기 등등 우리들의 삶과 관계되는 사실적 관계로만 역(易)을 설명해 누구나 쉽게 이해할 수 있도록 썼으며 특히 역(易)에 대한 관심과 흥미를 갖게 하고자 인상학(人相學)을 추록했다. 여기에 추록된 인상학(人相學)은 시중에서 흔하게 볼 수 있는 상법(相法)이 아니라 생활상법(生活相法) 즉 삶의 지식과 상식을 드리고자 했으니 생활에 유익함이 있기를 바란다.

· 김봉준 · 유오준 공저

해몽·해몽법

신비한 동양철학 50

해몽법을 알기 쉽게 설명한 책

인생은 꿈이 예지한 시간적 한계에서 점점 소멸되어 가는 현존물이기 때문에 반드시 꿈의 뜻을 따라야 한다. 이것은 꿈을 먹고 살아가는 인간 즉 태몽의 끝장면인 죽음을 향해 달려가고 있는 인간이기 때문이다. 꿈은 우리의 삶을 이끌어가는 이정표와도 같기에 똑바로 가도록 노력해야 한다.

· 김종일 저

역점

신비한 동양철학 57

우리나라 전통 행운찾기

주역을 무조건 미신으로 치부해버리는 생각은 버려야 한다. 주역이 점치는 책에만 불과했다면 벌써 그 존재가 없어졌을 것이다. 그러나 오랫동안 많은 학자가 연구를 계속해왔고, 그 속에서 자연과학과 형이상학적인 우주론과 인생론을 밝혀, 정치·경제·사회 등 여러 방면에서 인간의 생활에 응용해왔고, 삶의 지침서로써 그 역할을 했다. 이 책은 한 번만 읽으면 누구나 역점가가 될 수 있으니 생활에 도움이 되길 바란다.

· 문명상 편저

명리학연구

신비한 동양철학 59

체계적인 명확한 이론

이 책은 명리학 연구에 핵심적인 내용만을 모아 하나의 독립된 장을 만들었다. 명리학은 분야가 넓어 공부를 하다보면 주변에 머무르는 경우가 많아, 주요 내용을 잃고 헤매는 경우가 많다. 그러므로 뼈대를 잡는 것이 중요한데, 여기서는 「17장. 명리대요」에 핵심 내용만을 모아 학문의 체계를 잡는데 용이하게 하였다.

· 권중주 저

쉽게 푼 풍수

신비한 동양철학 60

현장에서 활용하는 풍수지리법

산도는 매우 광범위하고, 현장에서 알아보기 힘들다. 더구나 지금은 수목이 울창해 소조산 정상에 올라가도 나무에 가려 국세를 파악하는데 애를 먹는다. 그러므로 사진을 첨부하니 많은 도움이 되길 바란다. 물론 결록에 있고 산도가 눈에 익은 것은 혈 사진과 함께 소개하니 참고하기 바란다. 이 책을 열심히 정독하면서 답산하면 혈을 알아보고 용산도 할 수 있을 것이다.

· 전항수 · 주장관 편저

올바른 작명법

신비한 동양철학 61

세상의 부모들에게 가장 소중한 것이 무엇이냐고 물으면 누구든 자녀라고 할 것이다. 그런데 왜 평생을 좌우할 이름을 함부로 짓는가. 이름이 얼마나 소중한지를. 이름의 오행작용이 사람의 일생을 어떻게 좌우하는지를 모르기 때문이다. 세상만물은 음양오행의 영향을 받지 않는 것이 없다. 봄이 가면 여름이 오고, 여름이 가면 가을이 오고, 가을이 가면 겨울이 오고, 겨울이 가면 봄이 오는 것 또한 음양오행의 원리다.

• 이정재 저

신수대전

신비한 동양철학 62

흉함을 피하고 길함을 부르는 방법

신수를 보는 방법은 여러 가지가 있는데 대부분이 주역과 사주추명학에 근거를 둔다. 수많은 학설 중에서 몇 가지를 보면 사주명리, 자미두수, 관상, 점성학, 구성학, 육효, 토정비결, 매화역수, 대정수, 초씨역림, 황극책수, 하락리수, 범위수, 월영도, 현무발서, 철판신수, 육임신과, 기문둔갑, 태을신수 등이다. 역학에 정통한 고사가 아니면 제대로 추단하기 어려운데 엉터리 술사들이 넘쳐난다. 그래서 누구나 자신의 신수를 볼 수 있도록 몇 가지를 정리했다.

• 도관 박흥식

음택양택

신비한 동양철학 63

현세의 운·내세의 운

이 책에서는 음양택명당의 조건이나 기타 여러 가지를 설명하여 산 자와 죽은 자의 행복한 집을 만들 수 있도록 했다. 특히 죽은 자의 집인 음택명당은 자리를 옳게 잡으면 꾸준히 생기를 발하여 흥하나, 그렇지 않으면 큰 피해를 당하니 돈보다도 행·불행의 근원인 음양택명당에 관심을 기울여야 한다.

· 전항수 · 주장관 지음

이런 집에 살아야 잘 풀린다

신비한 동양철학 64

운이 트이는 좋은 집 알아보는 비결

힘든 상황에서 내 가족이 지혜롭게 대처하고 건강을 지켜주는, 한마디로 운이 트이는 집은 모두의 꿈일 것이다. 가족이 평온하게 생활할 수 있는 집, 나가서는 발전을 가져다 줄 수 있는 그런 집이 있다면 얼마나 좋을까? 그런 소망에 한 걸음이라도 가까워지려면 막연하게 운만 기대해서는 안 된다. '호랑이를 잡으려면 호랑이 굴로 들어가라' 는 속담이 있듯이 좋은 집을 가지려면 그만한 노력이 있어야 한다.

· 강현술 · 박흥식 감수

사주에 모든 길이 있다

신비한 동양철학 65

사주를 간명하는데 조금이라도 도움이 되었으면 하는 바람에서 이 책을 쓰게 되었다. 간명의 근간인 오행의 왕쇠강약을 세분해서 설명했다. 그리고 대운과 세운, 세운과 월운의 연관성과, 십신과 여러 살이 운명에 미치는 암시와, 십이운성으로 세운을 판단하는 방법을 설명했다.

· 정담 선사 편저

사주학

신비한 동양철학 66

5대 원서의 핵심과 실용

이 책은 사주학을 체계적으로 공부하려는 학도들을 위해 꼭 알아야 할 내용과 용어를 수록하는데 중점을 두었다. 이 학문을 공부하려고 찾아온 사람들에게 여러 가지 질문을 던져보면 거의 기초지식이 시원치 않다. 그런 상태로 사주를 읽으려니 제대로 될 리가 없다. 이 책으로 용어와 제반지식을 터득하면 빠른 시일에 소기의 목적을 이룰 수 있을 것이다.

· 글갈 정대엽 저

주역 기본원리

신비한 동양철학 67

주역의 기본원리를 통달할 수 있는 책

이 책에서는 기본괘와 변화와 기본괘가 어떤 괘로 변했을 경우 일어날 수 있는 내용들을 설명하여 주역의 변화에 대한 이해를 돕는데 주력하였다. 그러나 그런 내용을 구분할 수 있는 방법을 전부 다 설명할 수는 없기에 뒷장에 간단하게설명하였고, 다른 책들과 설명의 차이점도 기록하였으니 참작하여 본다면 조금이나마 도움이 될 것이다.

· 원공선사 편저

사주특강

신비한 동양철학 68

자평진전과 적천수의 재해석

이 책은 『자평진전(子平眞詮)』과 『적천수(滴天髓)』를 근간으로 명리학(命理學)의 폭넓은 가치를 인식하고, 실전에서 유용한 기반을 다지는데 중점을 두고 썼다. 일찍이 『자평진전(子平眞詮)』을 교과서로 삼고, 『적천수(滴天髓)』로 보완하라는 서낙오(徐樂吾)의 말에 깊이 공감한다.

청월 박상의 편저

복을 부르는방법

신비한 동양철학 69

나쁜 운을 좋은 운으로 바꾸는 비결

개운하는 방법은 여러 가지가 있으나, 이 책의 비법은 축원문을 독송하는 것이다. 독송이란 소리내 읽는다는 뜻이다. 사람의 말에는 기운이 있는데, 이 기운은 자신에게 돌아온다. 좋은 말을 하면 좋은 기운이 돌아오고, 나쁜 말을 하면 나쁜 기운이 돌아온다. 이 책은 누구나 어디서나 쉽게 비용을 들이지 않고 좋은 운을 부를 수 있는 방법을 실었다.

· 역산 김찬동 편저

인터뷰 사주학

신비한 동양철학 70

쉽고 재미있는 인터뷰 사주학

얼마전까지만 해도 사주학을 취급하는 사람들은 미신을 다루는 부류로 취급되었다. 그러나 지금은 하루가 다르게 이 학문을 공부하는 사람들이 폭증하고 있는 것으로 보인다. 젊은 층에서 사주카페니 사주방이니 사주동아리니 하는 것들이 만들어지고 그 모임이 활발하게 움직이고 있다는 점이 그것을 증명해준다. 그뿐 아니라 대학원에는 역학교수들이 점차로 증가하고 있다.

· 글갈 정대엽 편저

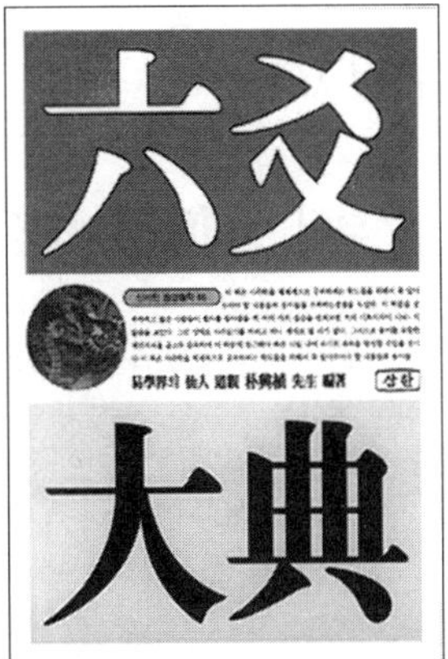

육효대전

신비한 동양철학 37

정확한 해설과 다양한 활용법

동양의 고전 중에서도 가장 대표적인 것이 주역이다. 주역은 옛사람들이 자연의 법칙을 거울삼아 인간이 생활을 영위해 나가는 처세에 관한 지혜를 무한히 내포하고, 피흉추길하는 얼과 슬기가 함축된 점서)인 동시에 수양·과학서요 철학·종교서라고 할 수 있다.

· 도관 박흥식 편저

사람을 보는 지혜

신비한 동양철학 73

관상학의 초보에서 완성까지

현자는 하늘이 준 명을 알고 있기에 부귀에 연연하지 않는다. 사람은 마음을 다스리는 심명이 있다. 마음의 명은 자신만이 소통하는 유일한 우주의 무형의 에너지이기 때문에 잠시도 잊으면 안된다. 관상학은 사람의 상으로 이런 마음을 살피는 학문이니 잘 이해하여 보다 나은 삶을 삶을 영위할 수 있도록 노력해야 한다.

· 이부길 편저

명리학 | 재미있는 우리사주

신비한 동양철학 74

사주 세우는 방법부터 용어해설 까지!!

몇 년 전『사주에 모든 길이 있다』가 나온 후 선배 제현들께서 알찬 내용의 책다운 책을 접했다면서 매월 한 번만이라도 참 역학의 발전을 위하여 학술세미나를 열자는 제의를 받았다. 그러나 사주의 작성법을 설명하지 않아 독자들에게 많은 질타를 받고 뒤늦게 이 책 을 출판하기로 결심했다. 이 책은 한글만 알면 누구나 역학과 가까워질 수 있도록 사주 세우는 방법부터 실제 간명, 용어해설에 이르기까지 분야별로 엮었다.

· 정담 선사 편저

성명학 | 바로 이 이름

신비한 동양철학 75

사주의 운기와 조화를 고려한 이름짓기

사람은 누구나 타고난 운명, 즉 숙명이라는 것이 있다. 숙명인 사주팔자는 선천운이고, 성명은 후천운이 되는 것으로 이름을 지을 때는 타고난 운기와의 조화를 고려함이 중요하다. 따라서 역학에 대한 깊은 이해가 선행되어야 함은 지극히 당연한 일이다. 부연하면 작명의 근본은 타고난 사주에 운기를 종합적으로 분석하여 부족한 점을 보강하고 결점을 개선한다는 큰 뜻이 있다고 할 수 있다.

· 정담 선사 편저

음파메세지(氣) 성명학

신비한 동양철학 51

새로운 시대에 맞는 새로운 성명학

지금까지의 모든 성명학은 모순의 극치를 이루고 있다. 이제 새로운 시대에 맞는 음파메세지(氣) 성명학이 탄생했으니 차근차근 읽어보고 복을 계속 부르는 이름을 지어 사랑하는 자녀가 행복하고 아름다운 삶을 살아갈 수 있도록 하는데 도움이 되었으면 한다.

· 청암 박재현 저

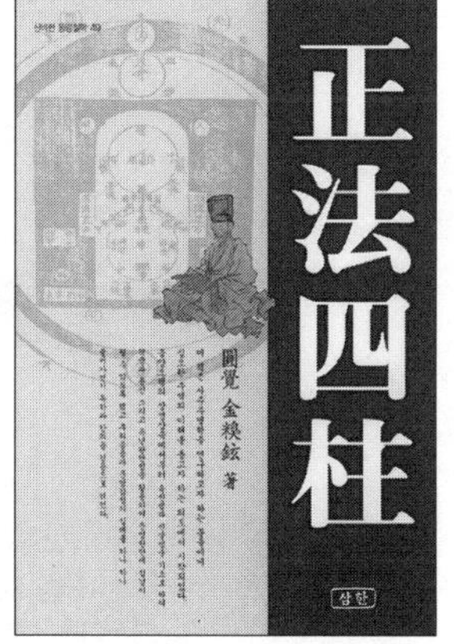

정법사주

신비한 동양철학 49

독학과 강의용 겸용의 책

이 책은 사주추명학을 연구하고자 하는 분들에게 심오한 주역의 이해를 돕고자 하는 의도에서 시작되었다. 음양오행의 상생상극에서부터 육친법과 신살법을 기초로 하여 격국과 용신 그리고 유년판단법을 활용하여 운명판단에 첩경이 될 수 있도록 했고, 추리응용과 운명감정의 실례를 하나 하나 들어가면서 독학과 강의용 겸용으로 엮었다.

· 원각 김구현 저

■ 조철현

周易・命理 研究家

연락처 (02) 325-2811

술술 읽다보면 통달하는 사주학

1판 1쇄 발행일 | 1998년 7월 25일
1판 4쇄 발행일 | 2007년 4월 16일

발행처 | 삼한출판사
발행인 | 김충호
지은이 | 조철현

신고 연월일 | 1975년 10월 18일
신고 번호 | 제305-1975-000001호

411-776 경기도 고양시 일산서구 일산동 1654번지
산들마을 304동 2001호

대표전화 (031) 921-0441
팩시밀리 (031) 925-2647

값 16,000원
ISBN 89-7460-056-0   03180